岩波文庫

33-630-3

法の哲学

——自然法と国家学の要綱——

(下)

ヘーゲル著

上妻精
佐藤康邦 訳
山田忠彰

岩波書店

凡　例

一、本書は、ヘーゲルの『法の哲学』(*Grundlinien der Philosophie des Rechts oder Naturrecht und Staatswissenschaft im Grundrisse*)(一八二一年)の第三部人倫を下巻として訳出したものである。

翻訳に当たってはズールカンプ版(G. W. F. Hegel, Werke in zwanzig Bänden, Bd. 7, Suhrkamp Verlag, Frankfurt am Main, 1970)を底本とし、グロックナー版、ラッソン版(第三版)、大全集(アカデミー)版、哲学文庫新版のほか、T. M. Knox の英訳(*Hegel's Philosophy of Right*, Clarendon Press, 1952)、H. B. Nisbet の英訳(*Elements of the Philosophy of Right*, Cambridge University Press, 1991)、Giuliano Marini の伊訳(*Lineamenti di filosofia del diritto*, Editori Laterza, 1987)および Vincenzo Cicero の伊訳(*Lineamenti di filosofia del diritto*, Rusconi, 1996)、Robert Derathé の仏訳(*Principes de la Philosophie du Droit*, Libraire Philosophique J. Vrin, 1975)などを参照した。

二、ヘーゲルが本文を注解した部分は一段下げて組んで示した。

三、「補遺」は二段下げて組んだ。これは、エードゥアルト・ガンスがヘーゲルの講義の聴講者による筆記録から抜粋したものであり、ヘーゲル自身によるものではない。
四、＊はヘーゲルによる注である。
五、原文中の》《あるいは〉〈で示されている引用、特記事項などは「 」で示したが、一部原文で無表示のものでも引用ないしそれに類するものや重要な概念などは適宜「 」を用いて示した。
六、原文中著者が（ ）で示しているところは、訳文でも（ ）を用いて示した。また訳語の原語を示すのにも（ ）を用いた。
七、［ ］は編者による加筆である。
八、〔 〕は訳者による加筆である。
九、原文中のイタリックの語句には傍点を付した。
一〇、書名は『 』で示した。
一一、訳注は、訳者自身によるもの、英訳、伊訳、仏訳の注を参照したものからなるが、いちいちの別は記していない。また、訳注のなかでヘーゲルの著作を示す場合には、ズールカンプ版（略称 stw を用い、巻数をローマ数字で示す）によった。それ以外の著作の場合は、適宜表記した。

目　次

上巻目次

法の哲学（下）

第三部　人　倫

一四二

人倫は、自由の理念であり、生ける善として存在する。(1) この善は、自己意識のうちに、みずからの知と意欲とをもつとともに、自己意識の行為によって、みずからの現実性をもつ。このことは、自己意識が人倫的存在において自分の即自的かつ対自的に存在する基盤と自分を動かす目的(2)とをもつのと同様である。——したがって、人倫は、現存する世界となり、自己意識の本性となった自由の概念である。

一四三

意志の概念と、特殊的意志である意志の定在との、この統一が知であるから、理念のこれら両契機の区別の意識があきらかにあるが、しかし、いまや、その各々はそれ自身で理念の総体性であり、その総体性を基盤とし、内容としている。(3)

一四四

（α）抽象的善に代わって登場する客観的に人倫的なものは、無限な形式としての主観性[4]によって具体化された実体である。したがって、実体はもろもろの区別をみずからのうちに定立する。これらの区別は同時に概念によって規定されており、そして、こうした区別によって、人倫的なものが確固たる内容をもつことになる。その内容は、それだけで必然的であり、主観的な臆見や好みを越えて存続するもの、即自的かつ対自的に存在するもろもろの法律[5]や制度[6]である。

補遺《実体的人倫》　人倫全体においては、客観的契機と主観的契機とが現存している。しかし、両者は人倫の形式にすぎない。善はここでは実体であり、すなわち主観性によって客観的なものが満たされていることである。人倫を客観的な立場から考察するならば、人倫的な人間は自分に無自覚であるといえよう。この意味で、アンティゴネーは「掟のいずこからくるのかは誰も知りません。掟は永遠です」[7]と告げるのである。このことは、掟が即自的かつ対自的に存在し、ことがらの本性から流れでる規定であることを意味する。しかし、この実体的なものも少なからず意識をもっている。たとえ、意識には単にひとつの契機という地位しか属さないとしても。〈ホトーより〉

一四五

人倫的なものが理念のこれら諸規定の体系《システム》であるということが、人倫的なものが理性的なものであるゆえんである。こうして、人倫的なものは、自由なのであり、ないしは、客観的なものとしての、必然性の円環としての即自的かつ対自的に存在する意志である。そして、この円環の諸契機は人倫的諸力であって、これら諸力が諸個人の生活を規制しているのであり、みずからの偶有性⑧としての諸個人のうちに、みずからの表象と現象する形態と現実性とをもっているのである。

補遺《人倫的実体と個人》　人倫的な諸規定が自由の概念をつくりなしているのであるから、これらの諸規定は諸個人の実体性であり、普遍的本質である。これらに諸個人はただ偶有的なものとしてのみ関わるのである。個人が存在するかどうかは、客観的人倫にとってはどうでもよいことであり、客観的人倫のみが、存続するものであり、諸個人の生活を規制する力である。それゆえに、人倫は諸民族にとって永遠の正義として、すなわち即自的かつ対自的に存在する神々として表象されてきた。この正義をまえにしては、諸個人の思い上がった営みなどは単にうたかた[9]の戯れにすぎない。〈ホトーより〉

一四六

（β）実体は、このみずからの現実的な自己意識において、みずからを知るのであり、したがって〔自己意識の〕知の客体となる。〔この〕主体にとっては、人倫的実体やその法律および権力は、一方においては、対象として、自立性の最高の意味においてそれらが存在するという関係をもっている。——すなわち、絶対的で、自然の存在に比べればはるかに確固とした権威と力とをもっている。

太陽、月、山、河川、一般にわれわれの周囲を取り囲む自然のもろもろの客体も存在している。これらの客体は、意識に対して、ただ単に一般的に存在するという権威をもつだけではない。また、これらは、意識が容認するような特殊な本性を具えているという権威をもっており、その本性にしたがって、意識はこれらの客体に関与し、これらと取り組み、これらを使用するのである。しかし、それに比して、もろもろの人倫的法律の権威は無限に高い。というのも、自然の事物はただまったく外面的で個別的な仕方でのみ理性的性格を示すにすぎず、しかも、この理性的性格を偶然性の形態のもとに隠しているからである。

一四七

他方においては、人倫的実体やその法律や権力は、主体にとって疎遠なものではないのであり、主体は、これらが自分自身の本質であるということの精神の証言[10]をあたえる。——主体は、この本質において自己感情をもち、自分から切りはなしえない自分の適所《エレメント》〔境位〕としての、そこに生きるのである。——これらと主体との関係は直接的であって、信仰や信頼の関係などよりはるかに同一的なのである[11]。

信仰や信頼は初歩的な反省に属し、表象と区別とを前提としている。たとえば、異教を信仰するということと異教徒〔不信心者〕であるということとが別々のことであるように。先の関係あるいはむしろ、人倫的なものが自己意識の現実的な生命となっているような［あの］没関係的な同一性が、信仰や信念の関係のうちに、またいっそう進んだ反省によって媒介された関係のうちに移行したり、何か特殊的な目的や利害関心や配慮、恐怖や希望、もしくは歴史的な諸前提にさえ由来することがありうる諸根拠にもとづく洞察のうちに移行したりすることはたしかにありえよう。しかし、これらの関係の同一性を十全に認識することは、思惟する概念に属するのである。

一四八

人倫的実体やその法律や権力は、このような実体的諸規定としては、個人にとってその意志を拘束するもろもろの義務となる。そのさい、個人は、主観的なもの、みずからにおいて無規定的なものとしても、あるいは特殊的に規定された［もの］としても、人倫的実体やその法律や権力からは区別されており、したがって、みずからの実体的なものとしてのこれらへの関係のうちに存している。

倫理的義務論、(12) すなわち客観的に存在するものであって、道徳的主観性という、何ものも規定しない空虚な原理(一三四)において把握されてはならない義務論は、それゆえに、人倫的必然性の円環の体系的展開であって、これが以下、第三部において論じられる。この叙述が義務論の形式と異なるの(13)は、ただつぎの点である。すなわち、以下においては、人倫的諸規定が必然的な諸関係として現れ、そこにあくまでとどまっており、これらの人倫的諸規定のそれぞれに、かくしてこの規定は人間にとって義務であるという後続文が付加されることがないということである。[14]――義務論は、それが哲学的学問ではないかぎり、現存している諸関係から素材をとってきて、その素材と論者自身の表象との、また一般に広く世間のうちにみいだされるもろもろの原則や思想、目的、衝動、感覚などとの連関を示し、さらに、それぞれの義務が、他の人倫的諸関係との関連や、同様に利福や意見との関連においてもたらすさらなる諸帰結を、義務の根拠としてつけ加えることができる。しかし、内在的で首尾一貫した義務論の方は、自由の理念によって必然的であり、したがって、この自由の理念の全範囲、すなわち国家において現実的である諸関係の展開以外のものではありえない。

一四九

拘束的義務は、もっぱら無規定的な主観性ないしは抽象的な自由を、さらには自然的な意志の衝動や、自分の無規定的な善を自分の恣意によって規定するような道徳的意志の衝動を、制限するものとしてのみ現れうる。しかし、個人は義務のうちでむしろみずからの解放を手に入れる。つまり一方では、個人が単なる自然的な衝動のうちにあるという依存性からの解放を、同様に個人が主観的特殊性として、当為や許容されることについての道徳的反省のなかで受ける重圧感からの解放を、他方では、行為の定在や客観的に規定された状態にいたらず、自分のうちに現実化しないままにとどまる無規定的な主観性からの解放を手に入れる。義務において個人は実体的自由に向かって、みずからを解放するのである[15]。

補遺《自由への前進としての義務》　義務はもっぱら主観性の恣意だけを制限し、主観性が固守する抽象的な善のみと衝突する。ひとびとが、自分たちは自由であることを欲するというとき、これが意味するのは、さしあたっては、自分たちは抽象的に自由であることを欲するということにすぎない。そして国家におけるいかなる規定も分節的編成も、この抽象的な自由の制限とみなされる[16]。そうであるかぎり、義務は、自由を制限するものではなく、単に自由の抽象化を、すなわち不自由を制限するものにすぎない。義務は本質にいたることであり、肯定的な自由を獲得することである。〈ホトーより〉

人倫的なものは、これが自然によって規定された個人的な性格そのものに映しだされている場合は、徳である。そして、この徳は、個人が帰属する諸関係のもろもろの義務に個人が単純に適合していること以外の何ものも示さないかぎり、誠実さである。(17)

有徳であるためには、人間は何をなさなければならないか、人間が満たさなければならない義務はいかなるものか、このことを人倫的な共同体において語るのは容易である。——彼の属する諸関係のうちで彼に指示され、語られ、そして知られていることのみが、彼によってなされなければならないことである。誠実さは、人間に、一方では法的に、他方では人倫的に、要求されうる普遍的なものである。しかし、誠実さは、道徳的立場にとっては、何かよほど従属的なものと思われがちであり、ひとはもっとそれ以上のものを自他に要求しなければならなくなる。というのも、何か特別なものでありたいというこの立場からの願いは、即自的かつ対自的に存在するものや、普遍的なものによっては満たされず、例外においてはじめて独自性の意識をみいだすからである。——誠実さのそれぞれに異なる側面もまた同様に徳と名づけられうる。というのも、これらは同様に、(18)——他のひとびとと比べて、特別なものではないとしても——個人の所有に帰するものだからである。しかし、およそ徳について語るとなると、とかく空虚な饒舌になりやすい。というのは、徳を語ることによっては、単に抽象的なもの、無規定的なものについて語られるだけであり、また同様に、さまざまな根拠や説明をともなって語るとしても、それは個人に、すなわち恣意や主観的な好みにふり向けられるからである。諸関係が完全に展開し、現実化しているような現存する人倫的状態のもとでは、本来的な徳がそのところをえて、現実性を示すのは、もっぱらその諸関係の通常ではないあり方や衝突においてだけである。――しかも、それが真実の衝突の場合にかぎってである。というのも、道徳的な反省は自分でいたるところに衝突をつくりだし、そして自分が何か特殊なものであるといった意識、さらには犠牲を払ったといった意識をもつことがありうるからである。社会や共同体が未開の状態にあるときに、徳としての徳の形式がより多く現れる。なぜなら、こうした未開な状態にあっては、人倫的なものやその現実化は、むしろ個人的な意向であり、個人の独自の天分に属するからである。そこで、古代人はとりわけヘラクレスに徳の称号をあたえたのである。また、古代国家においては、人倫が自立した展開と客観性のこうした自由な体系にまで成長していなかったので、この欠陥を補うものは、個々人の独自の天分とならざるをえなかったのである。(19)――したがって、徳についての教説は、それが単なる義務論ではなくて、それゆえ、性格という特殊的なもの、自然規定性にもとづいたものを含むかぎり、精神的な自然史であるであろう。(20)

もろもろの徳が特殊的なものに適用された人倫的なものであり、特殊的なものというこの主体的な面からすれば、無規定的なものであることから、徳を規定するために、より多いとかより少ないという量的なものが登場することになる。徳の考察が、徳に対抗する欠陥、つまり悪徳を含むことになるのはこのためである。このことは、それぞれの徳をみずからの正しいセンスにしたがって過多と過少との中間と規定したアリストテレスの場合にみられる通りである。(21)――もろもろの義務という形式をとり、ついで徳という形式をとる同一の内容は、また衝動という形式もとるものである（一九注解）。もろもろの衝動もまたこれらと同一の内容をその基礎としているのである。しかし、同一の内容でも、衝動のうちにあっては、まだ直接的な意志に、自然的な感情に属しており、人倫の規定にまで陶冶されてはいないから、衝動は、義務の内容や徳の内容と抽象的対象を共有しているにすぎない。これは、それ自身において規定を欠いていて、したがってもろもろの衝動に対して善悪を区別する限界を含んではいない対象である。――いいかえれば、衝動は、これが含む肯定的な面を抽象するならば善であるが、逆に、これが含む否定的な面を抽象するならば悪である（**一八**）。

補遺《個人的達人性としての徳》　ある人間があれこれの人倫的なことをおこなったか

らといって、ただちに彼が有徳であるわけではない。こうしたふるまいの仕方が彼の性格の恒常性となって、はじめて有徳なのである。徳はむしろ人倫的達人性[22]なのである。そして、今日、ひとびとが昔に比べてあまり徳について語らないとすれば、そのことの理由は、人倫がもはやかつてほどには特殊的な個人の形式ではないことのうちにある。フランス人はなかんずく徳についてもっとも多くを語る民族であるが、それは、彼らのもとにおいては、個人というものがとかく彼自身の独自性や行為の自然的なあり方によって性格づけられることがらだからである。これに対して、ドイツ人はより思索的であり、だから彼らのもとにあっては同じ内容が普遍性の形式をえているのである。〈ホトーおよびグリースハイムより〉

一五一

しかし、人倫的なものは、もろもろの個人の現実性との単純な同一性のうちにあっては、彼らの普遍的な行為様式として、習俗[23]として現れる——それは、第二の自然としての、人倫的なものの〔個人における〕習慣であり、この習慣は、第一の単なる自然的な意志に代わって定立され、そして個人の定在を貫徹する魂であり、意義であり、現実性である。それは世界として生動し、かつ現存する精神である。このように習慣となってこそ精神の実体ははじめて精神として存在する。

補遺《習俗、教育、習慣》　動物や樹木や太陽がそれぞれの法則を遂行しているように、自然がその法則をもつのと同じく、習俗は自由の精神に帰属するものである。〔抽象〕法や道徳がまだそこに達していないもの、それが習俗であり、すなわち精神である。というのは、〔抽象〕法においては、特殊性はまだ概念の特殊性ではなく、単に自然的意志の特殊性にすぎないからである。同様に道徳の立場においては、自己意識はまだ精神〔共同〕的な意識ではない。道徳の立場では、単に主観の価値がそれ自身のうちで問題とされるにすぎない。すなわち、悪に対抗して善に向けて自分を規定する主観はまだ恣意の形式を具えているのである。これに反して、ここ人倫の立場においては、意志は精神の意志として存在し、みずからにふさわしい実体的な内容をもっている。教育学は、人間を人倫的なものにする技術である。つまり教育学は人間を自然的なものとみなして、人間を生まれ変わらせ、第一の自然を第二の精神的な自然に変換させる道を指示する。その結果として、この精神的なものは彼のうちで習慣となるのである。習慣においては、自然的意志と主観的意志との対立は消滅し、主観の葛藤は打破されている。そのかぎり、習慣は人倫的なものに帰属するとともに、同様に哲学的思惟にも帰属するのである。(24) というのも、哲学的思惟は、精神が恣意的な思いつきに対抗して鍛え上げられ、そして恣意的な思いつきが打破され、克服され、それによって理性的な思惟が自由な道を手に入れることを要求するからである。人間は、また、習慣ゆえに死ぬことさえある。すなわち、人間が完全に人生に慣れきって、精神的にも肉体的にもだらけてしまい、そして主観的意識と精神的活動との対立が消滅してしまったときが、そうである。というのは、人間が活動的であるのは、もっぱら彼がしかるべきものに到達しておらず、そのものに向かって自分の力量を発揮し、そしてみずからを通用させようと意志するかぎりにおいてだからである。このことがいったん完遂されるならば、彼の活動力も生命力も消え失せ、代わって無関心が登場するのであり、これは精神的なもしくは肉体的な死にほかならないのである。〈ホトーおよびグリースハイムより〉

一五二

人倫的実体性は、こうした仕方で、その法にいたっているのであり、そしてこの法は妥当するものとなっている。すなわち、この人倫的実体性においては、孤立自存して、この人倫的実体性に対抗するような個人のわがままやひとりよがりの良心といったものは消失してしまって[いる]。それは、人倫的な性格〔のひと〕が、不動ではあるが、それのさまざまな規定において現実的な理性的あり方へと開かれた普遍的なものを、自分を動かす目的[25]として知っており、そして自分の尊厳も、さまざまな特殊的な目的のすべての存立も、この普遍的なもののうちに基礎づけられていることを認識し、現にこれらをこの普遍的なものにおいてもっているからである。主観性が、それ自身、実体の絶対的形式であり、実体の現存在する現実性となっているのである[26]。そして主観と、主観の対象であり、目的であり、力である実体との区別は、形式の区別であると同時に、ただちに消失してしまう区別にすぎないのである。

　自由の概念が現存在するための基盤をなす（一〇六）主観性は、道徳の立場においては、このみずからの〔自由の〕概念からはまだ区別されているが、人倫的なものにおいて、この概念の、それにふさわしい現存在となる。

一五三

みずからが自由であると主観的に規定するための個々人の法〔権利〕は、彼らが人倫的現実性に帰属することにおいて実現される。というのは、個々人のもつ、自分が自由だという確信は、このような客観性のなかでその真理をえ、そして個々人は、人倫的なものにおいて、自分自身の本質、自分の内的な普遍性を現実的に所有するからである(27)(一四七)。

ある父親が、自分の息子を人倫的に教育する最善の仕方を尋ねたのに対して、ピュタゴラス学派のひとりは(ほかのひとびとが口にしたものだともいわれているが)(28)、「息子さんを良き法律を具えた国家の公民にすれば、十分でしょう」と答えている。

補遺《教育実験》　人間を現代の世間一般の生活から切りはなして、田舎で育てようという教育的な実験(『エミール』のルソー)は無益におわったが、それは、人間を世間のもろもろのきまりからいつまでも疎遠な状態にしておくことなど、うまくいくはずはないからである(29)。たとえ若者の陶冶が孤独のうちにおこなわれなければならないとしても、精神世界の息吹が最後までこの孤独にかからないとか、この遠隔の地を支配するには、世界精神の威力は弱すぎる、などと信じることは許されない。個人が良き国家の公民であることにおいて、はじめて彼はみずからの法に達するのである。〈ホトーより〉

一五四

〔みずからが自由であると主観的に規定する法〔権利〕と〕同様に、個人が自分の特殊性に対してもつ法〔権利〕も、人倫的実体性のうちに含まれている。というのも、特殊性は、人倫的なものが外面的に現象する仕方であり、そこに人倫的なものが現存するからである。

一五五

こうして、普遍的意志と特殊的意志とのこの同一性のうちで、義務と法〔権利〕とは一体になっている。人間は、人倫的なものによって、彼が義務を負うかぎりで法〔権利〕をもち、法〔権利〕をもつかぎりで義務を負う。抽象法においては、私は権利をもち、他者はそれに応ずる義務を負う。――道徳的なものにおいては、私自身の知りかつ意欲する権利は、私の利福の権利と同様に、もろもろの義務と合致し、客観的であるべきであるにすぎない。

補遺《権利と義務との統一としての自由》　奴隷はいかなる義務も負うことはできない。義務を負うのは自由な人間だけである。もしもいっさいの権利が一方の側だけにあり、いっさいの義務が他方の側だけにあるとするならば、全体は解体してしまうであろう。なぜならば、両者の同一性だけが、ここでわれわれが確保しなければならない基盤だからである。〈ホトーより〉

一五六

人倫的実体は、自己意識の概念と一体となった対自的に存在する自己意識を含むものとして、家族および国民[30]という現実的な精神である。

補遺《具体的現実性としての人倫的なもの》　人倫的なものは善のように抽象的ではなく、むしろ強い意味で現実的である。精神は現実性をもつ。そしてこの現実性の偶有性がもろもろの個人である。それゆえに、人倫的なものにおいては、つねに二つの視点のみが可能である。つまり、実体性から出発するか、あるいは原子論的な手つづきを踏むことで個別性を基礎として、そこから上昇するか[31]のいずれかである。後者の視点は没精神的である。というのは、この視点は単にひとつの合成物にゆき着くにすぎないのであるが、精神は個別的なものではなく、個別的なものと普遍的なものとの統一だからである。〈ホトーより〉

一五七

この〔自由の〕理念の概念は、精神として、みずからを知るものにしてかつ現実的なものとしてのみ存在する。というのは、この精神は自分自身を客観化するものであり、みずからの諸契機という形式を通じての運動だからである。精神はそれゆえに、

A　直接的ないし自然的な人倫的精神——家族である。

この実体性はその統一の喪失へと、分裂へと、相関的なものの立場へと移行する。そこでこの実体性は、

B　市民社会である[32]。それは、自立的な個別者としての成員の結合であり、したがって個別者の欲求を介しての、もろもろの人格や所有の安全を保障する手段としての法体制を介しての、そして個別者の特殊的な利益や共通の利益のための外的秩序を介しての

形式的普遍性(33)における結合である。このような外面的国家(34)は、

C　実体的で普遍的なものおよびそれに捧げられた公共的生活の目的と現実性のうちに、——国家体制のうちに引き戻され、統合される(35)。

第一章　家　族

一五八

家族は精神の直接的実体性として、精神の感じられている統一、すなわち愛をその規定としている。したがって、その志操[1]は、精神の個体性の自己意識を即自的かつ対自的に存在する本質性としてのこの統一のうちにもつことであり、それによって、この自己意識は、この統一において単独の人格としてではなく、成員として存在するようになる。

補遺《愛の概念》　愛は一般に私と他者との統一の意識であり、このために私は、私だけで孤立して存在するのではなく、私の自己意識を、もっぱら私の単独な存在を廃棄することとしてのみ獲得するのであり、私と他者との、他者と私との統一としての私自身を知ることによって獲得するのである。しかし、愛は感情であり、すなわち、自然的なものという形式における人倫である。国家のうちにはもはや愛は存在しない。国家においては、統一は法律として意識されるのであり、そこでは内容は理性的でなければならず、私はこの内容を知らなければならない。愛における第一の契機は、私が私だけでの自立的人格であろうと意志しないということであり、もし私がこうした自立的人格であるならば、私は私自身を欠陥のある、不完全なものとして感じるということである。第二の契機は、私が他の人格において私を獲得し、私が他の人格において認められ、他方、他の人格が私においてこの〔同じ〕ことを達成するということである。それゆえに、愛は悟性が解くことのできない途方もない矛盾である。否定されながら、それでいて私が肯定的にもたなければならない自己意識のこの点性[2]ほど解きがたいものはないからである。愛は、矛盾を生みだすと同時に矛盾を解消する。そのような解消として愛は人倫的一体性である。〈ホトーおよびグリースハイムより〉

一五九

家族の統一を基盤として、個人に属している法、そしてさしあたりこの統一それ自身における個人の生命となっている法が、規定された個別性という抽象的な契機としての法の形式に入ってゆくのは、家族が解体に移行し、家族の成員として存在するはずの者たちが、その志操においても現実性においても自立した人格として成長し、彼らが家族のなかで一定の契機としてかたちづくったものを、いまや分割されたあり方で、それゆえもっぱら外的な側面（資産、養育費、教育費など）に応じて受け取るかぎりにおいてである。

補遺《家族と主観性》　家族の法は、本来的には、家族の実体性が定在をもたなければならないというところになりたつ。したがって、家族の法は外面性に対抗する法であり、この家族の統一からの離脱に対抗する法である。他方しかし、また愛はひとつの感情であり、主観的なものであって、このような主観的なものに対しては、家族の一体性もみずからを貫きえないのである。したがって、その一体性が要求されるとすれば、それは、もっぱらその本性からして外面的であって、感情によって制約されないような事物との関係においてのみ可能なのである(3)。〈グリースハイムより〉

一六〇

家族は以下の三つの面を通じて完結する。

（a）家族の直接的概念である婚姻という形態を通じて、

（b）外面的定在、つまり家族の所有物と財と、これらに対する配慮を通じて、

（c）子どもの教育と家族の解体を通じて。

A　婚　姻

一六一

婚姻は、直接的な人倫的関係として、第一に、自然的生命活動という契機を含んでおり、しかも実体的関係として、生命活動をその総体性において、すなわち類の現実性と類の過程として含んでいる（『哲学的諸学のエンチュクロペディー』一六七節以下、および

二八八節以下）[4]。しかし第二に、自己意識においては、自然的両性の、単に内面的な、あるいは即自的に存在するにすぎないがゆえにその現存在においては単に外面的でしかない統一が、精神的で、自己意識的な愛へと転化されるのである。

補遺《婚姻の概念》　婚姻は本質的に人倫的な関係である。以前にあっては、ことに多くの自然法〔の教説〕においては、婚姻はもっぱら肉体的な側面にしたがって、つまり婚姻が自然のままであるところにしたがってみられたにすぎない。そのようにして、婚姻はもっぱら性的関係としてのみ考察され、そして婚姻のそのほかの諸規定にいたる道は閉ざされてしまっていた[5]。しかし、婚姻を単に民事上の契約としてのみ捉えるのも、同様に粗野なことであり、それはカントのもとでもなおみられる考え方である。そこでは、個人間でたがいの恣意が契約を結び、婚姻が契約にもとづく相互使用の形式になり下がっているのである[6]。さらに非難されるべき第三の考え方は、婚姻をもっぱら愛のうちにおくものである。というのも、感情である愛は、どうみても偶然性が入り込むのを許すのであり、こうした形態は人倫的なものがとってはならないものであるからである。それゆえに、婚姻をよりくわしく規定するならば、それは法的に人倫的な愛ということになる。この愛によって、婚姻からはその移ろいやすさ、気まぐれ、そして単なる主観的

なものが消失するのである。〈グリースハイムより〉

一六二

婚姻の主観的な出発点として多く現れうるのは、この関係のうちに入ろうとする両人格の特殊的な愛好、あるいは、両親の配慮や準備などである。しかし、客観的な出発点は、二人の人格の自由な同意であり、とくに一体となって一人格をかたちづくり、二人のもつ自然的にして個別的な人格性をこの統一のうちで放棄するという同意である。この人格性の観点からすれば、この統一は、自己制限であるが、しかし、まさしくこの統一において二人がみずからの実体的な自己意識を獲得するのであるから、彼らを自由にすることである。

婚姻の状態のうちに入ることは、客観的な使命であり、したがって人倫的な義務である。外面的な出発点がどのようであるかは、その本性上偶然的であり、とりわけ反省の形成度に依存している。婚姻の出発点の一方の極は、好意的な両親の準備がことのはじまりとなって、愛の合一へとたがいに定められる両人格のうちに、このように定められているもの同士としてたがいに知り合うことから、愛好が生まれるという場合である。——他方の極は、これらの無限に特殊化されたものとしての両人格のうちにまず最初に愛好が芽生える場合である。——前者の極、いいかえれば、一般に、結婚しようという決意がはじまりとなって、それにつづいて愛好が生まれ、したがって現実の結婚において決意と愛好が合一しているという道が、いっそう人倫的な道とさえみなされうる。——他方の極にあっては、無限に特殊的な独自性が自分の要求を押し通しているが、それは現代世界の主観的原理（上記の**一二四**注解）と結びついているのである。——しかし、性愛が根本的な関心をなしている現今の戯曲や、その他の芸術的表現においては、徹底して冷酷な要素がみいだされるのだが、そうした要素が、描きだされた情念の灼熱のうちへもたらされるのは、その情念と結びついているまったくの偶然性を通じてである。というのも、いっさいの関心がもっぱらこれらの特殊的な個人にもとづくものとして考えられるためである。そして、このことはこれらの個人にとってはかぎりなく重要ではあろうが、しかしそれ自体としては無価値なのである(7)。

補遺《婚姻と愛好》　女性が十分に尊重されていない諸民族においては、両親が本人たちに尋ねることなしに、自分たちの意向によって婚姻を取りきめ、本人たちも、感情の特殊性がまだ何らの要求もなすにいたっていないので、両親のなすがままに受け入れている。娘にとってはひとりの夫をえることが、男にとってはひとりの妻を娶ることが総じて唯一の関心事である。もっともほかの事情のもとでは、資産や縁故への顧慮や政治的な目的が決定的なものでありえよう。こうした場合には、婚姻はほかの目的のための手段とされるのであるから、ときには非常にむごいことが起こりうる。現今では、これに反して、主観的な出発点であるほれていることが唯一重要な出発点であるとみなされる。この場合、各人は自分のときが到来するまでまたなければならず、そして自分の愛を捧げることができるのは、ただひとりの特定の個人にだけであると思われている。

〈ホトーより〉

一六三

婚姻の人倫的なものは、この統一を実体的な目的とする意識のうちに、したがって愛と信頼と個人的な現存在〔生活〕全体の共同性のうちになりたつ。——このような志操と現実性においては、自然的な衝動は、充足のうちで消失すべく規定された自然的契機という様態に引き下げられ、精神的な紐帯が、その法において、実体的なものとして、したがって情欲や一時的な特殊な好みの偶然性を越えたもの、それ自体において解消されがたいものとしてきわだってくる。

婚姻はその本質的な基盤に関しては契約の関係ではないことは、すでにうえで述べられている(**七五**)。というのも、婚姻は、みずからの個別性において自立的である人格性という契約の立場から出発することがあっても、それはまさにこの契約の立場を廃棄するためだからである。家族が一人格となり、家族の成員が偶有性〔となる〕(実体はしかし、本質的にはもろもろの偶有性の実体自身への関係である。『哲学的諸学のエンチュクロペディー』九八節(8))ゆえんである諸人格間の一体化が、人倫的精神である。この精神は、それだけで、――つまり、この精神がその成員である諸個人としての定在においてもつ、また、ときに応じ、仕方に応じて多様に規定される現象の利害関心としての定在においてもつ多様な外面性から切りはなされて――表象のための形態として取り上げられて、ペナーテース神(9)等々として〔かつては〕尊崇されていたのであり、総じて婚姻や家族の宗教的性格、すなわち恭順(10)がなりたつ場面を形成するのである。もしも、神的なもの、実体的なものが、その定在から分離させられ、こうしてまた精神的な統一の感情や意識が、誤って称されるプラトニックな愛として固定されてしまっているならば、それはさらにひどい抽象である。この分離は、坊主臭い見解と結びつくものである。この見解によっては、自然的な生命活動の契機が端的に否定的なものとして規定されるのであり、そしてまさにこの分離によって、かえってこの契機に、別個の無限な重要性が付与されることになるのである。

補遺《婚姻の神聖性》　婚姻が内縁から区別されるゆえんは、この後者の場合には主として自然的衝動の満足が肝心のこととされるのに対して、婚姻の場合にはこの自然的衝動が抑制されている点にある。このために、婚姻関係にない場合には羞恥の感情を引き起こすような自然的なできごとについても、婚姻関係にある場合には赤面することなく語られる。しかし、それだけにまた婚姻は即自的に〔それ自体で〕は解消されえないものとして尊重されなければならない。というのは、婚姻の目的は人倫的なものであり、この目的をまえにしてはいっさいのほかの目的は無力であり、この目的に従属させられるようにみえるほど、この人倫的な目的は高いところに存するからである。婚姻は情欲によって妨げられるべきではない。というのは、情欲は婚姻に従属させられているからである。しかし、婚姻は即自的にのみ解消されえないものである。というのは、キリストも語るように、唯一「汝らの心がつれないがために」という理由によって、離婚も許されているからである。婚姻は感情の契機を含んでいるがゆえに、婚姻は絶対的ではなく、(11)

不安定であり、解消の可能性を秘めているのである。しかし、立法はこの可能性をこのうえなく困難なものにすることによって、気ままな好みに抗して、人倫の法を正しく維持しなければならない。〈ホトーおよびグリースハイムより〉

一六四

契約の協定がすでにそれだけで所有の真の移行を含んでいるように(七九)[12]、婚姻の人倫的結合への同意をにぎにぎしく宣言し、これに合わせて家族や共同体もこの結合を承認し、認可することが(この点に関して教会が介入することは、これ以上にたち入った規定であり、ここでは詳述されるべきではない)[13]、婚姻の正式な締結と現実性とをなしている。したがって、この結合は、このような儀式が先行することによってのみ、人倫的なものとして構成される。この儀式は、記号すなわち精神的なもののもっとも精神的な定在としてのことば(七八)による実体的なものの成就なのである。これによって、感性的で、自然的生命活動に属する契機は、その人倫的関係のうちにおかれているのだが、それは、人倫的結合の、外面的な定在に属する派生物や偶有性としてのことである。実際この人倫的結合はたがいの愛と助け合いのみに尽きるのである。

婚姻の主要目的から法律的なもろもろの規定を汲みだしたり、あるいは判定したりすることができるために、何がこの目的とみなされなければならないか、と問われる場合には、この目的のもとに、婚姻の現実性がもつ個々の側面のうちのいずれが、他の側面にもまして本質的な側面として受け入れられなければならないかが理解されている。しかし、いかなる側面もそれだけでは、婚姻の即自的かつ対自的に存在する内容の全範囲、すなわち人倫的なものの全範囲をなすことはないし、また、婚姻の現存在のあれこれの側面が、婚姻の本質を害することなく、欠けることもありうる。——婚姻の締結そのもの、つまりこの結合の本質が感情や特殊な愛好の偶然性を越えて高められた人倫的なものとして表明され、確認されることになる儀式の厳粛さが、外面的なかたちばかりのものとか、いわゆる単なる市民的なきまりとみなされるならば、この行為にのこされるのは、たとえば、市民的関係を教化し、認証するという目的をもつということか、あるいはまったく、市民のもしくは教会のきまりの単に硬直した恣意であるということでしかない。そうなれば、こうしたきまりは婚姻の本性にとってただ単にどうでもよいものであるだけではなく、きまりだからということで、この型どおりの締結に心情によって価値がおかれ、そしてこの型どおりの締結がたがいに完全に献身し合うことに先行すべき条件であるとみなされるかぎり、このきまりはまた、愛の志操を不純にし、よそよそしいものとして、この合一の親密さとは相容れないものとなってしまうであろう。以上のような婚姻の儀式を外面的なかたちばかりのものとする考え方は、愛の自由や親密さや成就についての最高の概念をあたえるという尊大な要求を掲げるがゆえに、むしろかえって、愛のもつ人倫的なものを、単なる自然的衝動へのより高い抑制と制止を否認するのである。このような抑制と制止は、すでに自然的な仕方で羞恥のうちに含まれていて、もっとはっきりとした精神的な意識によって貞節やたしなみにまで高められている。さらにいえば、婚姻の儀式を単なる市民的なきまりとみなす先の見解によっては、婚姻の人倫的な使命が投げ捨てられてしまう。その人倫的使命とは、意識がその自然性と主観性を脱して実体的なものについての思想に集中し、そして感性的な愛好のもつ偶然性や恣意性にいつまでもこだわりつづける代わりに、婚姻の結合をこのような恣意から免れさせ、それを、ペナーテース神に義務を負うような実体的なものにゆだね、そして感性的契機を、関係の真実にして人倫的なものによって、さらにはこの結合の人倫的なものとしての承認によって、もっぱら制約されたー契機にまで引き下げることにあるのである。――この実体的な関係の思弁的な本性を把握できないのが、破廉恥というものであり、またこの破廉恥を支持する悟性にほかならない。しかし、人倫的にして汚れなき心情は、キリスト教的諸国民の立法と同様に、この思弁的本性と一致しているのである。

補遺《いわゆる自由恋愛》　愛こそが実体的なものであり、そればかりか愛は儀式によっては価値を失うのであるから、婚姻を締結する儀式は余計なものであり、廃止されてもよいかたちばかりのものであるということが、フリードリヒ・フォン・シュレーゲルによって『ルツィンデ』のなかで、そして彼の追随者のひとりによって無名氏の書簡（リューベックおよびライプツィヒ、一八〇〇年）のなかで提示されている。[14] そこでは肉体的に身を捧げることが、愛の自由と親密さの証拠として必要なことと考えられているが、これは誘惑者にはよくある議論である。男女の関係について留意されるべきことは、未婚の女性は肉体的に身を捧げることで自分の名誉を捨てることになるが、家族以外に自分の人倫的な活動の別の分野をもつ男性の場合にはそうではないということである。未婚の女性の使命は、本質的にもっぱら婚姻の関係のうちにある。したがって、未婚の女性の要求は、愛が婚姻の形態をとり、愛のうちにあるさまざまな契機が相互にその真に理性的な関係を獲得するということである。〈グリースハイムより〉

一六五

両性の自然的規定性は、両性の理性的性格によって、知性的で人倫的な意義をえる。この意義は、概念それ自体としての人倫的実体性がみずからを分割してえられる区別によって規定されているが、それは、この区別にもとづいて、人倫的実体性がみずからの生動性を具体的な統一として獲得するためである。

一六六

それゆえに、一方の性〔男〕は、みずからを、対自的に存在する人格的自立性と、自由な普遍性の知および意欲とへ分割するものとして、すなわち概念によって把握する思想の自己意識と、客観的な究極目的に向かう意欲〔へと〕分割するものとして精神的なものである。――他方の性〔女〕は、具体的な個別性と感情の形式において実体的なものを知り、意欲するものとして、一体性のうちに身を保持する精神的なものである。(15)――前者は、対外関係において力強く活動的であり、後者は受動的で、主観的なものである。それゆえに、夫は、自分の現実的で実体的な生活を、国家や学問などにおいて、またそのほか、外的世界および自分自身との闘争や骨折りにおいて営み、したがって、自分との自立的な一体性を自分の分割からのみ戦い取るのであって、この一体性の静かな直観と感情的で主観的な人倫とを家族においてもつのである。その家族のうちに妻はみずからの実体的な使命をもち、こうした恭順のなかでその人倫的な志操をもつのである。

したがって、恭順は、これをもっとも崇高な仕方で描きだしたもののひとつであるソポクレースの『アンティゴネー』では、すぐれて女性の掟として表現され、そして感情的で主観的な実体性の、まだその完全な現実化に達していない内面性の掟として、古き神々の、冥界の掟として、それがいずれから現れでたのか誰も知らない永遠の掟として、公然たる国家の掟と対立したものとして描かれている。――この対立は最高に人倫的な対立であり、それだけに最高に悲劇的な対立であって、ここでは、それが女性的性格と男性的性格のうちに個体化されているのである。『精神の現象学』三八三頁以下、四一七頁以下参照。(16)

補遺《女性の教養》　女性はたしかに教養を身につけることができるが、しかし普遍的なものが要求されるような、より高度の学問や哲学、ある種の芸術創造にふさわしくはつくられていない。[17] 女性は思いつきや趣味や優雅さといったものはもち合わせているが、しかし観念的なものをもち合わせてはいない。男性と女性との相違は、動物と植物との相違である。すなわち、動物はどちらかといえば男性に相応し、植物はむしろ女性に相応している。というのは、女性はどちらかといえば感情の無規定的な一体性を原理とする静かな展開だからである。女性が統治の頂点にたつときには、国家は危機に陥る。というのは、女性は普遍性の要求にしたがって行為せず、偶然的な愛好や思い込みにしたがって行為するからである。女性の教養は、どうしてかはわからないが、いわば表象の醸しだす雰囲気を通して身につき、知識の獲得によるというよりはむしろ生活を通して身につくのである。他方、男性はもっぱら思想の成果によって、さまざまな技術的努力によって、みずからの地位をえているのである。〈ホトーおよびグリースハイムより〉

一六七

婚姻は本質的に一夫一婦制である。なぜなら、この関係のうちに身をおき、身をゆだねるものは人格性、すなわち直接的で排他的な個別性であるからである。この関係の真実さと親密さ（実体性の主観的な形式）は、したがって、もっぱらこの人格性の相互的で一致した献身からのみ生ずる。[18] この人格性が、他者において自分自身を意識するというみずからの法に到達するのは、人格としての、すなわち原子的な個別性としての他者がこの同一性のうちに存在するかぎりにおいてのことである。

婚姻、そして本質的に一夫一婦制は、共同体の人倫がもとづく絶対的原理のひとつである。婚姻関係の創設は、それゆえに、神々や英雄による諸国家の創立における諸契機のひとつに挙げられるのである。

一六八

さらに、婚姻が生じるのは、両性のこのそれ自身無限に固有な人格性の自由な献身からであるゆえに、婚姻は、すでに自然的に同一的で、知り合っていて、どんなささいなことにおいても信頼し合っている間柄の内部では締結されてはならない。この間柄では個々人は、それ自身固有な人格性をたがいに対してもっていないのである。婚姻は別々の家族、そして根源的に異なった人格性から成立しなくてはならない。それゆえに血縁関係のもとでの婚姻は、婚姻が自由の人倫的な行為としてあって、直接的な自然性の結合や自然性の衝動としてあるのではないという概念に反するのであり、したがってまた真実に自然的な感情にも反するのである。

婚姻そのものが、自然法においてではなく、ただ自然的性衝動においてのみ基礎づけられるものとみなされたり、また恣意的な契約とみなされたりするならば、また同様に、一夫一婦制に対して男女の数という自然的な関係からさえ外的な根拠が挙げられたり、同じように血縁関係のもとでの婚姻の禁止に対して単に不明朗な感情が挙げられたりするならば、その根底には自然状態や法の自然性についての通俗的な表象があるのであり、理性的性格の概念や自由の概念が欠如しているのである。

補遺《近親結婚》　さしあたって、血縁関係にあるもの同士の婚姻は、それだけですでに羞恥の感情に逆らうものであるが、しかしこの尻込みはことがらの概念において正当化されるのである。というのは、すでに結ばれているものが、婚姻を通してはじめて結ばれるということはありえないからである。単なる自然的関係という側面からみても、動物の同一家族の内部での交尾がより弱い仔を生むということはよく知られている。というのは、結ばれるべきものは、それ以前においては別々のものでなくてはならないからである。生殖力は、精神力と同様に、その力がそこから取り戻される対立が大きければ大きいほど、ますます大きいのである。婚姻に先だって、たがいに親しくなったり、知り合ったり、共同の活動の習慣をつけたりすべきではない。これらは、婚姻においてはじめてみいだされなくてはならない。そして、こうしたものをみいだすことは、それがより豊かであり、そしてより多くの面をもてばもつほど、それだけ高い価値をもつのである。〈ホトーより〉

一六九

家族は人格としてその外面的な実在性をひとつの所有物においてもつ。その所有物において家族はその実体的な人格性の定在を資産におけるものとしてのみもっている[19]。

B　家族の資産

一七〇

家族はただ単に所有物をもつだけではない。普遍的で永続的な人格としての家族にとっては、持続的で、確実な占有物、すなわち資産をもつ欲求と使命とが現れてくる。抽象的な所有のうちにある単なる個別者の特殊的な欲求という恣意的な契機や欲望のエゴイズムは、資産において共同生活のための配慮と取得へと、すなわち人倫的なものへと変わるのである。

確実な所有の導入は、国家の創設、あるいは少なくとも社交的な文化的生活の創設の伝説では、婚姻の導入と結びついて現れてくる。いずれにしても、上記の資産がいかなる場面でなりたつのか、これら資産の確保の真の方法は何であるのか、こうしたことは市民社会の圏域においてあきらかにされる[20]。

一七一

他の家族に対して、法的人格としての家族を代表しなければならないのは、家長としての夫である。さらに夫には、とりわけそとから所得をうることと、家族のもろもろの欲求に配慮し、家族の資産を処理し管理することが属している。家族の資産は共同の所有物であり、このため家族のいかなる成員も特別な所有物をもたないが、各人はこの共同の所有物に対してはそれぞれの権利をもっている。しかし、この権利と家族の家長の裁量に属する先の処理が衝突することがありうるが、それは、人倫的な志操が家族においてはまだ直接的なものであり(**一五八**)、特殊化や偶然性にさらされているからである。

一七二

婚姻によって、新しい家族が構成される。この新しい家族は、それが由来する両家系や両家に対してはそれだけで自立したものである。このような家系や家との結びつきは自然的な血縁関係を基礎にしているが、しかし、新しい家族は人倫的な愛を基礎にしている。したがって、個人の所有が本質的連関をもつのは彼の婚姻関係とであって、それに比べれば、彼の家系あるいは家との連関ははるかに縁遠いものにすぎない。

夫婦財産契約は、そのうちに夫婦の財の共同へのある種の制限、すなわち、妻の継続する弁護人等々の指定が含まれているときには、そのかぎりにおいて、自然死や離婚等々による婚姻の解消の場合に備えて、そのような場合に別れた家族の成員に共同の所有物の取り分があたえられることを保証する試みであるという意味をもつ。

補遺《親族と家族》 多くの立法においては、家族の範囲がもっと拡げられている。そしてこのように拡げられた範囲が本質的な絆《きずな》とみなされ、これに比べるならば、それぞれの特定の家族の絆の方はそれほど重要視されてはいないようにみえる。古代ローマ法においては、ゆるい婚姻関係にある妻[21]は、自分の子どもたちや自分の夫とより、むしろ自分の親族と親密な関係にあり、また封建法の時代には、家族の威信（*splendor familiae*）を保持するために、男性の成員だけが家族の成員に数えられ、また家族の全体が主要なことがらとみなされ、これに対して、新しくつくられた家族は影が薄くなるということが、当然のこととされていた。それにもかかわらず、各々の新しい家族の方が、血縁関係のより広い連関に比べていっそう本質的なものであり、夫婦と子どもが、ある意味でまた家族とよばれるもの〔家系や家〕とは反対に、家族の本来的な核心をなすのである。それゆえに、諸個人の資産関係は、広範囲の血縁関係とではなく、婚姻と、より本質的な連関をもたなければならない。〈ホトーより〉

C　子どもの教育と家族の解体

一七三

実体的なものとしてはもっぱら親密さと志操であるが、しかし現存在するものとしては二人の主体のうちに分かたれているような婚姻の統一は、子どもたちにおいて統一そのものとして対自的に存在するひとつの現存在となり、二人の主体が自分たちの愛として、自分たちの実体的な定在として愛する対象となる。――自然的側面からすれば、直接的に――両親として――現存する二人の人格という前提が、――ここ〔子どもたち〕において結果となる。この進行は、産出されながらつぎのものの前提となる諸世代の無限の進展のなかで経過してゆく。――これは、有限な自然性のなかで、ペナーテース神という単純な精神がみずからの現存在を類として現示する仕方である。(22)

補遺《両親の愛》　夫婦のあいだでは、まだ愛の関係は客観的ではない。というのは、たとえ感情が実体的な統一であるとしても、まだこの統一はいかなる対象性も具えていないからである。両親がはじめてこのような対象性を具えるのは彼らの子どもたちにおいてである。子どもたちにおいて両親は合一の全体を眼前にもつことになる。母親は子どもにおいて彼女の夫を愛し、夫は子どもにおいて妻を愛する。両者は子どもにおいて自分たちの愛を眼前にするのである。資産においては、統一はただ外的な物件のうちに存在するにすぎないのに対して、子どもたちにおいては、統一は精神的なもののうちに存在する。両親はこの精神的なものにおいてたがいに愛され、またこの精神的なものを愛するのである。〈ホトーより〉

一七四

子どもたちは共同の家族資産によって養育され、そして教育される権利をもつ。両親が子どもたちの奉仕を奉仕としてもとめることができる権利は、家族への配慮という共同的なものの一般にもとづいており、これに制限されている。同様に、子どもたちの恣意を抑える両親の権利は、子どもたちを躾け、教育するという目的によって規定されている。懲戒の目的は正義そのものではなく、主観的、道徳的本性のものであって、自然のうちになお囚われている自由を懲らしめ、普遍的なものを子どもたちに意識させ、そして意志させることである。

補遺《子どもの教育》　人間のあるべき姿を、人間は本能によってえるのではなく、自分ではじめて獲得しなければならない。教育を受ける子どもの権利もこのことにもとづく。家父長的な統治のもとに生きるもろもろの民族についても事情は同様である。ここでは、ひとびとは共同倉庫の貯えによって養われており、自立的な成人としては認められていない。それゆえに、子どもたちから要求してよい奉仕とは、もっぱら教育の目的をもち、教育に関係したものにかぎられる。奉仕をそれだけで重要なこととみなそうとしてはならない。というのは、一般にもっとも非人倫的な関係は、子どもたちを奴隷状態におくことだからである。(23) 教育の主要な契機は躾であり、これは、子どものエゴイズムを打破して、単に感性的なもの、そして自然的なものを根絶やしにするという意味をもっている。そのさい、単に穏便にことを済まそうと思ってはならない。というのは、まさしく、直接的意志は直接的な思いつきや欲望のままに行為するのであって、理由や考えにもとづいて行為するのではないからである。もしも子どもたちに理由を示してやるならば、子どもたちがその理由をもっともなものとして認めるかどうかを、子どもたち自身にゆだねてしまい、したがって、いっさいを子どもたちの好き勝手にまかせることになってしまう。(24) 両親が普遍的なもの、本質的なものをなすことで、子どもたちの服従の欲求がそれにつづくのである。もしも子どもたちのもとで、大人になりたいという憧憬を引き起こすような服従の感情が養われることがないならば、生意気で小賢しい連中が生まれるだけであろう。〈ホトーより〉

一七五

子どもたちは即自的には自由な存在であり、生命はもっぱらこの自由の直接的な定在にほかならない(25)。それゆえに、子どもたちは他人にも両親にも物件として属しはしない。子どもたちの教育がもつ家族関係からみた肯定的な規定は、人倫が子どもたちの直接的でまだ対立を知らない感情へともたら［され］、そして、人倫的生活の根拠としてのこの感情において、つまり、愛や信頼や従順のなかで心情がその最初の生活を送りおえるようにすることである。——他方また、同じ関係からみての否定的な規定は、子どもたちを、彼らが生まれ落ちた状態である自然的な直接性から自立性と自由な人格性へと、したがって、家族の自然的な統一から抜けでることが可能になるまで高めることである。

ローマの子どもたちの奴隷状態は、ローマの立法をもっとも汚す諸制度のひとつである。そして、そのもっとも内的でもっとも繊細な生活の場面において、人倫がこのように病んでいたということは、ローマ人の世界史的性格とローマ人の法形式主義への傾向を理解するうえで、もっとも重要な契機のひとつである。(26)——教育を受けることが必要だということは、子どもたちのなかに、いまあるままでは満足できないという固有の感情として、——子どもたちがより高いものと仰ぎみている大人の世界に属したいという欲求として、大きくなりたいという願望として宿っているのである。遊戯的教育法は、子どもっぽさそのものをすでにそれ自体で価値あるものとみなし、その子どもっぽさを子どもたちにそのように価値あるものとして示し、真剣なことがらを、さらにはその教育法そのものさえをも、子どもたち自身によってさえ少しも尊敬されないような子どもっぽい形式へと貶《おとし》めてしまうのである。(27)そこで、このような教育法は、子どもたち自身が自分たちを未熟なものと感じているにもかかわらず、むしろ未熟な彼らを完成したものと思い描き、それで満足させることに努めるので、子どもたち自身がもつ真のよりよき欲求を妨げ、この欲求を不純なものにしてしまう。そして、この教育法は、一方では、精神的世界の実体的関係に対する無関心と無神経とを招くとともに、他方では、子どもである彼らに、人間が子どもっぽくて軽蔑に値するものとして思い描かれてしまっているので、人間に対する軽蔑を招くことになり、こうしてひとりよがりの虚栄とうぬぼれとを生みだすことになるのである。

補遺《子どもの感情》　人間は子どものときには、両親の膝下において、愛と信頼の団欒のなかで育てられなければならない。そうすることで理性的なものが彼のうちに彼自身のもっとも固有な主観性として現れなければならない。とりわけ幼少時にあっては、母親による教育が重要である。というのは、人倫は感情として子どものなかに植えつけられなければならないからである。ただ留意すべきは、全般的傾向として、両親が子どもたちを愛するほどには、子どもたちは両親を愛さないということである。というのは、子どもたちは自立することに向かって進み、次第に強さを身につけてゆくことで、両親を追い越そうとするのに対して、両親は子どもたちのうちに自分たちの結合の客観的な対象性をもちつづけようとするからである。〈ホトーおよびグリースハイムより〉

一七六

婚姻はまだ直接的な人倫的な理念であり、したがって、その客観的現実性を主観的な志操と感情の親密さのうちにもつにすぎないから、そこには婚姻の現存在のさしあたりの偶然性が潜んでいる。婚姻関係に入るべしという強制が存在しないのと同様に、志操においても、不一致で敵対的なものとなった両主体をつなぎとめておける純粋に法的で、実定的な絆がどこかにあるわけでもない。しかし、婚姻すなわち人倫的な実体性の法を、このような志操上の単なる憶測や単に一時的な気分の偶然性などに抗して確保し、このような憶測や気分を全面的な不和から区別して、後者を確認した場合においてはじめて婚姻を解消することを可能とさせるような第三の人倫的な権威が要求される。

補遺《離婚》 婚姻はもっぱら主観的で偶然的な感情にもとづいているから、婚姻は解消されることもありうる。これに対して、国家は分裂に服してはいない。というのも、国家は法律にもとづいているからである。婚姻はたしかに解消されるべきではないが、しかし、それはまたあくまでも当為にとどまる。ただし、婚姻が何ほどか人倫的なものである以上、婚姻は恣意によってではなく、教会であれ、あるいは裁判所であれ、人倫的な権威を通してのみ解消されうる。たとえば姦通などによって生じるような全面的な不和がある場合には、宗教的権威といえども離婚を許可せざるをえないであろう。〈ホトーより〉

一七七

家族の人倫的な解体は、子どもたちが自由な人格性にまで教育され、法的人格として、一方では、自分の自由な所有物をもつとともに、他方では——息子たちは主人として、娘たちは妻として——自分の家族を形成するのに十分である成年に達したと承認されるところで生じる。——この新たな家族のうちに息子たちや娘たちはいまや自分たちの実体的な使命をもつのであるが、この家族に比べると、彼らのこれまでの家族はもっぱら最初の根拠および出発点として後退するのであり、家系という抽象物は、なおさらいかなる権利ももたないのである。

一七八

両親の死亡、とくに父親の死亡による家族の自然的解体は、資産に関して相続という結果を生む。相続は、その本質に即すれば、即自的には共同的なものであった資産の個人的な占有への移行である。——この移行は、血縁関係が遠く離れる程度にしたがって、またもろもろの人格や家族を自立化させる市民社会の分散状態において、統一の志操が失われる分だけ、そして婚姻のたびに以前の家族関係が廃棄され、新しい自立した家族が形成される分だけ、ますます不明確なものとなる。

つぎのような事情を相続の根拠とみなす思いつきがある。死亡によって、資産は無主財となり、そのようなものとして最初に占有したものに帰する。ところで、このような占有獲得は、おそらくはたいていの場合、日頃身近にいる者としての近親者によっておこなわれるであろう。――このような日頃の偶然的なことが、秩序形成のために、実定法によって規則にまで高められる。――この思いつきは家族関係の本性をまったく顧みていないのである[28]。

一七九

このような家族の分化によって、諸個人の恣意には、つぎのようにふるまう自由が生じる。それは、一方では、一般に自分の資産をむしろ個別者の好みや思い込みや目的に合わせて使う自由であり、他方では、家族の代わりに、たとえば、友人や知人などといった仲間のことを顧慮し、彼らが彼の相続人となるような法的帰結をともなう意思表示を遺言書においてなす自由である。

こうした仲間においては、資産をこのように処理する意志が人倫的に正当化されるかもしれない。しかし、こうした仲間ができることのうちには、とりわけこのことがはじめから遺言書の作成と関係しているかぎり、多くの偶然性や恣意や利己的な目的への下心などが入り込むから、それだけに人倫的な契機は曖昧なものになる。そして、遺言書を作成するにあたっての恣意の権限の承認は、人倫的な諸関係を毀損し、卑劣な骨折りや同様に卑劣な従属関係をつくりだすきっかけにきわめて容易になりがちである。また同様に、このような承認は、自分の所有物がとにかく自分のものではなくなる死に臨んで、いわゆる慈善や寄付に、虚栄心を満たす条件や高圧的に苦しめる条件を結びつけるという愚かな恣意や意地悪さに対しても機会をあたえ、それらを正当化することになる。

一八〇

家族の成員が自立した法的人格になるという原理（一七七）は、家族の仲間うちに、こうした恣意や自然的相続人のあいだの差別を何ほどか導き入れることになる。しかし、根本的関係を毀損しないためには、こうした恣意や差別は、きわめてかぎられた範囲においてしか許されない。

故人の単なる直接的な恣意を、遺言書を作成するにあたっての法の原理とすることはできない。とくに、その恣意が家族の実体的な法と衝突するかぎり、そうである。故人の死後、とりわけて、その家族のかつての成員への家族の愛や尊敬だけが故人の恣意を尊重するであろう。このような恣意は、それだけでは家族の法そのもの以上に尊重されなければならないようなものを何も含んではいない。逆である。家族の愛と尊敬以外に、終意処分を有効にするものとなると、それは、ただ他のひとびとの恣意的な承認だけということになるであろう。(29) その承認にそのような有効性が認められるのは、とりわけ終意処分を汲みとる家族関係が縁遠く、影響力がなくなっているかぎりにおいてである。しかし、家族関係が実際に存在するのに、家族関係に影響力を認めないのは非人倫的なことに属する。そして、こうした家族関係を犠牲にして、故人の恣意の有効性を拡大することは、家族関係の人倫性の弱体化を含んでいるのである。

――ところで、この恣意を家族の内部で遺産相続の主要原理とすることが、先にも述べたローマ法の苛酷さと非人倫性の一部であった。すなわち、ローマ法によれば、息子ですら父親によって売られることもありえたのであり、息子が他人から解放されたときには、息子はふたたび父親の権力の支配下に帰入したのであって、三度解放されてはじめて奴隷状態から現実的に自由になったのである。[30]——また、ローマ法によれば、息子は一般に法律上(*de iure*)成人および法的人格となることはなく、ただ戦利品すなわち軍営特有財産(*peculium castrense*)だけを、所有物として占有することができたにすぎない。[31]そして、息子は、先のように三度売られたり解放されたりすることによってはじめて父権から脱した場合にも、依然として家族の隷属状態にあるひとびとともに、遺言による指定なしには相続することはなかったのである。——同様に、妻[32](奴隷関係としての婚姻のうちに、すなわち、夫権のうちに帰入したり(*in manum conveniret*)売却されたり(*in mancipio esset*)した妻ではなくマトローナ(*Matrone*(複))として婚姻したかぎりの妻)は、結婚によって彼女が自分のもち分でその形成に関わり、いまや実際に彼女のものである家族によりもむしろ、依然として彼女の生家に属したままであった。それゆえに、彼女は実際に彼女のものである家族の資産の相続からは除外されていたのである。このことは、配偶者であり、母である彼女の資産が実際の彼女の家族によって相続されなかったのと同様である。——これらの、またその他の法の非人倫的なものは、理性的な性格をもとめる感情が次第に芽生えるにつれて、司法の執行過程で、たとえば、遺産相続(*hereditas*)の代わりに遺産占有[33](*bonorum posses-*

sio)(これからさらに財産の占有(*possessio bonorum*)が区別されているということは、学殖豊かな法律学者をつくり上げるような知識に属することである)という表現の助けを借りて、また娘(*filia*)を息子(*filius*)と改称するという擬制によって回避されたのであるが、このことは、悪法に対抗して、如才なく、少なくとも若干の結果のうちに理性的なものを密輸入するという、裁判官にとっての悲しき必然として、すでに先に指摘されたことである(三注解)。最重要の制度の恐るべき不安定さや、そこから生ずる害悪の勃発に備えてのかしましい立法措置は、このことと関連している。——遺言書作成におけるこうした恣意の法がローマ人のもとでいかに非人倫的な結果を招いたかは、歴史やルキアノスをはじめ他の著作家の叙述から十分すぎるほど知られている(34)。——直接的人倫としての婚姻そのものの本性のうちには、実体的関係、自然的偶然性および内面的な恣意の混合物が存在する。——ところで、子どもの隷属状態や、そのほかうえに触れた諸規定、またそれ以外にこれらと関連した諸規定によって、さらに加えてローマ人のもとでの離婚の容易さによって、実体的なものの法よりも恣意の方が優位を占めるようになると、キケロでさえも——彼は『義務論』やそのほか彼の著作のいたるところでいかに美しく廉直(*Honestum*)や礼節(*Decorum*)について描きだしているいことか!——新しい配偶者の持参金によって負債を支払うために、現在の配偶者を追放する算段をなしたように、——人倫的なものの腐敗に合法的な道が開かれることになり、あるいはむしろ、もろもろの法律がこのような腐敗にとって必要不可欠なものとなるのである。

家族を維持し、それを栄光あるものとするために、相続人補充指定や家族信託遺贈[(35)]によって、息子たちのために娘たちを、あるいは長男のためにそれ以外の子どもたちを遺産相続から除外したり、あるいは一般に不平等を導入させたりする相続法の制度は、一方では、所有の自由の原理（六二）を毀損することになり、他方では、承認されるべきいかなる法〔権利〕も即自的かつ対自的に〔まったく〕もたない恣意にもとづくものとなる。——さらにいえば、この〔個別的〕家族を維持するというのではなく、この家系あるいは家を維持しようという思想にもとづくのである。しかし、この家や家系ではなく、家族そのものが、このような法をもつ理念なのであり、そして資産の自由や相続権の平等によって、人倫的形態は保持されるのであり、同様に家族もこのような自由や平等によって保持されるのであって、その反対物によってではない。——こうしたローマにおけるような諸制度では、婚姻の法（一七二）一般が誤解されており、婚姻が独自の現実的な家族を完全に創設することであって、この家族に比すれば、家族と一般に称されているもの、つまり血統（*stirps*）とか氏族（*gens*）は、世代の代わるたびにますます縁遠くなり、非現実的なものになる抽象物にすぎないということが理解されていない（一七七）。婚姻の人倫的な契機である愛は、愛として、現実に眼のまえにいる個人への感情であって、抽象物へのものではない。――悟性的抽象がローマ帝国の世界史的原理として示されることについては、後出の三五六[36]をみよ。――しかし、より高次の政治的圏域は、長子権や不可分割的な基本資産[37]を、恣意としてではなく、国家の理念にしたがって必然的なものとしてともなっている。これについては、後出の三〇六をみよ。

補遺《遺言》　ローマ人のもとでは、初期には、父親は自分の子どもを廃嫡することができたし、同様に子どもを殺害することもできた[38]。のちには、両方ともはや許されなかった。非人倫的なものとそれの人倫化との不整合をひとつの体系へもたらすことが試みられてきた。このことに固執することが、わが国の相続法の難点と欠陥をなしている。遺言はむろん許されるが、しかし、この場合の考え方は、遺言における恣意の権利は、家族の成員が分離し、疎遠となるとともに生じたり、拡大したりするのであり、遺言がつくりだすいわゆる家族同様の友人関係は、夫婦や子どもという近親の家族が欠けている場合にのみ生じうるということでなければならない。一般に遺言には、何かいやなもの、不快なものが結びついている。というのは、遺言において、私は私が好意を寄せていたひとが誰であるかをあきらかにすることになるからである。しかし、誰かに好意を寄せるということは恣意的である。好意は、あの手この手で、ひそかに手に入れられ、あれこれのばかげた根拠に結びつけられうるのであり、それゆえに、相続人に指名される者は、このうえない卑劣さに隷属するようにもとめられることがありうる。一般に多くの気まぐれがお似合いである[39]イギリスでは、無数のばかげた思いつきが、遺言に結びつけられている。〈ホトーおよびグリースハイムより〉

家族の市民社会への移行

一八一

家族は自然的な仕方で、そして本質的には人格性の原理によって、複数の家族へと分岐してゆく。この複数の家族は一般に自立した具体的な人格として、それゆえに外面的に、相互に関係し合うのである。いいかえれば、いまだその概念のうちにある人倫的な理念としての家族の統一において結びつけられていた諸契機は、概念から自立的な実在性へと解き放されなければならない。——これが差異性の段階である。さしあたり抽象的に表現すれば、以上のことは特殊性の規定をあたえる。この特殊性は、たしかに普遍性と関係しはするが、しかし、この普遍性は——まだ単に内面的な——基盤であるにすぎず、そのために、特殊的なもののうちに単に仮象として現れるという形式的な仕方においてあるにすぎない。それゆえに、この反省関係は、さしあたっては人倫の喪失を表示する。あるいは、本質としての人倫は必然的に仮象として現れざるをえないがゆえに(『哲学的諸学のエンチュクロペディー』六四節以下、八一節以下)、この反省関係は人倫的なものの現象世界、すなわち市民社会を形成する。(40)

家族の拡大は、家族がそれとは別の原理へと移行することであるが、その拡大は、現存在においては、一方では、民族すなわち共通の自然的な起源をもつ国民への、家族の穏やかな拡大であり、他方では、分散させられた家族共同体が集合することである。そして、この集合は、高圧的な権力によってなされるか、もしくは結合の欲求とその欲求の充足の交互作用を通じて導かれる自発的な統合によってなされる。

補遺《特殊性の圏域としての社会》 普遍性は、ここでは特殊性の自立性を出発点とする。したがって、人倫はこの場面では喪失しているようにみえる。というのは、意識にとっては本来、家族の同一性が第一のもの、神的なもの、義務を命令するものだからである。しかし、いまや、特殊的なものが私にとって第一に規定的なものとならざるをえないという関係が登場するのであり、このことによって人倫的規定は廃棄されている。しかし、ほんとうのところは、これに関して私は錯誤のうちにあるにすぎない。というのは、私が特殊的なものを固守していると信じてはいても、しかし依然として普遍的なもの、連関の必然性が第一のものにして本質的なものでありつづけるからである。こうして、一般に、私は仮象の段階にある。そして私の特殊性が私にとって規定的なもの、すなわち目的でありつづけながらも、それと同時に、本来私を支配する究極的な力である普遍性に私は仕えているのである。〈ホトーより〉

第二章　市民社会[1]

一八二

具体的な人格、すなわち特殊的なものとして自分にとっての目的である人格は、もろもろの欲求の全体として、また自然必然性と恣意との混合として、市民社会の一方の原理である。——しかし、特殊的人格は、本質的には他の同様な特殊性との関係のうちにある。したがって、各々の人格は他の人格によって、そして同時にただ、他方の原理である普遍性の形式によって媒介されたものとしてのみ、みずからを通用させ、満足をえるのである[2]。

補遺《市民社会の概念》　市民社会は家族と国家とのあいだに登場してくる差異性〔の段階〕である。たとえ、その市民社会の形成が国家の形成より遅れてなされるにせよ。

というのも、差異性として、市民社会は、国家を前提とするからであり、市民社会は存立するために、自立的なものとしての国家をみずからのまえにもたなければならない。ところで、市民社会の創造は、理念のすべての規定をはじめて正当に扱う現代世界に属している。もし国家が、さまざまの人格の統一として、ただ〔利益の〕共通性であるにすぎない統一として思い描かれるならば、そのことによっては単に市民社会の規定が考えられているにすぎない。近時の国法学者の多くは、この規定以外のいかなる国家観にも達することができなかった。市民社会においては、各人がみずからにとって目的であり、他のすべてのものは彼にとって無である。しかし、他人との関係なしには、各人は自分の諸目的の全域を達成することはできない。それゆえに、これらの他人は特殊者の目的のための手段である。しかし、特殊的目的は、他人との関係を通して普遍性の形式をあたえられるのであり、そして、それが充足させられるのは、同じく同時に他人の利福を充足することによってである。特殊性は普遍性という条件に結びつけられているから、全体が、媒介の基盤である。そこではすべての個別性、すべての素質、生まれや運のすべての偶然性が解き放され、またあらゆる激情の波浪がほとばしりでる。それらは、そのうちへと仮象として現れてくる理性によってのみ制御される。特殊性は、普遍性によって制限されて、それだけが尺度となり、これによって各特殊性は自分の利福を促進す

ることになる。〈ホトーよりおよびグリースハイムより〉

一八三

利己的な目的は、その実現にあたって、このように普遍性によって制約されて、全面的依存の体系《システム》をつくり上げている。したがって、個別者の生存と利福と彼の法的定在は、万人の生存と利福と権利のうちに編み込まれ、これらを基盤として、この連関においてのみ現実的であり、保障されている。――この体系は、さしあたっては外面的国家、――必要国家および悟性国家[3]とみなすことができる。

一八四

理念はこのようなみずからの分裂において、それぞれの契機に固有の定在をあたえる。――特殊性には、自分をあらゆる方面に向かって展開し、ほしいままに活動する権利をあたえ、普遍性には、普遍性が特殊性の根拠であり、必然的な形式であるとともに、特殊性とその究極目的とを支配する力であることを証示する権利をあたえる。――人倫がその両極のうちへと失われたこの体系こそが、理念の実在性の抽象的契機をなすのであり、ここでは理念は、ただこの外面的な現象における相対的総体性として、そして内的な必然性として存在するにすぎない(4)。

補遺《特殊的なものと普遍的なものとの不可分性》 人倫的なものは、ここではその両極のうちに失われている。そして家族の直接的な統一は複数性へと分散している。ここでは実在性は、概念の外面性であり、概念の解体であり、解き放たれて定在しているもろもろの契機の自立性である。市民社会においては、特殊性と普遍性とが相分かれていながら、にもかかわらず両者が相互に結びつき、条件づけ合っている。一方の契機はまさしく他方の契機に対立する働きをなすようにみえ、他方を閉めだすことによってのみ存在することができるように思い込んでいるが、しかし、それぞれは他者をみずからの条件としているのである。こうして、たとえば、たいていのひとびとは、租税の支払いを自分たちの特殊性を損なうものだとみなし、自分たちの目的を侵害する、自分たちに敵対的なものであるとみなすのであるが、しかし、これがどんなに真実にみえようとも、目的の特殊性は普遍的なものなしには満たされないのである。そして、租税が支払われないような国は、特殊性を強化することによって他より抜きんでることもまたできないであろう。同様に、たとえばプラトンの国家論のなかで詳論されているように、普遍性が特殊性の諸力を独占すれば、普遍性はいっそう良くなるようにみえるかもしれないが、これもまた単なる仮象にすぎない。というのは、両者は、もっぱら相互によって、相互のために存在し、相互に転換し合うからである。私は私の目的を促進しながら、普遍的なものを促進するのであり、そしてこの普遍的なものがまた私の目的を促進するのである。〈ホトーより〉

一八五

特殊性はそれだけでは、一方で、あらゆる方面に向かって奔放に自分のもろもろの欲求、偶然的な恣意や主観的な好みを充足させるものとして、これらの享受において自分自身とその実体的概念とを破壊する。他方で、無限に刺激を受けながら、普遍性の威力によって制限されるとともに外面的な偶然性や恣意へ全面的に依存しているものとして、必然的な欲求の充足も偶然的な欲求の充足も同じく、偶然的である。市民社会は、このようなもろもろの対立や対立のもつれ合いのなかで、放埒や悲惨な困窮の光景を呈するとともに、両者に共通の身体的および人倫的な退廃の光景をも呈する。

特殊性の自立的な発展(一二四注解参照)は、古代諸国家においては、突如として降りかかってきた人倫的な退廃や国家没落の究極的な根拠として示される契機である。これらの国家は、あるものは家父長的で宗教的な原理において、またあるものはより精神的ではあるが、より単純な人倫の原理において、総じて根源的な自然的直観にもとづいて建設されたために、この直観の分裂と自己意識の自分のうちへの無限の反省とに耐えることができず、そしてこの反省が頭をもたげはじめるや否や、まず志操の面で、ついで現実性の面で、この反省に屈服してしまった。というのは、これらの古代国家のまだ単純な原理には、理性の対立を、これがもつぎりぎりの強度にまで分裂させるとともに、この対立を圧倒してしまい、したがってこの対立のなかでみずからを保持し、みずからのなかでこの対立を結び合わせるような統一にのみ存する真に無限な力が欠けていたからである。(5) ――プラトンは、その国家論で、実体的人倫を理想的な美と真理をもつものとして描きだしている。しかし、彼は、彼の時代にギリシア的人倫のうちに突如として降りかかってきた自立的特殊性の原理に対しては、これに彼の単に実体的であるにすぎない国家を対抗させ、この原理を、これが私有財産(四六注解)や家族のうちにもつような端緒にまで遡って排除し、さらには、この原理の発展形態においても、個人の恣意や身分の選択などとして、完全に排除したのであって、このやり方による以外には対処することができなかった。(6) この欠陥こそが、また、プラトンの国家の偉大な実体的真理を誤解させ、その国家を、通常、抽象的な思想の夢想とみなさせ、しばしば理想とよびならわすものとみなさせるのである。個別者の自立的で、それ自身において無限な人格性の原理、すなわち主観的自由の原理は、内面的には、キリスト教において、外面的には、それゆえに、抽象的普遍性と結びついて、ローマ世界において出現したものであり、現実的精神の、あのプラトンによる単に実体的であるにすぎない形式においてはその権利をえてはいないのである。この人格性の原理は、歴史的にはギリシア世界よりのちのものであり、また同様にこの原理の深部にまで降ってゆく哲学的反省もギリシア哲学の実体的理念よりのちのものである。

補遺《社会の緊急状態の調停者としての国家》　特殊性はそれだけでは、放埒なものであり、かぎりがないものである。そして、この放埒さの形式そのものにもかぎりがない。人間は自分のもろもろの表象や反省によって欲望を拡大するのであるから、人間の欲望は動物の本能のように閉じられた範囲のものではないのであり、人間は欲望を悪無限へと導いてゆく。しかし、他方において、欠乏や窮乏もまた際限のないものであり、この状態がもたらす混乱は、ただそれを収拾する国家によってのみ調和に達することができる。プラトンの国家は特殊性を排除しようと望んだが、これでは何の助けにもならない。というのも、こうした救出策は、特殊性を解き放つという理念の無限の権利に矛盾するであろうからである。キリスト教において、とりわけ、主観性の権利が対自存在の無限性とともに出現してきた。そして、そのさい同時に、全体性は、特殊性を人倫的な統一との調和のうちにおく強さを保持しなければならない。〈ホトーより〉

一八六

しかし、特殊性の原理は、まさにこの原理がそれだけで総体性にまで発展することによって、普遍性に移行し、そして、この普遍性においてのみその真理とその肯定的な現実性の法をえるのである。この統一は、この分裂の立場（**一八四**）においては二つの原理が自立しているために、人倫的な同一性ではないのであり、したがって、まさしく自由としてではなく、特殊的なものが普遍性の形式にまで高まり、この形式のうちにその存立をもとめ、またもたなければならないという必然性(7)として存在する。

一八七

諸個人は、この〔外面的〕国家の市民として、自分自身の利益をその目的とする私的人格である。この目的は、諸個人にとっては手段として現象する普遍的なものによって媒介されているから、この目的が諸個人によって達成されうるのは、諸個人自身が自分の知、意欲、おこないを普遍的な仕方で規定し、自分をこの連関の連鎖の一環とするかぎりにおいてのみである。この場合、市民社会の成員そのものの意識のうちにはない理念の関心事は、彼らの個別性と自然性とを、自然必然性と同様にもろもろの欲求の恣意を通して、知や意欲の形式的な自由や形式的な普遍性にまで高め、特殊性のうちにある主観性を陶冶する教養の過程である。(8)

一方には、自然状態は無垢であるとか、未開民族の習俗は素朴であるという考え方(9)があり、他方には、もろもろの欲求や欲求の充足、個々人の生活の享受や安逸などをもって絶対的な目的とみなす説がある。前者の考え方には、陶冶教養を単なる外面的なもの、堕落に属するものとみなすことが結びつき、後者の説には、陶冶教養を先の諸目的のための単なる手段とみなすことが結びついている。しかし、いずれの見解も精神の本性や理性の目的についての無知を示している。精神は、自分を自分自身において分割し、自然的欲求とこの外面的な必然性の連関のなかで、自分にこの制限と有限性とを課し、まさにこの両者のうちへとみずからを鍛え上げることによって、これらを克服し、そこで客観的な定在を獲得することでのみ自分の現実性をもつのである。それゆえに、理性的目的は、あの自然的な習俗の素朴さでもなければ、特殊性が発展するにつれて陶冶を通してえられる享受そのものでもなくて、自然の素朴さ、すなわち、一面では受動的で没自我の状態、他面では知や意志の粗野さ、つまり精神が沈潜している直接性や個別性が、ぬぐい去られ、そして、さしあたってはこの精神の外面性が、それがあずかりうる理性的性格を、すなわち普遍性の形式ないしは悟性的性格を獲得することである。このような仕方でのみ、精神はこの外面性そのものにおいてそのところをえて、自分のもとにあるのである。精神の自由は、こうして外面性のうちに自分の定在をもち、また、自由であるというみずからの規定にとって即自的には疎遠であるこの境位において、精神は対自的となり、(10)みずからの刻印が押され、みずからによって産出されたものとのみ関わるようになる。——まさにこうしてこそ、普遍性の形式が対自的に思想のうちに現存在するようになるのであり、——この形式だけが、理念の現存在にとってふさわしい境位なのである。それゆえに、陶冶教養は、その絶対的な規定においては解放であり、より高い解放のための労働である。すなわち、それは、人倫の、もはや直接的で自然的な実体性ではなく、精神的であるとともに普遍性の形態へと高められた無限に主観的な実体性に到達するための絶対的な通過点なのである。この解放は、主観においては、挙止動作の単なる主観性や、欲望の直接性、同様に感情の主観的なうぬぼれや好悪の恣意に抗する苛酷な労働である。[11]解放がこうした苛酷な労働であるということが、その不人気の一部をなしている。しかし、陶冶教養のこうした労働によってこそ、主観的意志そのものが自分のうちに客観性を獲得し、そこにおいてのみ主観的意志は、みずから理念の現実性であることに値し、そうでありうるのである。——特殊性が自分を鍛え上げ、そして自分に形成することになったこの普遍性の形式は、同じく同時に、悟性的性格をなす。[12]それは、特殊性が個別性の真実の対自存在となることであり、そして、特殊性が普遍性に充実した内容と無限の自己規定をあたえることによって、特殊性自身が人倫のなかで無限に対自的に存在する自由な主観性として存在するということである。これこそが、陶冶教養を絶対者の内在的な契機として証示し、陶冶教養の無限の価値を証示する立場である。

補遺《教養と無教養》　陶冶された教養ある人間ということで、さしあたって理解することができるのは、他人がするすべてをすることができる人間、また自分の特異性をみせびらかさない人間のことである。他方、陶冶されていない無教養な人間のもとでは、挙止動作が対象の普遍的な性質にそぐわないがゆえに、まさにこの特異性があからさまとなる。同様に、無教養な人間は、他人との関係において自分勝手にふるまって、他人の感情を反省することなどいっさいないので、他人を容易に傷つける。彼は他人を傷つけようと意志しているわけではないが、しかし彼の挙動は彼の意志と一致してはいない。こうして陶冶教養とは、特殊性がことがらの本性に即してふるまうことができるようにと、特殊性を磨くことである。真の独創性は、ことがらを産出するものとして、真の陶冶教養を欲するのである。それに対して、真ならざる独創性は、無教養な人間にのみ思いつくような没趣味なことを受け入れるのである。(13) 〈ホトーより〉

一八八

市民社会は三つの契機を含んでいる。

A　諸個人の欲求と充足とを、自分自身の労働とすべての他のひとびとの労働および欲求の充足によって媒介すること――欲求の体系《システム》。(14)

B　欲求の体系のうちに含まれている自由という普遍的なものの現実性、すなわち司法による所有の保護。

C　行政と職業団体による、この体系のうちに残存する偶然性に対するあらかじめの配慮と、特殊的な利益の共同的なものとしての管理。

A　欲求の体系

一八九

特殊性は、さしあたっては、意志の普遍的なもの一般に対抗して規定されたものとして（六〇）主観的な欲求である。この欲求は、その客観性、すなわち充足に、（α）他のひとびとの欲求や意志による所有物および産物でもある外的事物という手段によって、また（β）欲求と充足との両側面を媒介するものとしての活動と労働とによって、到達する。主観的な欲求の目的は主観的特殊性の充足であるが、しかし他のひとびとの欲求と自由な恣意との関係においては普遍性がみずからを通用させるので、その理性的性格のこの有限性の圏域への仮象としての現れは悟性である[15]。それがここで考察される側面であり、この圏域自身の内部において和解させるものとなる側面である[16]。

国民経済学[17]はこれらの視点から出発するが、さらに、諸集団の関係と運動とを、それらの質的および量的規定性と錯綜性において叙述しなければならない学問である。――これは、その基盤としての最近の時代において成立したもろもろの学問のひとつである。この学問の発展は、思想(スミス、セイ、リカードをみよ)[18]が、さしあたり自分の眼前に横たわっている無数の個別的なものから、いかにことがらの単純な諸原理をみつけだすか、つまり、これら個別的なもののうちに働き、これらを規制している悟性をみつけだすか、という興味深い経緯を示している。――欲求の圏域において、ことがらのなかにあって活動しているこの理性的性格の仮象としての現れを認識することは、一方では和解させるものであるが、逆にこれは、もろもろの主観的な目的や道徳的臆見をもつ悟性がみずからの不満や道徳的鬱憤を吐露する場面でもある。

補遺《国民経済学》 食べたり、飲んだり、着たりするなどといった類いの普遍的な欲求が存在するが、これらの欲求がいかに充足されるかは偶然的な周囲の状況にまったく依存している。大地は場所によって肥沃であったりなかったりするし、年々の収穫も年によって相違する。また、ある人間は勤勉であり、他の人間は怠け者である。しかし、恣意のこのようなうごめきは、それ自身から普遍的な諸規定を生みだすのであって、この雑然として無思想にみえるものは、おのずと現れるひとつの必然性によって支えられている。ここに働いているこの必然的なものをみいだすことが、国民経済学という、大量の偶然的なものから法則をみいだすことによって思想を名誉あるものとする学問の対象である。ここでの、いっさいの連関が反応し合い、もろもろの特殊な圏域が群れ合って、他の圏域に影響し、また他の圏域から促されたり、妨げられたりしているあり様は、興味の尽きない光景である。このような相互に入り交じる連関は、いっさいのものが個人の恣意にゆだねられているようにみえるので、容易に信じられないかもしれないが、何よりも注目に値するのであって、それは、肉眼には、つねに不規則な運動を示すにすぎないが、とはいえ、その法則は認識が可能な惑星系に似たものなのである。〈ホトーおよびグリースハイムより〉

a　欲求および充足の様式

一九〇

動物はみずからのかぎられた欲求を充足させるために、同様にかぎられた範囲の手段と仕方をもっている。人間もこのような依存性のうちにあるが、同時にこの依存性からの超出とみずからの普遍性も証示する。それは、まず、もろもろの欲求や手段を多様化することによって、ついで、具体的な欲求を個々の部分や側面に分割したり、区別したりすることによってである。そして、このとき、個々の部分や側面はさまざまに特殊化された、したがってより抽象的な欲求となるのである。

抽象法においては、対象は、人格であり、道徳の立場においては主観であり、家族においては家族の成員、市民社会一般においては市民(ブルジョワとしての)であり、――ここ欲求の立場(一二三注解参照)においては、人間とよばれる、表象の具体物である。こうして、ここではじめて、またここでのみ本来的に、このような具体的意味での人間について語られるのである。

補遺《人間の欲求》　動物は特殊的なものであり、その本能とこれを充足するための手段をもっているが、それはかぎられていて、越えることはできない。一定の植物に寄生する昆虫もいれば、もっと広い生活圏をもち、さまざまな風土において生きることのできる他の動物もいる。しかし、人間に開かれた生活圏に比べれば、そこにはつねに制限されたものがある。住居や衣服の欲求、食物を生のままではなく、食するに適したものにして、食物の自然的直接性を破壊する必然性、これらが、人間は動物のように気楽にしているわけにはいかず、また精神として、気楽にしていることも許されないという事情をなしている。区別を把握する悟性は、このような欲求のうちに多様化をもたらすのであり、趣味や有用性が評価の基準になることによって、欲求そのものもまたこの基準によって動かされている。ついには、充足されなければならないものは、もはや欠乏ではなく、意見となり、そして具体的なものをその特殊性へと分解することこそが、まさしく陶冶教養に属することになる。欲求の多様化のうちには、まさに欲望に対する抑制が存している。というのは、人間が多くのものを使用するようになれば、これだけは要るというものへの渇望は、それほど強くはなくなるからであり、そしてこのことは、必要が一般にそれほど支配力をふるうわけではないことを示しているのである。〈ホトーより〉

一九一

同様に、特殊化されたもろもろの欲求のための手段も、また一般にこれらの欲求を充足する仕方も分化され、多様化され、これらの手段や仕方もまた相対的な目的や抽象的な〔個別化された〕欲求となっている。――このことは、無限に進行する多様化であり、この多様化は、まさにこれと同じ程度に、これらの諸規定を区別することであり、また、目的に対する手段の適合性を評価することであって、――これが洗練化である。

補遺《生活の快適さ》　イギリス人が快適な(*comfortable*)と名づけるものは、まったく切りのない、無限に進行するものである。というのは、いかなる快適さもまたふたたびそれの不便さを露呈し、この工夫にはおわりがないからである。それゆえに、欲求は、その欲求を直接的な仕方でもっているひとびとによってよりも、むしろ欲求を発生させることで利益をもとめるひとびとによってつくりだされるのである。〈ホトーより〉

一九二

欲求や手段は、実在的な定在としては、他のひとびとに対する存在となり、その充足はこの他のひとびとの欲求や労働によって相互に制約されている。欲求や手段の質が抽象的になる場合（**前節**をみよ）、この抽象化はまた諸個人間の相互関係の規定にもなる。このような普遍性は、承認されているということとして、個別化と抽象化のうちにある欲求と手段を、社会的なものとしての具体的な欲求と充足の手段や仕方となす契機である。

補遺《しきたり》　私が自分のふるまいを他人のそれに合わせなくてはならないということによって、ここには普遍性の形式が入り込んでくる。私は他人から充足の手段を手に入れるのであり、したがって他人の意見を受け入れなくてはならない。しかし、同時に私は他人を充足させる手段をつくりださなくてはならない。こうして、一方は他方のために働くのであり、他方と連関し合っているのである。このかぎりで、いっさいの特殊的なものは社会的なものとなる。衣服の着方、食事の時間のうちには、ある種のしきたりがあって、ひとはこれを受け入れざるをえないのである。というのは、このようなことがらに関して自分の見解を示そうとすることは努力に値しないことであり、むしろ他人と同様にふるまうことがもっとも賢明なことだからである。〈ホトーより〉

一九三

この社会化の契機は、こうして、手段それ自身やその占有に対しても、欲求の充足の様式や仕方に対しても、それぞれの特殊的な目的を規定するものとなる。さらに、この契機は他人との同等性への要求を直接うちに含んでいる。一方での、この同等性への欲求、同等化、模倣が、他方での、自分を目だたせ、押し通すという、そこに同じく存在している特殊性への欲求と同様に、それ自身、欲求の多様化と拡大の現実的な源泉となるのである。

一九四

直接的ないし自然的な欲求と表象がもつ精神的な欲求とが結合している社会的な欲求

においては、後者の精神的な欲求の方が普遍的なものとして優位を占めているので、この社会的な契機のうちには、解放の面がある。それは、欲求の厳しい自然必然性が隠されて、人間は、単に外面的な偶然性や内面的な偶然性、恣意にしたがう代わりに、みずからの意見、しかも普遍的でもある意見や、ただ自分でつくりだした必然性にしたがってふるまうということである。

いわゆる自然状態においては、人間はいわゆる単純な自然的欲求だけをもち、これらの欲求を充足するために、偶然的な自然が人間に直接にあたえてくれるような手段しか使用しないから、欲求という点では人間は自由のうちに生きているといった考えは、――あとで触れる労働のうちに潜む解放の契機をまだ顧慮していない――誤った意見である。というのは、自然的欲求そのもの、そしてその直接的な充足は、単に精神的なものが自然のうちに埋没させられている状態、したがって、粗野と不自由な状態にすぎないのであって、自由はただ精神的なものが自分のうちへと還帰〔反省〕し、精神的なものがみずからを自然的なものから区別し、そして自然的なものへ精神的なものが反射するところにのみ存するからである。

一九五

この解放は形式的である。というのは、もろもろの目的の特殊性が、根底に横たわる内容でありつづけるからである。社会状態は欲求や手段や享受のとめどない多様化と細別化への傾向をもつが、このような傾向は、自然的欲求と洗練された欲求とのあいだの区別と同様に、いかなる限界ももたない[19]——これは奢侈である——。この傾向は、依存性と必要の同様に無限な増大である。[20]そしてこのような依存性や必要が直面するのは、無限の抵抗を示す物質、すなわち他人の自由意志の所有物であるという特殊的な性質をもった外的手段、したがって絶対的に入手困難なものである。

補遺《奢侈への軽蔑》 キュニコス派の思想を一身に体現したディオゲネスは、[21]本来的にはアテーナイの社会生活の産物にすぎない。そして彼を規定していたものは、彼の生き方全般が反発していた当時の考え方であった。それだけに彼の生き方は孤立したものではなく、ひとえにこのような社会的条件によって成立したものにすぎず、それ自身が奢侈に反発をいだくことで生まれたものとして、奢侈の産物にすぎない。一方で、奢侈が頂点に達するとき、他方では、必要と放縦もまた同じようにはびこるのであり、このとき、キュニコス派が洗練化への対抗ということによって生みだされるのである。〈ホトーより〉

b　労働の様式

一九六

もろもろの特殊化された欲求にふさわしく、同様に特殊化された手段をしつらえたり、獲得したりする媒介作用が、労働である。労働は、自然から直接にあたえられる材料を、きわめて多様な過程を通して、これらの種々の目的に合うように細別化することである。ところで、この形成が手段に価値と合目的性をあたえるのであり、その結果として、人間はその消費において、主として人間によって生みだされた産物に関わるのであり、人間が消費するのは、このような人間の努力〔の成果〕なのである。

補遺《労働の必然性》　加工される必要のないような直接的な材料は、きわめて稀である。空気ですら、これを自分のものにするためには、これを暖めなければならない。おそらく水だけがみつけられるままに飲めるものであろう。人間の汗と労働が人間に欲求を充足する手段をもたらすのである。〈ホトーより〉

一九七

人間の関心をよび起こす規定や対象が多様であるところから理論的陶冶教養[22]が発展してくるが、それは、ただ単に表象や知識の多様性を含むだけでなく、表象することや、ひとつの表象から別の表象へと移行することの機敏さや迅速さ、錯綜した普遍的な関係を把握すること等々を含んでいる。——これは悟性の陶冶教養一般であり、したがってまた言語の陶冶教養である。——労働による実践的陶冶教養は、生じてくる欲求と一般に仕事に従事することの習慣とに、さらに、一部では材料の本性に即して、しかし一部ではとりわけ他人の恣意に合わせて自分のおこないを制限することに、そして、このような訓練[23]を通して習得される、客観的なふるまい方と普遍妥当的な技能との習慣に、存している。

補遺《未開状態と実践的陶冶教養》　未開人は怠惰であり、愚鈍のうちに沈滞していることで、開化された教養人とは区別される。というのは、実践的陶冶教養は、まさに仕事の習慣と仕事の必要とに存するからである。未熟な人間は、いつも自分が意欲したのとは異なったものしかつくりださない。それは、彼が自分自身のおこないを自由に制御するにいたっていないからである。これに反して、あるべきように物事をつくりだして、自分の主体的なおこないにおいて目的に適さないような脆弱さを何らもたない労働者は熟練者とよばれる。〈ホトーより〉

一九八

労働における普遍的なものや客観的なものは、しかし、抽象化のうちにある。この抽象化が、手段や欲求の細別化を招き、これによってまた生産を細別化し、労働の分業を生みだすのである。個人の労働は、分業によって、いっそう単純なものとなり、そのことによって彼の抽象的労働における技能もいっそう向上し、その生産量もいっそう増大する。同時に、この技能や手段が抽象的なものとなることは、その他の欲求を充足するための人間相互の依存性と交互関係とを完成させ、完全な必然性のもとにおく。生産活動の抽象化は、労働をいっそう機械化し、そのことによってついには人間が労働から退き、人間の代わりに機械を登場させることを可能にする。(24)

c　資　産

一九九

労働と欲求充足のこのような依存性と相互性とにおいて、主観的な利己心は他のすべてのひとの欲求充足への寄与に転換する、――すなわち、弁証法的運動としての、普遍的なものによる特殊的なものの媒介に転換する。その結果、各人は自分のために取得し、生産し、そして享受しながら、まさにそのことによって他のひとびとの享受のために生産し、取得することになる。あらゆる方面にわたって絡み合うすべてのひとの依存性のうちにあるこの必然性は、いまや各人にとって普遍的で持続的な資産(25)(一七〇をみよ)である。この資産は、各人がみずからの陶冶教養と技量とを通してこれに参与するという可能性を含んでおり、これによって各人は自分の生計を確保することになる。――このことは、各人の労働によって媒介されたこの取得が、普遍的な資産を維持し増大させていることに対応している。

二〇〇

ところで、この普遍的な資産に参与する可能性、すなわち特殊的な資産は、一面では、私有の直接的な基礎（資本）によって、また他面では、技量によって制約されている。そして技量は技量で、それ自身また、特殊的資産によって、だからこそもろもろの偶然的事情によって制約されており、その多様性は、すでにそれだけで不平等な自然的な身体的ならびに精神的素質の発展による差異を生みだすことになる。――この差異は、特殊性のこの圏域のうちでは、あらゆる方面にわたって、そしてあらゆる段階において出現し、さらにその他の偶然性や恣意によって、個人の資産と技量の不平等を必然的な結果とするのである[26]。

理念のうちに含まれている精神の特殊性の客観的な法〔権利〕は、自然――不平等の素地――によって定められた人間の不平等を市民社会において廃棄しないどころか、精神からこの不平等を産出し、これを技量や資産の、それればかりか知的な陶冶教養や道徳的な陶冶教養の不平等にまでも高めるのである。このような特殊性の法〔権利〕に対して、平等の要求を対置することは、空虚な悟性に属している。この悟性は、その抽象物と当為を実在的なもの、理性的なものとみなすのである。自分を普遍的なものと思い込んでいる特殊性のこの圏域は、普遍的なものとの、このような単に相対的な同一性のうちにあるから、自然的であるとともに恣意的でもある特殊性を、したがって自然状態の残滓を自分のうちに含んでいるのである。さらにいえば、人間の欲求とこの欲求の運動との体系のうちに内在する理性こそが、この体系を分節化して、区別を具えた有機的な全体にまで仕上げるのである。つぎの節をみよ。

二〇一

相互的な生産や相互的な交換における無限に多様な手段とその同様に無限に交錯した運動とは、それらの内容のうちに内在する普遍性を通じて、集結するとともに、いくつかの普遍的な集団に区別される。その結果、連関全体は、欲求、その手段、労働、充足の様式と仕方、さらには理論的および実践的な陶冶教養の特殊的諸体系――これらの諸

体系に諸個人は配分されている――へと、すなわち諸職業身分の区別へとつくり上げられることになる。(27)

補遺《職業身分の必然性》　普遍的な資産にあずかる様式と仕方は、個人の各々の特殊性にゆだねられている。しかし、市民社会の特殊化にともなう一般的な差異は必然的なことである。国家の第一の基盤が家族であるとすれば、職業身分は第二の基盤である。この第二の基盤がこのように重要なのは、私的人格が、たとえ利己的であるとはいえ、他のひとびとの方を向かざるをえない必然性をもっているためである。こうして、ここに利己心が普遍的なもの、すなわち国家に結びつく根拠がある。そして、この連関がいっそう堅実で確固たるものとなることこそ、国家の配慮するところでなくてはならない。〈ホトーより〉

二〇二

諸職業身分は、概念にしたがって、実体的ないしは直接的身分と、反省的ないしは形式的身分と、普遍的身分として規定される。

二〇三

（a）実体的身分(28)は、その資産を、みずからが耕作する土地の自然産物のうちにもつ。――土地は、排他的な私的所有物であることが可能であり、またただ漠然と損耗させてよいものではなく、客観的な形成を必要とする。労働や収穫が、それぞれの決まった季節と結びつき、また収益が、変わりやすい自然過程の性質に依存しているので、それに対処するために欲求の目的は将来への配慮となる。しかし、この配慮にともなう諸制約のために、この目的は、反省や自分自身の意志によって媒介されることが比較的少ない生計の仕方を保持し、その点で一般に、家族関係と信頼とにもとづく直接的な人倫の実体的志操を保持することになる。

国家のもともとの起源と創設とが、婚姻制の導入と並んで農業の導入のうちにおかれていることは正当である。というのは、農業の原理は、土地の形成を、それとともに排他的な私的所有をともない（一七〇注解参照）、そして、あてもなくさまよいながら、みずからの生計の資をもとめる未開人の放浪生活を、私法による安定状態と欲求の充足が確保された状態とにいたらせるからである。このことに、性愛の婚姻への制限、またこの絆の持続的でそれ自身において普遍的な絆への拡大、欲求の家族の扶養への拡大、そして占有の家族財産への拡大が結びついている。欲求充足の保障、確保、持続等は——婚姻や農業といった制度をさしあたり推奨に値するものとさせる諸特質は——普遍性の諸形式にほかならず、理性的性格や絶対的目的がこれらの諸対象においてみずからを通用させるような諸形態にほかならない。——これに関する資料としては、私が非常に尊敬している友人クロイツァー氏[29]が、ことに彼の『神話と象徴』の第四巻のうちで、古代人の農事の祭式や形象や聖物についてわれわれにあたえてくれた、博学にして才気に富む解明にもまして興味あるものはない。古代人は、農業とこれと結びついた諸制度の導入を神の御業として意識し、そしてこれら農業や諸制度に宗教的な崇拝を捧げたというのである。

この職業身分の実体的な性格は、私法の法律、ことに司法の側面から、また同様に教育や陶冶教養、そして宗教の側面から、変容をこうむることになるが、ただしこの変容は実体的な内容に関してではなく、形式や反省の発展に関してのものである。このことは、同じく他の職業身分に関しても生じる、より広範な帰結である。

補遺《農業》　われわれの時代では、農業経営も、工場と同じように、反省的な仕方においてもおこなわれており、そこで、この経営は、それが具える自然性に反する、第二身分の性格を帯びている。しかし、それでも、この第一身分はずっと家父長的な生活様式とこの生活につきものの実体的な志操を保持しつづけることであろう。人間は、この場合、あたえられたもの、受け取ったものを直接的な感情によって受容し、それを神に感謝し、そしてこの神の恩恵がいつまでもつづくことを頼みにし、信じながら生きている。彼にとっては彼が受け取るもので十分なのであって、彼は受け取ったものを使いきるが、それは、使いきったものがふたたび彼のところに戻ってくるからである。これは富の獲得を目ざさない単純な志操であって、ひとは、こうした志操を、そこにあるものを消費し尽くす古代貴族的な志操とよぶこともできよう。この職業身分においては、自然が主役であり、自然をまえにしては、自分自身の勤勉は従属的なものである。他方、第二身分においては、まさに悟性が本質的なものであり、自然の産物は単に素材とみなされるにすぎない。〈ホトーより〉

二〇四

（b）産業身分は[30]、自然の産物を加工することをもって自分の仕事とし、そして自分の生計の手段として、自分の労働、反省、悟性を頼りにするとともに、本質的に他人の欲求や労働による媒介を頼みにしている。この職業身分は、自分がなし遂げ、そして享受するものを、何よりも自分自身に、自分自身の活動に負わざるをえない。――この身分の仕事は、さらにつぎのように区別される。すなわち、個々の欲求のために、より具体的な仕方で、個人の要求に応えてゆくようにおこなわれる労働、つまり手工業身分、――また、個々の欲求に向けてではあるが、しかしより一般的な需要に応えるようにおこなわれる、より抽象的な大量生産的な労働、つまり工業身分、――さらにまた、とりわけ貨幣という、いっさいの商品の抽象的な価値が現実化している普遍的な交換手段によって、個別化された手段を相互に交換し合う仕事、つまり商業身分とにである。

補遺《産業と自由の感覚》　産業身分に属する個人は、みずからを頼りにしている。そしてこの自己感情は法的状態をもとめる要求と密接に連関している。自由と秩序に対する感覚は、それゆえに主に都市において発生している。これに対して、第一身分は自分で考える必要は多くない。彼が獲得するものは彼にとって疎遠なもの、すなわち自然の恵みだからである。第一身分にあっては、この依存の感情が第一のものであって、そしてこの感情には、何がこようとも甘受するという他人への依存の感情がまた容易に結び

つく。それゆえに、第一身分はより従属へ傾くのに対して、第二身分はより自由へ傾くことになる。〈ホトーより〉

二〇五

(c) 普遍的身分は、[31] 社会状態の普遍的利益を自分の仕事とする。それゆえに、この職業身分は欲求を充足するための直接的労働を、私的資産によってか、あるいは、その私的利益が普遍的なものに向けられたその労働において充足をみいだすように、この身分のふるまい方を要求する国家によって補償されるかして、免除されていなければならない。

二〇六

職業身分は、それ自身にとって客観的となった特殊性であるから、一方では、概念にしたがって、その普遍的な区別に分けられる。しかし、他方では、個人がいかなる特殊的な職業身分に属するかについては、自然的な素質や生まれや周囲の事情が影響をおよぼす。とはいえ、最終的で本質的な決定は、この特殊性の圏域で権利と功績と名誉とがあたえられる主観的な意向や、特殊的な恣意に存している。したがって、この圏域において内的必然性によって生じるものは、同時に恣意によって媒介されており、主観的意識にとっては、自分の意志のなしたことであるという形態を具えている。(32)

この点においてまた、特殊性の原理や主観的恣意の原理に関して、東洋と西洋、古代世界と現代世界の政治生活における相違があきらかになる。諸身分への全体の区分は、それが即自的には理性的である以上、東洋や古代世界でも、なるほど客観的におのずから生じはするが、しかし、そこでは同時に主観的な特殊性の原理は、その正当性をもってはいない。たとえば、個々人の諸身分へのふり分けは、プラトンの『国家』(『国家』第三巻[415a–d]、ビポンティウム版第六巻三二〇頁)におけるように統治者にゆだねられていたり、インドのカースト制におけるように単なる出生にゆだねられていたりしたのである。主観的特殊性は、このように全体の有機的組織のうちに取り込まれず、全体のうちで和解されていないとしても、これもまた同じく本質的な契機として登場するのであるから、そのときには敵対的なものとして、社会的秩序を腐敗させるものとして示されるのである(**一八五**注解をみよ)。すなわち、それは、ギリシアの諸国家やローマ共和国におけるように、社会秩序を瓦解させてしまうものとして、あるいは、社会秩序が権力をもつものとして、もしくはたとえば宗教的権威として保持されている場合には、スパルタ人においてある程度、そして今日インド人においてもっとも完全にみられるように、内部的腐敗やまったくの堕落として示されるのである。——しかし、客観的秩序によって、それに適合して、同時にその法において保持される場合には、主観的特殊性は、市民社会のあらゆる活性化の原理、思惟活動の発展の原理、功績や名誉の原理となる。市民社会において、また国家において、理性によって必然的となっているものは、同時に恣意によって媒介されて生じもするということの承認と法〔権利〕が[33]、一般的表象においてとりわけ自由といわれているもの（一二一）のいっそう詳細な規定である。

二〇七

個人が現実性をあたえられるのは、ただ個人が定在一般に、したがって規定された特殊性のうちに歩み入り、それによってもっぱら欲求の特殊的な圏域のひとつにみずからを制限することによる。この体系における人倫的志操は、それゆえに、誠実さと職業身分上の誇り[34]である。すなわち、それは、みずからを、それも自分自身の規定にもとづいて、自分のふるまい方、勤勉、技量によって、市民社会の諸契機のひとつである分肢となし、このような分肢として保持することであり、また普遍的なものとのこの媒介によってのみ自分のために配慮し、同様にそのことによって自他の表象のなかで承認されていることである。——道徳はその固有の場所をこの圏域のうちにもつ。ここでは、自分のおこないへの反省、特殊的欲求と利福との目的が支配的であり、これらの欲求と利福との充足における偶然性が、また、偶然的で個別的な援助を義務とするのである。

個人は、さしあたっては（すなわち、とくに若いうちには）特殊的な職業身分への所属を決意するという考え方に反抗し、この決意を自分の普遍的な使命の制限として、そして単なる外面的な必然性とみなす。しかし、これは抽象的な思惟に根ざすものであって、この思惟は、普遍的なもの、したがって非現実的なものにたちどまっていて、概念一般は、定在するために、概念とその実在性との区別へと、それゆえ規定性と特殊性へと歩み入るということ（**七**をみよ）、そして、そのことによってのみ思惟〔概念〕は現実性と人倫的な客観性とを獲得することができるということを認識しないのである。

補遺《職業身分と個人の価値》　人間がしかるべきもの(35)でなければならないということ

を、われわれは、人間が一定の職業身分に所属しなければならないということと理解する。というのも、このしかるべきものということは、彼がこのさい、何か実体的なものであるということをいおうとしているからである。所属する職業身分のない人間は、単なる私的人格〔私人〕であり、現実的な普遍性のうちに存してはいない。他面、個人が特殊性のうちにありながら自分を普遍的なものとみなし、そして職業身分に所属することは下等なものに身をゆだねることだと思い込むことがある。これは、あるものがそれに必要な定在を獲得するとき、そのことによってそれが制限され、廃棄されると考える誤った考え方である。〈ホトーより〉

二〇八

この欲求の体系の原理は、知と意欲の各自に固有な特殊性として、即自的かつ対自的に存在する普遍性を、すなわち自由の普遍性を、単に抽象的に、したがって、所有の法〔権利〕としてそのうちに含むにすぎない。しかし、この法は、ここにいたってはもはや単に即自的にあるのではなく、効力〔妥当性〕をもつその現実性のうちにある、すなわち司法による所有の保護として存在するのである。

B　司　法㊱

二〇九

欲求とこれを充足するための労働との交互関係の相関性は、さしあたり、その自分のうちへの反省を、一般に無限の人格性において、すなわち(抽象)法においてもっている。しかし、まさに陶冶教養としてのこの相関性の圏域そのものが、この法に対して、普遍的に承認され、知られ、意欲されたものとしてあるという定在を、そして、このように知られ、意欲されることによって媒介されて、効力と客観的現実性をもつという定在をあたえるのである。

私が普遍的な人格として理解され、その点では、万人が同一であるということは、陶冶教養すなわち、普遍性の形式における個人についての意識としての思惟に属している。人間がこのように普遍的な人格に値するのは、人間が人間であるからであって、彼がユダヤ人であったり、カトリック教徒であったり、プロテスタント信者であったり、ドイツ人であったり、イタリア人等々であったりするからではない。思想が関係するこのような意識は無限に重要である。――この意識が欠陥をもつのは、これが、たとえば世界市民主義として、具体的な国家生活に対立するように固定化されるときだけである。(37)

補遺《特殊的法律の成立》　法が特殊性を保護するものとして外面的に必要となるのは、一面では、特殊性の体系によってである。法は概念に由来するとはいえ、しかし、これが現存するようになるのは、これがもろもろの欲求にとって有益であることによる。法の思想をもつためには、ひとは思惟するように陶冶されなければならず、もはや単に感性的なもののうちにとどまっていてはならない。対象に普遍性の形式を適合させるとともに、意志においても普遍的なものに向かわなくてはならない。ひとびとが自分のために多様な欲求をつくりだし、その充足において彼らの獲得が絡み合うにおよんで、はじめて法律が形成されることになる。〈ホトーより〉

二一〇

法の客観的現実性は、一方では、意識に対してあること、一般的に知られるということであり、他方では、現実性の威力をもち、妥当〔通用〕すること、したがってまた、普遍的に妥当するものとして知られるということである。

a　法律としての法

二一一

即自的に法であるものが、その客観的な定在において定立〔制定〕されている、すなわち思想によって意識に対して規定され、そして、法であるとともに妥当するものとして公示されて、法律となっている。そして法は、この規定によって実定法一般である。(38)

あるものを普遍的なものとして定立すること、――すなわち、あるものを普遍的なものとして意識にもたらすこと――は、周知のように、思惟することである（前掲一三注解および二一一注解参照）。思惟がこのように内容をそのもっとも単純な形式に連れ戻すことによって、内容にはその究極的な規定性があたえられる。法であるものは、それが法律となることによってはじめて、単に普遍性の形式をえるだけでなく、その真実の規定性をえるのである。それゆえに、立法というとき、それによって、あるものが万人に妥当する挙止動作の規則として表明されるという、ひとつの契機だけを考えるのであってはならない。むしろ、内的で本質的な契機は、先の契機にもまして、内容をその規定された普遍性において認識することである。慣習法でさえ、(39)——動物は自分たちの法則〔法律〕を本能としてもつだけであるのに対して、それを慣習としてもつのは人間だけであるから——思想として存在し、知られるという契機を含んでいる。慣習法が制定された法律と異なるゆえんは、ただ慣習法が主観的で偶然的な仕方で知られ、それゆえに、それ自身としてはより無規定的で「あって」、思想の普遍性がより不鮮明であるということに、さらに、この法の知識が、あれこれの側面からも、一般的にも、少数者の偶然的な所有であるということに存している。慣習法は慣習として存在するというその形式によって生活のなかに溶け込んでいるという長所をもつはずだといわれるが(ついでにいえば、今日、ひとはまったく死んだ素材や死んだ思想に馴染んでいる場合にかぎって、生命とか生活に溶け込むことについて云々しているが)、それは錯覚である。というのは、一国民の現行法は、それが成文化され、集録されているからといって、一国民の慣習であることをやめはしないからである。慣習法が集録され、編纂されることは、ある程度の陶冶教養にまでいたった国民のもとでは、いずれ生ずることにちがいないのであり、そのさい、この集録されたものが法典となる。これは、もとより単なる集録にすぎないがゆえに、形式が整わず、規定を欠き、遺漏があるということで特徴づけられるだろう。とりわけ、このような法典は本来の意味の法典からは区別される。というのも、後者は、法の諸原理を、その普遍性において、したがってその規定性において、思惟しつつ把握し、そして表明するからである。イギリスの国法あるいは一般法は、周知のように法規（形式の整った法律）のうちにも含まれているが、またいわゆる不文律のうちにも含まれている。ところで、この不文律も同じく記録されていて、そしてそれについての知見はただ（この不文律を満載した多数の四つ折り判の書物を）読むだけでえられるし、えられるはずである。しかし、また、いかに法外な混乱がイギリスの訴訟事件のうちに、同様にまた司法のうちに存在するかについては、これについての事情通が描きだしているところである(40)。とくに、彼らが指摘していることは、このような不文律が法廷や裁判官の判決のうちに含まれているので、裁判官たちが絶えず立法者としてふるまうという事情である。それは、裁判官たちが、彼らの先任者たちがただ不文律をいい渡すこと以外の何もしなかったところから先任者たちの権威を頼りにすることもあれば、当の裁判官たち自身が不文律を自分のうちにもっており、以前になされた諸判決について、それらがその不文律に適合しているかどうか判断する権利をもつがゆえに、先任者たちの権威を頼りにしないこともあるからである。後期ローマの司法においては、著名で解答権をもつ法学者が皆それぞれに権威をもっていたことから、同じような混乱が生じることがありえたが、このような混乱に対処するために、ある皇帝[41]によって巧妙な弥縫策が講じられた。それは引用法という名をもち、はるか昔に物故した法学者たちのあいだでの、多数意見とひとりの議長からなる一種の合議制度を導入するものであった(フーゴー氏『ローマ法制史の教科書』[一七九九年]三五四節をみよ)。——文明化された国民や、このような国民の法律家身分に対して法典作成の資格を否認するということは、当該国民や当該法律家身分に加えられうる最大の侮辱のひとつでありえよう。——というのも、法典作成において肝心なことは、その内容に即して新しい法律の体系を作成することではなく、現存する法律の内容をその規定された普遍性において認識すること、すなわち、その内容を、特殊的な場面への適用も付加して、思惟しつつ把握することだからである。

補遺《制定法と慣習法》 太陽も惑星もまたみずからの法則をもつが、しかしこの法則を知りはしない。未開人は衝動や習俗や感情によって規制されているが、しかしこれらのものについての意識をもちはしない。法が制定され、知られることによって、感覚や個人的な意見といったいっさいの偶然的なものや、復讐や同情や利己心の形式は脱落し、こうして、法ははじめてその真実の規定性に達し、その栄誉をえるにいたる。法理解の訓練を通してはじめて、法は普遍性にあずかるようになる。法律の適用において、裁判官の悟性がその活動の場所をえるような衝突が起こることは、当然のことである。というのも、そうでなかったならば、法の執行はまったく機械的なものになってしまうであろうからである。しかし、多くのことを裁判官の自由裁量にまかせることによって、衝突をなくそうと思いたったとすれば、こうした打開策ははるかに悪いものである。なぜなら、衝突はまた思想に、思惟する意識に、そしてこのような意識の弁証法に属しているのであるが、裁判官による単なる決定は恣意であろうからである。通常、慣習法に賛成するひとびとは、その理由として、慣習法が生きているということを挙げるのであるが、しかし、この生きているということ、すなわち規定と主体との同一性は、まだことがらの本質をなすものではない。法は、思惟することで知られなければならず、それ自身において体系でなくてはならず、そして、そのようなものとしてのみ文明化された国民のもとで妥当するのである。ごく最近、諸国民に対して立法する使命が拒否されることがあったとすれば、このようなことは侮辱であるばかりでなく、愚かしい考え方を含んでいる。それは、体系化すること、すなわち普遍的なものに高めることが、まさに現代のかぎりない渇望であるにもかかわらず、現行法が無際限に多いといって、これらを整合的な体系にもたらす技能を個々人にまったく認めない考え方である。同様にまた、『ローマ法大全』のうちにみいだされるような判決の集録が、このような判決のうちにはいまなお捨てがたいある種の特殊性や歴史的記憶が固着しているがゆえに、きわめて一般的な意味で仕上げられた法典よりも優れたものだとみなされたこともある。しかし、こうした集録がいかにひどいものであるかは、イギリス法の実践が十分に示しているところである。〈ホトーおよびグリースハイムより〉

二一二

即自的にあることと定立（制定）されてあることとのこの同一性においてのみ、制定された法律であるものが法としての拘束力をもっている。制定されてあることは、我意やその他の特殊性という偶然的なものが介入することもありうるという定在の面をなしているから、制定された法律であるものは、その内容においてはなお、即自的に法である

ものとは異なることがありうる。(42)

それゆえに、実定法においては、制定法にかなったものが、何が法であるか、あるいは本来何が合法的なものであるかについての認識の源泉である。――このかぎりで、実証法学は、権威をその原理とする歴史記述的な学問である。それ以外に生じうることは、悟性のことがらであり、外面的に秩序づけたり、総括したり、整合性を図ったり、さらなる適用を目ざしたりすること等々に関係している。悟性がことがらそのものの本性に首を突っ込むと、悟性は屁理屈によってあれこれ根拠を挙げてでっちあげるということを諸理論、たとえば刑法理論があきらかにしている。――実証的学問は、一面では、その実証的な資料にもとづいて、所与の法規定の歴史的進展とともにその適用や細分化を詳細にわたって演繹したり、その帰結をあきらかにしたりするという権利をもつだけでなく、またそうする必然的な義務をも負っているのであるから、他面では、この学問は、このような証明をすべてなしたあとで、ある法規定が理性的であるかどうか尋ねられるような場合、このような質問をみずからの職務に対する妨害質問だとみなすとしても、少なくともそれに驚いてばかりはいられないのである。――理解することについては三注解を参照。

二一三

法は、それがまず制定されてあるという形式において定在にいたるのであるから、内容からみても、素材への関係には適用として現れる。この素材は、市民社会のうちで無限に個別化し、錯綜する、所有と契約の諸関係および種類であり、――さらには、心情や愛や信頼にもとづく人倫的諸関係である。もっともこれらの人倫的諸関係が素材となるのは、ただそれらが抽象法の側面を含んでいるかぎりにおいてである（**一五九**）。道徳的側面および道徳的命令は、意志に、その意志のもっとも固有な主観性と特殊性という点で関わるのであるから、実定的立法の対象となることはできない(43)。司法そのものや国家等々に起因する権利および義務がより広汎な素材を提供する。

補遺《制定された法律と主観の内面性》　婚姻や愛や宗教や国家というより高次の諸関係にあっては、その本性上、外面性を身につけることが可能な側面だけが立法の対象となることができる。とはいえ、この場合、諸民族の立法は大きな相違を示している。たとえば、中国人のもとでは、夫は彼が所有する他の夫人よりも第一夫人をいっそう多く愛さなければならないというのが国法である。もしも彼がこの反対の行為をなしたことが証明されたならば、彼は殴打の罰を受けるのである。同じように、昔の立法のうちには信義や誠実に関しての数多くの規則がみいだされるが、これらの規則はいずれも、信義や誠実といったことがまったく内面性に属するものである以上、制定法の本性には適さないのである。ただことが良心にゆだねられる宣誓の場合には、誠実や信義が実体的なものとして顧慮されなければならない。〈グリースハイムより〉

二一四

しかし、法が制定されてあることは、特殊的なものへの適用のほかに、個々の場合への適用可能性をもそれ自身のうちに含んでいる。そのことによって、制定された法律は、概念によって規定されない量的なもの（量的なものそれ自身、あるいは、ある質的なものの他の質的なものとの交換における価値の規定としての量的なもの）の圏域のうちに入り込むことになる。概念による規定性は単に一般的な限界をあたえるにすぎず、その限界の内部にはなお〔決定をめぐる〕逡巡《しゅんじゅん》が生じる。しかし、この逡巡は、法の適用が実現されるためには打ち切られなければならない。それとともに、その限界の内部には、偶然的で恣意的な決定が入り込むことになる。

普遍的なものの特殊的なものへのこのような限定においてだけではなく、普遍的なものの個別化、すなわち直接的な適用への限定において、とりわけ、法律の純粋に実定的なものが存している。ある犯行に対して、四〇打の体刑が正当か、それとも四〇打より一打少ない体刑が正当か、あるいは五ターレルの罰金刑が正当か、それとも四ターレルと二三グロッシェン等々の罰金刑の方が正当か、あるいは一年の禁固刑が正当か、三六四[日]等々の禁固刑の方が正当か、それとも一年と一日、二日ないしは三日といった禁固刑の方が正当か、こうしたことは理性的に規定されないし、また概念に由来する規定性の適用によっても決定されない。しかし、それでも、一打でも多すぎたり、一ターレルでもあるいは一グロッシェンでも、一週間の禁固でも一日の禁固でも多すぎたり少なすぎたりすることは、すでに不当なことである。――理性とはそもそも、偶然性、矛盾、仮象が、制限されているとはいえ、それぞれの圏域と権利とをもつことを承認するものであって、このような矛盾を均等にならして正当なものにするよう努めるものではない。ここには、ただ法律の適用の実現への関心、(ある限界のうちで)いかなる仕方であれ、一般に決定がなされ、判決が下されることへの関心が存在するだけである。この判決を下すことは、形式的な自己確信、抽象的な主観性に属している。この主観性は、確定されるために、右の限界内において、打ち切って、確定するということだけをよりどころとするか、――あるいはまた、端数のない概数、もしくは四〇よりひとつ少ない数を含むというような規定根拠をよりどころとするのである。――法律は、現実が要求するこの最終的な規定性を確定するようなものではなく、これを裁判官の決定にゆだね、ただ最小限と最大限とによって裁判官を制限するだけであるが、このことは何ら本質的なことではない。というのは、この最小限と最大限とは、いずれもそれ自身は上述のような端数のない概数であって、裁判官がこれにもとづいて有限で純粋に実定的な決定を下すことを廃止しはせず、むしろこうした決定を下すことを必然的なこととして裁判官に許すからである[44]。

補遺《法における偶然性》　法律や司法のうちには、本質的に、偶然性を含む面があるが、これは、法律が個々の場合に適用されなければならない普遍的な規定であるということに存している。もしこうした偶然性に反対を唱えようとすれば、抽象論を語りだすことになるであろう。たとえば、刑罰の量的な面はいかなる概念規定にも馴染まず、どのように判定がなされようと、その判定は、この規定の面からすれば、つねに恣意である。しかし、この偶然性はそれ自身不可避なものである。もしそれを理由に、法典一般に対して、法典は完全ではないと論駁がなされるとしたら、法典には完璧を期することのできない面があり、その面は、したがって、あるがままに受け取られなければならないということが看過されているのである。〈ホトーおよびグリースハイムより〉

b　法律の定在

二一五

法律に対する義務は、自己意識の法〔権利〕という面からすれば（一三二とその注解）、法律が一般的に公示されているという必要性を含んでいる。

僭主ディオニュシオス(45)がおこなったように、法律を高いところに掲げて、市民の誰もがそれを読めないようにしたり——あるいは法律を、学術書や相互に食いちがう判断や意見からなる判例や習慣等々の広範多岐にわたる資料のうちに、さらには外国語のうちに埋没させて、現行法の知識はただそれに習熟したひとびとにしか近づけないようにしたり——することは、いずれも同じ不当なことである。——ユスティニアヌ

[46]スのように、たとえ形式的には整えられていない集録にすぎないとしても、国民に国法をあたえた統治者は、ましてそれをよく秩序づけられた明確な法典としてあたえた統治者は、ただ単に国民にとっての最大の恩人となり、それへの感謝の念をもって国民から称讃されただけではなく、それによって彼らは偉大な正義の行為をなし遂げたのである。

補遺《法の一般的知識》　法律の特殊な知識をもつ法律家身分は、しばしばこの知識を自分たちの独占物とみなしており、そしてこれを本業としない者は口を挟むべきではないとされる。同じように、物理学者はゲーテが自分たちと同業ではなく、さらに加えて詩人であったという理由で、ゲーテの色彩論[47]を悪しざまに取り扱った。しかし、誰でも自分に靴が合うかどうかを知るために靴屋である必要がないのと同様に、広く一般の関心を集める対象について知識をもつためにその専門の職業に携わる必要は総じてないのである。法は自由に関わるものであり、その自由は人間にあってもっとも価値あるもの、もっとも神聖なものであって、それが人間にとって義務を課するものとされるかぎり、人間はみずからそれを知らなければならないのである。〈グリースハイムより〉

二一六

公の法典には、一方では、単一的で、普遍的な諸規定がもとめられるが、他方では、法律が適用される有限的な素材の本性は際限なく新たな規定を導きだすことになる。法律の範囲は、一方では、ひとつの完成した、閉じた全体であるべきであるが、他方では、新しい法律諸規定をつぎつぎと必要とするのである。しかし、この二律背反は、確固不動に存続する普遍的な原則の特殊化に含まれるのであるから、これによって完成した法典をもとめる権利が縮小されることはない。それは、この普遍的で単一的な原則が、その特殊化から区別されて、それだけで理解され、設定されうることをもとめる権利が縮小されないのと同様である。

立法の紛糾の主要な源泉は、たしかに、原始的で不正を含んだ、したがって単に歴史的な諸制度のうちに、時代とともに、理性的なもの、即自的かつ対自的に法的なものが浸透してくる場合である。これは、上述の（一八〇注解）ローマ法において、また、古い封建法等々においてみられることである。しかし、有限的な素材の本性そのものが、このような素材への即自的かつ対自的に理性的な諸規定の適用は、つまりそれ自身において普遍的な諸規定の適用は無限進行にいたるということを必然的にともなっているのであり、本質的なのは、このことを洞察することである。――法典に対して、絶対的に完成していなければならず、それ以上の進んだ規定を必要としないものでなければならないという完全性をもとめること――このような要求はとりわけドイツ的な病理であるが――、それとまた、法典がこのようには完成されえないという理由から、法典をいわゆる不完全なものにもたらしてはならない、すなわち現実にもたらしてはならないという要求は、いずれも、私法のような有限的な諸対象の本性に関する誤認にもとづいている。有限的な対象においては、いわゆる完全性は、完全性への接近をかぎりなくつづけることなのである。またこうした要求は、理性的普遍と悟性的普遍との区別の誤認、および、有限性と個別性をもつ、きりのない素材への悟性的普遍性の適用にもとづいている。[48]――「善の最大の敵、それは最善である」(*Le plus grand ennemi du bien c'est le mieux.*)とは、空疎な屁理屈や反省をこととする悟性に対抗する、真実で健全な常識の表現である。

補遺《完璧であることと法の完全化の可能性》　完璧であることとは、ある圏域に属するいっさいの個別的なものが完全に集められているということである。そして、この意味でなら、いかなる学問も知識も完璧ではありえない。哲学や何らかの学問が完璧ではない、といわれる場合には、最善のものがなお欠けていることがありうるから、哲学や当該の学問が完全なものにされるまでまたなければならない、という見解が表明されているのである。しかし、このようにしては、何も前進しない。このことは幾何学でも哲学でも同様である。一見完結した学問のようにみえる幾何学でも、そのなかに絶えず新しい規定が現れているし、たしかに普遍的な理念を取り扱う哲学でも絶えず専門領域に分化されうるからである。普遍的な掟といえば、かつてはつねに十戒であった。ところで、いま法典が完璧ではありえないということを理由に、「汝殺すなかれ」という掟をたてないとすれば、その不合理なことはただちにあきらかであろう。いかなる法典でもさらにいっそう良いものになりえよう、と怠惰な反省は主張するかもしれない。もっともみごとなもの、もっとも高きもの、もっとも美しきものであっても、さらにもっとみごとなもの、もっと高いもの、もっと美しいものが考えられうるからである。しかし、老大樹は、つぎつぎと枝を拡げていくものであるが、それだからといって、新しい樹になるということではない。にもかかわらず、新しい枝がつぎつぎに現れてくるからという理由で、いかなる樹も植えようとしないのは、愚かなことであろう。〈ホトーおよびグリースハイムより〉

二一七

市民社会において、即自的な法が法律となるように、私の個別的な権利の、先の直接的で抽象的な定在もまた、現存在する普遍的な意志と知における定在として、承認されているという意義をもつようになる。それゆえに、所有に関する取得や行為は、それらにこのような定在をあたえる形式をもって着手され、そしてそうした形式をあたえられなければならない。そこで、所有は、契約にもとづくことになり、また所有を証拠能力のあるもの、そして、法律上効力のあるものとなす正規の形式にもとづくことになる。(49)

原始的な、すなわち直接的な取得の仕方や権原（**五四**以下）は、市民社会では本来的には姿を消し、単に個々の偶然性ないしは制限された契機として現れるにすぎない。——正規の形式を拒否するのは、一方では、主観的なもののうちに終始する感情であり、他方では、みずからの本質性の抽象物に固執する反省であるが、このような形式を、死せる悟性の側は側で、ことがらに反してまで固持し、かぎりなく増大させることにもなる。——ところで、陶冶教養の歩みは、ある内容の感性的で直接的な形式から、永い辛苦を重ねた労苦を経て、内容がもつ思想の形式に達し、それによって思想にふさわしい単一的な表現に達することである。こうした陶冶教養の歩みにおいて、まだ初期的な法形成の状態にあっては、威儀や形式性が、煩雑をきわめ[ていて]、記号としてよりも、ことがらそのものとして通用していたのである。このために、ローマ法においても、威儀にもとづく数多くの規定や、とりわけ数多くの表現が、思想の諸規定やこれらの規定にふさわしい表現に取って代わられることなく、保持されていたのである。

補遺《形式性の原理》　法律とは、法が即自的にそれであったものとして定立された法である。私はあるものを占有し、ある所有物をもっているが、それは、私が無主物として取得したものである。このようなものは、いまやなお、私のものとして承認され、定立されなければならない。それゆえに、社会では、所有に関して正規の形式が生まれる。他のひとびとの承認をえるための標識として境界石をおいたり、抵当登記簿や財産目録を設けたりする。市民社会にあっては、大半の所有は契約にもとづくのであり、その正規の形式はしっかりと確定されている。ところで、このような形式に反対して、それは単に当局に金銭を収めるためにあるにすぎないと考えるひともいる。そのうえ、「男子の一言」という金言がもはや通用しなくなったとして、ひとによってはこのような形式を、何か侮蔑的なもの、また不信の符牒とみなすこともある。しかし、形式の本質的なものは、即自的に法であるものがまさにそのようなものとしても定立されているということである。私の意志は理性的な意志であって、妥当するのであり、そしてこの妥当することが、他人によって承認されなければならない。ここでいまや私の主観性と他人の主観性とは消滅しなければならず、意志は安定性と堅実性と客観性とを獲得しなければならない。そして、意志はこれらをただ形式によってのみ保持しうるのである。〈ホトーおよびグリースハイムより〉

二一八

所有と人格性は、市民社会においては、法律による承認と妥当性とをえているので、犯罪はもはや単に、主観的に無限なものを侵害することではなく、それ自身において確固とした、強力な現存在をもつ普遍的なことがらを侵害することになる。これにともなって、社会にとっての行為の危険性という視点が入り込んでくることになり、このことによって、一方では、犯罪の重大さが増すが、他方では、社会の力が自信をもつようになって、侵害の外面的な重要性を軽視し、したがって犯罪の処罰に対するよりいっそうの寛大さをもたらすのである(50)。

社会の一員が侵害されることは他のすべての成員が侵害されることであるということは、犯罪の本性をその概念の面では変化させないが、外面的な現存在、すなわち侵害の面では変化させる。侵害はいまや市民社会の表象や意識に関わるのであり、ただ単に直接的に侵害された者の定在にだけ関わるのではない。英雄時代には(古代の悲劇をみよ)、市民たちは王家のひとびとが相互に犯す犯罪によって自分たちが侵害されているとは思わなかった(51)。——即自的には無限の侵害である犯罪は、いまや本質的に、法律が妥当しているという表象および意識として規定されているような定在としては、質的および量的な区別にしたがって測られなければならない(九六)。それゆえに、市民社会にとっての危険性が、犯罪の重大さの規定、ないしは犯罪の質的な諸規定のひとつにもなる。——ところが、この犯罪の質も重大さも、市民社会の状態にしたがって変化するのである。そこで、状態次第では、はした金やかぶらひとつの窃盗に死刑を科すことも是認されるし、またその何百倍もの価値のあるものの窃盗に軽い刑罰を科すことも是認される。市民社会にとっての危険性という視点は、犯罪を重大視するようにみえながら、その実、むしろ犯罪の処罰を軽減させることになった視点なのである。したがって、刑法典は、とりわけその時代と、その時代の市民社会の状態と密接に関係しているのである。

補遺《量刑》 社会で犯された犯罪が重大なものにみえながら、それにもかかわらず量刑は軽いといった事態は矛盾しているようにみえる。しかし、一方で、犯罪を処罰しないでおくことは、それ以後それが法として定立されることになるであろうから、社会にとっては不可能であろうが、しかし、それでも社会がみずからに自信をもっている場合には、犯罪はつねに反社会的な個人的行為にとどまり、強固なものではなく、孤立無援なものである。社会自身が強固なものであることによって、犯罪は熟慮された意志から発したというよりも自然的衝動から発したと思われる単なる主観的なものという地位におかれる。犯罪が比較的軽い地位を占め、そのために刑罰もまたいっそう軽いものになるのは、こうした見解にもとづく。社会がそれ自体としてまだ動揺しているときには、刑罰によるみせしめ《エクセンペル》がおこなわれなければならない。というのは、刑罰は、それ自身、犯罪の実例《エクセンペル》に対抗するみせしめ《エクセンペル》であるからである。しかし、それ自身において強固な社会では、犯罪がおこなわれたことは非常に軽いことなので、それがおこなわれたことの廃棄としての刑罰もまたこの事情に応じて量られなければならない。だから厳罰も、即自的かつ対自的には決して不正ではなく、時代の状態との関連のうちにおかれるのである。刑法典はあらゆる時代に通用するものではありえない。そして犯罪は、多かれ少なかれ棄却されることがありうる仮象的現存在なのである。〈ホトーより〉

c 裁判

二一九

法律という形式で定在するにいたった法は、対自的[52]であり、法についての特殊的意志や意見に対して自立的に対立していて、みずからを普遍的なものとして妥当させなければならない。特殊的な利害関係についての主観的な感情を抜きにして、特殊的な事件に即して法を認識し、法を実現することは、公的な威力である裁判に属している。

裁判官や裁判の歴史的な成立は、あるいは家父長的な関係の形式、あるいは暴力という形式、あるいは任意な選択という形式によるものであったであろうが、このことはことがらの概念にとってはどうでもよいことである。フォン・ハラー氏[53]が(その『国家学の復興』において)おこなっているように、王侯や統治者の側からの裁判の導入を、単に任意の厚意や恩恵のことがらとみなすようなことは、無思想というにふさわしい。これは、法律や国家の場合には、それらの制度一般が理性的なものとして、即自的かつ対自的に必然的なものであるということが語られるのであって、それらの制度がいかに成立し、いかに導入されたかという形式は、それらの理性的な根拠の考察のさいには肝心なものではないということに気づいていないのである。――この見解の対極にあるのは、自力防衛権《ファウストレヒト》が認められていた時代〔中世〕のように、司法を不穏当な暴力行為であり、自由の抑圧であり、専制主義とみなす粗雑な考えである。司法は、公的な権力の権利であると同様に義務であるともみなされなくてはならないが、その権利にしても、これをある権力にゆだねるか否かに関する個人の任意の意向にまかされることはないのである。

二二〇

犯罪に対する復讐という形式においてある法（一〇二）は、単に即自的に法であるにすぎず、合法的な形式のうちにはない、すなわち法の現存在においては正当ではない。侵害された当事者に代わって、裁判において固有の現実性をもつ侵害された普遍者が登場して、犯罪の訴追と処罰とを引き受ける。したがって、この訴追と処罰とは復讐による単に主観的で偶然的な報復であることをやめ、法のみずからとの真の和解に、つまり刑罰に転化する。——刑罰は、客観的にみれば、犯罪の廃棄によってみずからを回復し、それによってみずからを妥当するものとして現実化する法律の和解であり、犯罪者の主観からみれば、彼によって知られ、彼のために、彼を保護するために妥当する彼の法律の和解である。それゆえ、この法律が彼の身に執行されることにおいて、彼自身が正義の満たされるのを、すなわちただ彼自身のものの行果のみをみいだすのである(54)。

二二一

市民社会の成員は法廷に提訴する権利とともに、法廷に出頭し、係争中の自分の権利を、ただ裁判からのみ受け取る義務をもつ。

補遺《裁判所の強制》　個人は誰でも法廷に提訴する権利をもっているがゆえに、各人はまた法律をよく知らなければならない。というのは、もし知らなければ、この資格も彼にとっては何の助けにもなりえないだろうからである。しかし、個人はまた法廷に出頭する義務をもつ。封建的な状態にあっては、しばしば権力者はみずから出頭せず、むしろ裁判所に挑戦し、権力者に出頭を要求することを裁判所側の不法な行為だと反駁した。しかし、こうしたことは裁判のあるべき姿とは矛盾した状態である。近時においては、王侯も私的事件に関しては自分に対する裁判を認めざるをえないし、自由な諸国家においては、彼らが訴訟において負けるのが一般である。〈ホトーより〉

二二二

裁判においては、法は、証明されうるものでなければならないという規定をえる。訴訟手つづきは、当事者双方には、彼らの立証方法と法的根拠を妥当させることを可能にし、裁判官には、事件を熟知できるようにする。これらの〔訴訟行為の〕一歩一歩がそれ自身法であり、したがって、これらの手つづきは法律によって規定されていなければならない。そしてまた、これらの一歩一歩は理論的法学の本質的部分を構成するのである。

補遺《証明の強制》　自分のもっている権利が証明されえないものとして拒否されることを知れば、人間は激昂することであろう。しかし、私がもっている権利は同時に定立された権利でなければならない。私は権利を示し、そして立証することができなければならない。こうして即自的に存在するものは、またそれが定立されることによってのみ、社会において妥当しうるのである。〈ホトーより〉

二二三

このような一連の訴訟行為が、次第に個別化されてゆく行為およびそれに関する法〔権利〕へとかぎりなく分岐することによって、もともとは手段であった訴訟手つづきは、何か外面的なものとしてみずからの目的に対立するようになる。——当事者双方の権利であるこのような広範多岐にわたる形式主義を、まさしく貫徹する権利が彼らに帰属するがゆえに、さらにまたこのような形式主義が禍に、不法の道具にさえされかねないこともあるので——当事者双方と当該の実体的ことがらとしての権利そのものを訴訟手つづきおよびその誤用から保護するために——、当事者双方には裁判所の権限によって、彼らが訴訟手つづきを進めるまえに、簡易裁判(仲裁裁判、和解裁判)や調停の試みに服することが義務とされなければならない。

衡平は、[55] 形式的な法に対して道徳的あるいはその他の見地からおこなわれる毀損を含んでいるのであって、さしあたっては、法的係争の内容に関わる。しかし、衡平裁判所は、裁判手つづきの形式性に、とくに法律的に理解されうる通りの客観的証拠に固執することなく、個々の事件について、この事件という個別の事件の特有な利害関係にしたがって裁定を下すのであって、なされるべき一般的な法律的処理という関心のもとで裁定を下すのではないという意味をもつであろう。

二二四

法律の公示〔の要求〕が主観的意識の権利に属している（二一五）ように、特殊的事件における法律の実現について、すなわち一連の外面的な訴訟行為の経過や一連の法的根拠などの経過について知る可能性も主観的意識の権利に属している。というのは、こうした経過は即自的には普遍的に妥当するできごとであり、たしかに当該の事件はその特殊的内容にしたがえば当事者自身の利害にのみ関わるとしても、しかしその普遍的内容はそれに含まれた法に関わり、その裁定は万人の利害に関わるからである。——これが司法の公開である。

下されるべき判決について裁判構成員が相互間でおこなう評議は、まだ特殊的な意見や、見解の表明であるので、その本性上公開されるべきものではない。

補遺《司法の公開》　司法の公開を、健全な人間常識は正当で適切なこととみなす。これを妨げる大きな理由は、久しく、裁判権をもつ領主たちの尊大さであった。彼らは誰のまえにも姿を現そうとはせず、自分を、俗人が干渉すべきではない法の番人とみなしていた。しかし、法にとってとりわけ大切なことは、市民が法に寄せる信頼である。そして、裁判の公開が要求されるのも、この面からである。公開の権利は、裁判の目的が法であり、法は普遍性として、〔公衆という〕普遍性の面前でもあきらかにされるべきものであるということにもとづくが、だからこそまた、市民が実際に正しい判決が下されるという信念をえていることにもとづくのである。〈ホトーより〉

二二五

法律を個々の事件に適用する司法の職務においては、二つの面が区別される。第一の面は、事件の性質をその直接的な個別性に即して認識すること、すなわち、契約などが存在しているのかどうか、侵害行為があったのかどうか、その犯人は誰であるかを認識することであり、また、刑法においては、行為をその実体的犯罪的性格（**一一九**注解）にしたがって規定するようにして反省することである。——第二は、法の回復である、法律のもとに事件を包摂することである。法の回復は、刑法では、刑罰として理解されている。これら二つの異なった面についての決定は、それぞれ異なった機能である。

　ローマの裁判制度[56]においては、これらの機能の区別は、執政官が、この事件ではことがらはかくかくしかじかであると裁定を下し、そして、当の事情の審理にあたって、彼が特別の審判人を任命したというところに生じていた。——行為をその特定の犯罪的な質にしたがって（たとえば、謀殺か殺人か）特徴づけることは、イギリスの訴訟手つづきでは、原告の見解ないし恣意にゆだねられており、裁判所はこれを不正なものだと認めても、別様の規定をとることはできない。

二二六

とりわけ審理の全行程を指揮監督すること、ついで、それ自身法〔権利〕である（**二二二**）当事者双方の訴訟行為を指揮監督すること、さらにまた、裁判の第二の面（**前節**をみよ）は、法律家である裁判官に固有の職務である。法律の機関である裁判官にとっては、事件は法律のもとに包摂されうるように準備されていなければならない。すなわち、事件はその現象する経験的な性質から、認定された事実へと、そして普遍的な法的性質決定へと高められていなければならない。

二二七

第一の面である、事件をその直接的個別性において認識し、事件の法的性質を決定することは、それだけでは判決を下すことを含んではいない。この認識は、教養ある人間なら誰にでもふさわしい認識である。[57] 行為の法的性質の決定にとっては、行為者の判断や意図といった主観的な契機(第二部をみよ)が本質的であり、立証はただちに理性の対象や抽象的な悟性の対象に関係するわけではなく、ただ個別性や状況、感性的直観や主観的確信の対象に関係するのみであり、したがって絶対的に客観的な規定をそのうちに何ら含んではいないのであるから、そのかぎりにおいて、決定において究極的なものは主観的な信念であり、良心(animi sententia)である。それは、たとえば、第三者の供述や断言にもとづく立証に関して、宣誓が、主観的ではあるが、しかし究極的な確証であるのと同様である。[58]

目下論じられている対象のもとで、もっとも肝要なことは、ここで問題となっている立証の本性を注視して、それを他の種類の認識や証明から区別することである。法の概念そのものがそうであるような理性規定を立証すること、すなわち理性規定の必然性を認識することは、幾何学の定理を証明するのとは異なった方法を必要とする。さらに、幾何学の定理の証明の場合には、図形が悟性によって規定されており、ある法則にしたがってすでに抽象化されている。しかし、ある事実といった経験的な内容の場合には、認識の素材は所与の感性的直観であり、感性的で主観的な確信であり、またそれらについての表明であり断言である、――そしてそこで、こうした供述や証言や事情などからの推論や、総合が働くのである。このような素材やそれに適した方法から生じる客観的真理は、この真理をそれだけで客観的に規定しようとする試みにおいて、中途半端な立証に帰したり、また、よりいっそう真実らしい整合性を追求するなかで、その整合性がかえって形式的な不整合を同時にそのうちに含むことになり、法外な刑罰に帰したりする。(59) そのように、この客観的真理は、理性規定の真理や、悟性がすでにその素材を抽象的に規定しているような命題の真理とは、まったく異なった意味をもつのである。ところで、ある事件のこのような経験的真理を認識することが裁判の厳密に法律的な規定に属しているということ、そしてこの法律的規定のうちには、このような認識のための固有の性質、したがって、その独占的権利それ自体とその必然性が含まれているということ、これらのことを示すことが、いかなる程度まで、法的〔権利〕問題についての判断と同様に事実についての判断が正式な裁判の法廷に帰属させられるべきか、という問いに答えるための主要な観点をなすであろう。

補遺《陪審裁判》 法律家である裁判官だけが事実の確定をおこなうべきであると考える根拠はない。というのも、このことは、あらゆる一般的な陶冶教養のことがらであって、単に法律的な陶冶教養のみのことがらではないからである。訴訟事実の判定は、経験的な諸事情、すなわち行為についての証言や、これに類する目撃にもとづいてなされるが、ついで改めて、事実にもとづいてなされ、そこから行為が推論されることができ、それが行為をありえるものとしたり、ありえないものとしたりするのである。ここである確信がえられるべきであるが、それは、完全に永遠なものであるような、高次の意味での真理ではない。この確信はここでは主観的な信念であり、良心であって、この確信が裁判においていかなる形式をもつべきかが問題なのである。通常ドイツ法にみられるように、犯罪者からの自白を要求することは、これによって主観的な自己意識の権利が満たされるという真理を含んでいる。というのは、裁判官が宣告することが、意識において犯罪者と異なっていてはならないのであり、そして犯罪者が自白してしまってはじめて、判決には犯罪者の意に反するものがもはや含まれなくなるからである。しかし、ここで、犯罪者が否認することができ、それによって正義の利益が危うくされるという困難が生じる。そこでふたたび裁判官の主観的な信念が妥当すべきだとなると、その人間がもはや自由な者としては扱われないことになって、またしても無情苛酷さが生じることになる。そこで、この両極端の媒介は、有罪か無罪かの宣告は犯罪者の心魂からでたものとしてあたえられなければならないということが要求されることである。これが陪審裁判である。〈ホトーより〉

二二八

訴訟当事者たちの自己意識の権利は、〔裁判官の〕判決において、その判決が法的性質の決定された事件を法律のもとに包摂することであるという面からして守られているが、このことは、法律に関していえば、法律が周知され、したがって当事者たち自身の法律であるということによってであり、包摂に関していえば、訴訟手つづきが公開されているということによってである。しかし、ことがらの特殊的、主観的、外面的な内容、すなわちその認識が二二五で述べられた二つの面の第一のものに属しているような内容についての決定に関していえば、当事者たちの自己意識の権利は決定を下す者の主観性に対する信頼のうちにその満足をみいだす。この信頼は、とりわけ当事者が、決定を下す者と、その特殊性、身分その他において同等であることにもとづいている。(60)

自己意識の権利すなわち主観的自由の契機は、司法の公開やいわゆる陪審裁判の必要性について問われる場合、実体的な視点とみなされうる。これらの制度のために有用性という形式でもちだされる本質的なものは、この実体的視点に帰着するのである。別の観点や根拠から、これらの制度のいろいろな得失について、あれこれ議論を戦わすことは可能であるが、こうした観点や根拠は、すべての理屈の根拠同様、二次的であって決定的ではないか、さもなければ、別のおそらくはもっと高い圏域から取ってこられたものである。司法それ自体は、純然たる法律家としての裁判官のみによってうまく、おそらく他の諸制度をもってするよりも、いっそううまくおこなわれうるかもしれない。しかし、この可能性がたとえ蓋然性に、いやそれどころか必然性にさえ高められたとしても、別の面からみて、そのさい要求を掲げ、それが満たされていないとみなすのがつねに自己意識の権利であるかぎり、この可能性は問題にならないのである。——法律をその全範囲にわたって構成しているものの性状を踏まえたうえでの法についての知識、さらに裁判の審理手つづきについての知識、そして法を追求する可能性が、自分の権利が問題となっている当事者にとっては一種の外国語である専門用語を使ってまで専有的であろうとする身分の所有物である場合には、自分のふるまい方や自分固有の知識や意欲に頼って生計をたてている市民社会の成員は、ただきわめて個人的で特有なものからだけではなく、そこにおける実体的なものおよび理性的なもの、すなわち法からも遠ざけられていることになり、法の専門家身分の後見を受ける状態に、その身分に対して一種の奴隷状態にさえおかれることになる。市民社会の成員が身体的に、すなわち自分の足でもって法廷にたつ(*in iudicio stare*)権利をもっているとしても、このことは、彼らが精神的に、すなわち彼ら自身の知を用いて出席してはならないということになれば、何の役にもたたない。このときには彼らが手に入れている権利は、彼らにとって外面的な運命にとどまるのである。

二二九

市民社会においては、理念は特殊性において失われ［ており］、そして、内的なものと外的なものとの分離のうちに解体してしまっているが、この市民社会は司法において、その概念に、すなわち、即自的に存在する普遍的なものと主観的な特殊性との統一に還帰する。とはいえ、主観的な特殊性とは個々の事件におけるそれでしかなく、即自的に存在する普遍的なものは抽象法という意味でのそれでしかない。特殊性の全範囲にわたってのこの統一の実現は、さしあたり相対的合一の実現としては、行政という使命となり、そして制限されてはいるが、具体的な総体性においては、職業団体をつくりなすことになる。

補遺《行政と職業団体の必然性》 市民社会においては、普遍性は単に必然性にすぎない。欲求との関係では、権利としての権利のみが確固たるものである。しかし、この権利は単に制限された範囲のものであって、ただ私がもっているものの保護に関係しているだけである。権利としての権利にとっては、利福は外的なものである。とはいえ、この利福は、欲求の体系においては本質的な規定である。だから、さしあたりはただ権利であるにすぎない普遍的なものは、特殊性の全領域にわたって拡張されなければならない。正義は市民社会において大なるものである。良き法律は国家を栄えさせるであろうし、自由な所有は国家の栄光の根本条件である。しかし、私が全面的に特殊性のうちに巻き込まれている以上、この連関において私の特殊的利福もまた促進されることを要求する権利を、私はもつ。私の利福、私の特殊性が顧慮されなくてはならない。このことが、行政と職業団体とを通しておこなわれる。〈ホトーより〉

C　行政と職業団体

二三〇

欲求の体系においては、各々の個人の生計と利福とはひとつの可能性として存在するにすぎず、その現実性は、各々の個人の恣意や自然的特殊性によって制約されていると同様、欲求の客観的体系によっても制約されている。司法によっては、所有および人格性の侵害が償われるだけである。しかし、特殊性にあって現実的な法は、あれこれの目的を妨げる偶然性が廃棄されて、人格と所有の妨げられることなき安全がもたらされることを含んでいるだけではなく、個々人の生計と利福の保障が――つまり特殊的利福が権利として扱われ、現実化されることも含んでいる。(61)

a　行　政[62]

二三一

あれこれの目的にとって、特殊的意志がなお原理であるかぎり、普遍的なものによる保障する力は、さしあたり、一面では、偶然性の範域に制限され、他面では、外的秩序に制限されたままである。

二三二

普遍的な力が阻止しなければならないか、あるいは裁判上の処理にもたらさなければならない犯罪——悪の恣意としての偶然性——のほかに、それ自身としては合法的である行為をなしたり、所有物を私的に使用したりするという許された恣意もまた、他の個々人に対してと同様に共同の目的のための他の公的な諸配備に対して、外的な関係をもっている。この普遍的な側面によって、私的な行為は、私の支配からはなれて、他人に危害や不法をおよぼしかねない、あるいは実際におよぼす偶然性となる。

二三三

このことは、たしかに損害のひとつの可能性にすぎないが、しかし、ことがらが何の損害もあたえないということも、同様に、ひとつの偶然性以上のものではない。このことが、そのような行為のうちに存している不法の面であり、したがって行政の面からなされる罰則の正義を支える究極的な根拠である。

二三四

外的定在の諸関係は、悟性的無限性に属する。それゆえに、何が有害で何が無害か、また犯罪に関して何が疑わしく、何が疑わしくないか、何が禁止されるべきで、何が監視されるべきか、あるいは何が禁止、監視および嫌疑、照会や弁明を免ぜられるべきかについての境界は、即自的には〔それ自体としては〕存在しない。これらのより詳細な規定をあたえるのは、習俗であり、その他の体制の精神であり、そのつどの状勢であり、差し迫った危険などである。

補遺《行政の煩わしさ》　ここでは確固たる規定もあたえられないし、絶対的な境界も引くことはできない。ここではいっさいが個人的であって、主観的な意見が入り込んでくる。そして体制の精神や時代の危難がより詳細な事情を伝えなければならない。たとえば、戦時中ともなれば、いつもは無害とされる多くのことが有害なこととみなされる。このような偶然性や恣意的個人性の側面があるために、行政は何か憎まれるものを抱えることになる。行政は反省が高じすぎると、可能なことをすべて自分の領分に引き入れようとする方向をとることになる。というのは、どんなものにでもあるものを他のものにとって有害とする関係がみいだされるからである。この点に、行政が小うるさく働いて、個々人の日常生活を窮屈なものにする理由がある。しかし、これがいかに不都合なことであっても、ここに客観的な境界線を引くことはできない。〈ホトーより〉

二三五

日常的な欲求が野放図に多様化し錯綜してくるにつれて、誰もがその妨げられない可能性をあてにするような欲求充足の手段の調達や交換に関して、さらにまたできるだけ短縮されるべきこの調達や交換についての調査や商談に関して、共同の利益であり、ひとりの仕事が同時に万人のためであるような諸側面が生じる。——つまり共同の使用のために存在しうるような手段や配備が生じる。[63] この普遍的な仕事や公益のための配備は、公的権力の監督とあらかじめの配慮を必要とする。

二三六

生産者と消費者との相違した利害関心は衝突し合うことがある。そして全体としてはおのずから正常な関係が打ちたてられるとしても、その調整は、また、両者のうえにたって意識的に企てられる統制を必要とする。個別的なことに対してこのような統制（たとえば、もっとも日常的な生活必需品の価格査定）をおこなう権利は、まったく一般的に日常使用される商品の公共的展示［によって］、［これらの商品が］個人としての個人にというよりか、むしろ、普遍的なものとしての個人に、つまり公衆に提供され、その公衆のだまされないという権利［の擁護］および商品の検査が、共同の職務として公的権力によって代行され、配慮されうるということにもとづくのである。——しかしとりわけ、大規模な産業部門が、その産業部門の圏域に配置され拘束されている諸個人には自分たちの連関おいては展望しえないような海外の諸事情や遠隔地間の結合に依存していること、このことが、普遍的な配慮や指導を必要なものとするのである(64)。

市民社会における商工業の自由に対立して他方の極をなすものは、公的な配備によって万人に労働を供給し、指定することである、——たとえば、ピラミッドや、他の巨大なエジプトやアジアの建築物を造った古代の労働のように。これらの建築物は、公共の目的のために、個人の特殊的恣意や特殊的利益による労働の媒介なしに造りだされたのである(65)。このような個人の特殊的利益は、うえからの統制に対抗して、商工業の自由をもとめるが、しかしそれは、盲目的に利己的な目的のうちにのめり込んでいれば[いる]ほど、かえっていっそうこのような統制を必要とする。というのも、これによって、個人が普遍的なものに連れ戻され、〔利益の〕危険な痙攣《けいれん》〔衝突〕を和らげるためであり、また無意識的な必然性の道を通ってこうした衝突は調停されるはずであるが、その時間的長さを短縮するためである(66)。

補遺《行政による配慮の課題》 行政による監督とあらかじめの配慮が目的とするのは、個人を、個人的な目的の達成のために現存している普遍的な可能性と媒介することである。行政は街頭の照明、橋梁の建設、日常必需品の価格査定ならびに健康に配慮しなければならない。ところで、この点では今日つぎの二つの主要な見解が支配的である。一方は、行政はいっさいを監督すべきであると主張し、他方は、各人は他人の欲求に順応するであろうから、行政は何も決定してはならないと主張する。個人はいうまでもなくそれぞれの仕方で生活の資をえる権利をもっていなくてはならないが、他方、公衆もまた、必要なものがしかるべき仕方で供給されることを要求する権利をもっている。両側面が満たされなければならない。そして産業の自由は普遍的善〔公共の利益〕が危険にさらされるような類いのものであってはならない。〈ホトーより〉

二三七

ところで、普遍的な資産(67)にあずかる可能性はどの個人にも現存し、そしてこの可能性は公的権力によって保障されているが、どのみちこの保障は不完全なものにとどまらざるをえないから、この可能性はなお主観的な側面によってさまざまな偶然性にさらされている。この可能性が技量や健康や資本などの諸条件を前提としていればいるほど、ますますそうなのである。

二三八

まず、家族が実体的な全体である。個人が普遍的な資産から［何ほどかのものを］手に入れることができるための手段や技量に関して、同様にまた生活能力がなくなった場合の個人の生計と扶養に関して、個人のこの特殊的な諸側面のために配慮することが、この家族という全体に属している。しかし、市民社会は個人をこの家族の絆から切りはなし、家族の成員を相互に疎遠なものにし、この成員を自立的な人格として承認する。(68) さらに市民社会は、かつては個人がみずからの生計の資をえていた外的な非有機的自然や父祖の土地に代えて、市民社会それ自身を基盤として据え、そして家族全体の存立さえも市民社会に依存させ、偶然に支配されるものとする。こうして個人は市民社会の息子となっているのであり、個人が市民社会に対して権利をもつのと同様に、市民社会も個人に対してもろもろの要求をなすのである。

補遺《社会の義務》　家族はたしかに個々人のパンを配慮しなくてはならないが、しかし、家族は市民社会にあっては従属的な存在であって、単にその基礎をなすにすぎない。

家族はもはや広範にわたる効力をもってはいない。市民社会はむしろはるかに巨大な力であって、この力は、人間を引きつけ、人間に、市民社会のために労働すること、市民社会にすべてを負い、市民社会を介してすべてをなすことを要求するのである。人間がこうして市民社会の成員たらざるをえないとすれば、彼は家族のうちにもっていたのと同様の権利や要求を市民社会に対してももつことになる。個人が市民社会の法に義務を負うのと同様に、市民社会はその成員を保護し、成員の権利を擁護しなければならない。

〈ホトーより〉

二三九

市民社会は、普遍的家族というこの性格を具えることで、教育が社会の成員となる能力に関わるかぎり、両親の恣意や偶然性に対抗して、教育を監督し、これに干渉する義務と権利をもつ。とりわけ、教育が両親自身によって完成されず、他人の手によって完成されなければならない場合にはそうである。——同様に、市民社会は、教育のための共通の配備がなされうるかぎり、これをおこなう義務と権利をもつ[69]。

補遺《就学義務や種痘義務など》　両親の権利と市民社会の権利とのあいだに境界を設けることは、ここではきわめて困難である。普通、教育に関しては、両親は完全な自由をもち、自分たちがやりたいと望むことは何でもなしうると思い込んでいる。教育の公共性にもかかわらず、これに対する主な反対は両親の側からなされるのが普通である。そして、自分たちの好みに合わないという理由で、教師や施設の非を鳴らし、文句をいうのは両親である。それにもかかわらず、市民社会は、このような問題について十分に調査した見解にしたがって処置し、両親を強制して、子どもを学校に通わせ、子どもに種痘を受けさせたりなどする権利をもっている。フランスで起こっている、自由教育の要求、すなわち教育は両親の好みに合わせるべきだという要求と、国家が監督すべきだという要求とのあいだの争いは、まさにこの点に関わっている。〈ホトーおよびグリースハイムより〉

二四〇

同様に、市民社会は、浪費によって自分の生計や自分の家族の生計の安全を無にするようなひとびとに対して、[彼らを]後見し、彼らに代わって、社会の目的や彼ら自身の目的を遂行する義務と権利をもつ。

補遺《禁治産の宣告》　アテーナイには、各市民は自分が何によって生計をたてているかを申告しなければならないという法律があった。今日では、こうしたことは誰にも関係がないというのが、一般の考えである。たしかに各個人は、一方では、自分だけで存在しているが、しかし他方では、市民社会という体系の成員でもある。だから各人が市民社会から生計の資を要求する権利をもつかぎり、市民社会もまた、各人を、彼自身の意に反してでも保護しなければならない。問題は単に飢餓のことだけではない。もっと広い視点は、ひとりの浮浪者も発生させてはならないということである。市民社会には個々人を養う義務があるから、市民社会は、また、個々人に自分で自分の生計の道をたてるように促す権利ももつのである。〈グリースハイムより〉

二四一

しかし、恣意と同様に、偶然的な、身体的な諸事情、ならびに外的状態（二〇〇）に根ざす諸事情もまた、諸個人を貧困に陥れることがありうる。貧困の状態は、諸個人に市民社会のもろもろの欲求をもつことを許しながら、――市民社会が同時に、諸個人から自然的な取得手段(二一七)を奪って[しまって]いて、一族としての家族の広範な絆を廃棄する(一八一)ことによって、――他方では、諸個人から、社会のあらゆる便益を、技量や陶冶教養によって生計をたてる能力一般を、司法や衛生事業の恩恵にあずかることを、また、しばしば宗教の慰藉《いしゃ》をえることさえをも、多かれ少なかれ奪うのである。そこで、普遍的な力が、貧民に対して家族の役割を引き受けるのであるが、それは、彼らの直接的な貧苦に関してだけではなく、仕事嫌いの志操や、性悪の根性、そのほか、こうした境遇や不当だという感情から生まれる悪徳に関してもおこなうことなのである。

二四二

貧困の、そして一般に、すべての個人が自然的範域においてすでにさらされているあらゆる種類の困窮の主観的側面は、また、心情や愛を顧慮すると同様に、特殊的事情も顧慮する、主観的な援助を必要とする。ここが、普遍的な配備がなされているにもかかわらず、道徳が十分に活躍すべき余地をみいだす場所である。しかし、このような援助は、それ自身としても、またその効果においても、偶然性に依存しているから、社会の努力は、困窮とその救済策のうちに普遍的なものをみつけだし、それを配備して、かの主観的な援助をいっそう不要にすることに向かうのである。(70)

聖像のもとでのランプの点灯などと同様、施物や喜捨という偶然的なものは、公共の救貧施設や病院、街路照明などによって補われる。それでも、慈善には、それだけで十分活躍する余地がのこされている。慈善が、心情の特殊性や慈善の志操と知識の偶然性にのみ困窮の救済が託されることを望み、義務化されたような普遍的な指図や命令によっては傷つけられ、侮辱されたと感じるとすれば、それは誤った見解である。反対に、普遍的な仕方で配備されているものと比べて、個人が自分だけで自分の特殊な考えにしたがっておこなうところが少なければ少ないほど、それだけ公共の状態は完全だとみなされなければならないのである。

二四三

市民社会が円滑に活動しているならば、市民社会はそれ自身の内部において絶えざる人口増加と産業発展のうちにあるものとみなされる。欲求を介してのひとびとの結合の普遍化、および欲求を充足する手段を準備し、つくりだす仕方の普遍化によって、富の蓄積が増大する。というのは、この二重の普遍性から莫大な利得が引きだされるからである。これが一面である。他面においては、特殊的労働の個別化と制限とが、そしてそれとともに、このような労働に拘束された階級《クラッセ》の依存性と困窮とが増大する。この階級には、広範な自由の感得と享受が不可能になること、そしてことに、市民社会の精神的長所の感得と享受が不可能になることが結びついている。

二四四

社会の成員にとって必要な生計様式としておのずと調整されるとはいえ、そのような一定の生計様式の水準以下に多数のひとびとが陥ることは——そしてそれにともなって、法の感情や遵法の感情、また自分自身のふるまい方と労働とによって生きるという誇りの感情が失われるまでにいたることは——、浮浪者の出現を引き起こす。(71) この出現は、また同時に、過度に巨大な富の少数の手中への集中をより容易にさせるということをともなっている。

補遺《生活権》 生計の最低の様式、すなわち浮浪者のそれは、おのずから決まってくる。それでも、この最低限は国民によってまったく異なっている。イギリスでは、もっとも貧困な者でさえも自分の権利をもっていると信じているが、これは、他の国々において貧困な者が満足しているものとは別のものである。貧困そのものは誰をも浮浪者にはしない。浮浪者は貧困に結びついている志操によって、つまり富める者や社会や政府などに対する内面的な反抗によって、はじめて浮浪者と規定される。さらに、これには、人間が偶然性に頼り、軽佻浮薄になり、仕事嫌いになるということが結びついている。たとえば、ナポリの下層民《ラッザローニ》がそうである。それとともに、浮浪者のうちには、自分の労働によって生計の資をみいだすという誇りをもたないで、にもかかわらず生計の資をみいだすことを自分の権利として要求するという悪弊が生じる。いかなる人間も自然に対しては権利を主張することはできないが、しかし社会状態にあっては、欠乏は、ただちに、いずれかの階級に加えられる不法の形式をとる。いかにしたら貧困が除去されうるかという重大な問題は、とりわけ今日の社会を動かし苦しめている問題である。〈グリースハイムより〉

二四五

貧困に陥りつつある多数のひとびとを彼らなりの普通の生活様式の段階に維持するという直接的な負担が、富裕な階級に課せられるか、あるいは、そのための直接的な手段が、他の公的な所有（富裕な病院、慈善施設、修道院）のうちにあるとすれば、労働によって媒介されずに、困窮者の生計は保障されることになるであろう。だが、このことは市民社会の原理に、すなわち、市民社会の諸個人がもつ自立と誇りの感情という原理に反するであろう(72)。あるいは、困窮者の生計が労働によって（労働への機会があたえられることによって）媒介されるとすれば、生産物の量は増大するであろうが、そうなれば、生産物の過多と、これとつり合った、それ自身生産者でもある消費者の不足（困窮）が生じ、まさしくそこに弊害が存することになる。この弊害は以上の二つの仕方では増大するばかりである。ここにおいて、富の過剰にもかかわらず、市民社会が十分には富んでいないこと、すなわち、市民社会がその固有な資産において、貧困の過剰と浮浪者の出現を妨げるのに十分なほどのものを具えていないことが露見してくる(73)。

これらの現象は、だいたいは、イギリスの実例に即して学ぶことができる。より詳細には、救貧税や数えきれないほどの慈善施設や同じく無際限の私的な慈善活動がもたらした結果について、またとりわけ職業団体の廃止がもたらした結果について学ぶことができる。イギリスでは(ことにスコットランドでは)、貧困に対する対策として、同様にまた、とくに社会の主観的な基礎である羞恥心や誇りの放擲や、浮浪者の発生の源泉である怠惰と浪費に対する対策としても、貧民を彼らの運命にまかせ、街頭で乞食をさせることに、直接的手段として効果があることがわかったのである。

二四六

このようなみずからの弁証法[74]によって、市民社会は、それが過剰にもっている資力の点でも、あるいは総じて技術上の入念さなどの点でも、みずからより遅れている国外の他国民のもとで、消費者をもとめるとともに、これによって必要な生計の資をもとめるために、みずからを、さしあたりは、この限定された社会を越えでるように駆りたてられる[75]。

二四七

家族生活の原理にとって、大地、すなわち確固たる基礎と地盤が条件であるのと同様に、産業にとって、そとに向かって産業を活気づける自然的な要素は海洋である。営利の追求において、産業は、営利を危険に曝すことによって同時に営利を越えでて、土壌や市民生活の制限された範域内への執着と市民生活の享受と欲求とを、流動性と危険と没落の要素とにおき換える。こうして産業は、さらに、海洋という結合のこの最大の媒体を通して、遠い国々を通商関係のうちに、契約を採用する法的関係のうちに引き入れる。この通商において同時に、文化形成〔陶冶教養〕の最大の手段がみいだされ、商業はその世界史的意義をみいだすのである。

河川は、近年において、自然の境界線とみなされるようになってしまったが、しかし決してそういうものではない。河川は海洋と同じく、むしろひとびとを結びつけるのである。ホラティウスが、(76)

……神は分かちぬ、

賢くも　分け隔てる大洋もて
国々を
（... deus *abscidit*
Prudens Oceano dissociabili
Terras ...）

と謡っているが（『頌歌』一の三）、これは正しい考えではない。これらのことは、〔それぞれ〕一部族ないし一民族が居住している河川の両内湾だけではなく、たとえば、ギリシアとイオニアおよびマグナ・グラエキア(77)とのかつての関係や、ブルターニュとブリタニアとの、デンマークとノルウェー、スウェーデン、フィンランド、リヴォニアなどとのかつての関係もまた示しているところである。――このことは、とりわけまた沿岸部の住民と内陸部の住民との交渉が稀薄なことと対照的である。――しかし、いかなる文化形成の手段が海洋との連関のうちにあるかを知るには、技術上の入念さを活発に開花させた諸国民の海洋との関係と、みずからに航海を禁じ〔てい〕た諸国民とを比較してみればよいし、そして、エジプト人やインド人が、いかに自分のなかに閉じこもって沈滞し、恐ろしい、恥ずべき迷信に陥ってしまったかを――すべての偉大な、みずから努力する諸国民が、いかに海洋に向けて進出しているかと比較してみればよい。

二四八

この拡大された連関はまた、植民の手段を提供する。十分に発達した市民社会は——散発的なものであれ、組織的なものであれ——、植民に駆りたてられるのであり、それによって、市民社会は、一方では、その住民の一部には新しい土地での家族原理への復帰を可能にしてやるのであり、他方では、同時に、みずからにはその労働意欲の新しい需要と分野を調達するのである。

補遺《植民政策》　市民社会は植民地を建設するように駆りたてられる。人口の増加がすでにそれだけでこうした結果を引き起こすが、生産が消費する側の需要を超過するときには、とりわけ、自分の労働によって自分の欲求の充足をえられない多くのひとびとが生じる。散発的な植民はとくにドイツにおいてみられる。移住民はアメリカやロシアに移っていって、自分たちの祖国とのつながりなしにとどまっているので、祖国には何の利益ももたらしてはいない。第二の、第一の植民とはまったく異なった植民は、組織的な植民である。この植民は、国家が音頭を取って、適切な実行方法を意識し、統制しながらおこなわれる。この種の植民は古代人のもとで、とくにギリシア人のもとで、多彩な仕方でおこなわれた。彼らのもとでは辛い労働は市民にふさわしいことがらではなく、市民の活動はむしろ公のことがらに向けられていた。住民が増加し、住民のために配慮する必要が生じた場合には、青年たちは新しい土地に送られた。その土地はとくに選ばれた場合もあったが、また偶然に発見された場合もあった。近年までは、植民地には母国の住民と同様の権利は認められなかった。そして、イギリスやスペインの植民地の歴史が示しているように、戦争が起こり、最終的に、このような状態からの解放が達成されることになった(78)。植民地の解放がそれ自身母国にとって最大の利益であることが証明されるのは、奴隷の解放が主人にとって最大の利益であることが証明されるのと同様である。

二四九

行政のおこなうあらかじめの配慮が、さしあたり、市民社会の特殊性のうちに含まれている普遍的なものを現実化し、維持するのは、この普遍的なものにおいてなりたつ多くの特殊的な目的と利益を保護しその安全を確保するための外的秩序ならびに配備としてである。同様に、この配慮は、よりいっそう高次の指導として、この社会を越えて拡がる利害関心(二四六)に対する配慮を担っている。理念にしたがって、特殊性自身が、みずからの内在的利益のうちにあるこの普遍的なものを、みずからの意志と活動の目的および対象とすることによって、人倫的なものが市民社会のうちに内在的なものとして還帰する。このことが、職業団体の規定をつくりなす[79]。

b 職業団体[80]

二五〇

農業身分は、その家族生活や自然生活の実体性のゆえに、この生活そのもののうちに、みずからが生きる具体的普遍を直接的にもっている。普遍的身分は、その規定上、普遍的なものをそれだけで自分の活動の目的とし、自分の基盤としている。両者の中間である産業身分は、本質的に特殊的なものに向けられている。それゆえに、職業団体はなかんずくこの身分に固有なものである。

二五一

市民社会の労働機構は、その特殊性の本性にしたがって、さまざまな部門に分かれる。特殊性のこうした即自的に同一のものが、共同的なものとして、団体[81]において現存在するようになることによって、特殊的なものに向けられていた利己的な目的が、同時に普遍的な目的として把握され、実行に移される。そして、市民社会の成員は、各自の特殊的な技量にしたがって、職業団体の成員となる。この職業団体の普遍的な目的は、それゆえまったく具体的であり、それぞれの産業のうちに、すなわちその固有の仕事と利益のうちに存している範囲を越えることはないのである。

二五二

職業団体は、このような規定にしたがって、公的権力の監督のもとで、団体内に含まれたそれ自身の利益を配慮する権利、成員を、彼らが具える技量と誠実さという客観的な性質に即して、一般的な連関によって規定されてくる一定数において受け入れるという権利、そして団体に所属する成員のために、特殊的な偶然性に対して配慮し、また同様に、成員に割りあてられるべき能力の陶冶育成のために配慮する権利、——総じて、所属する成員のために、第二の家族として登場する権利をもっている。(82) 諸個人および彼らの特殊的必要からもっとかけはなれた一般的な市民社会にとっては、第二の家族というこの〔役割的〕位置は、不確定なものにとどまっている。

産業に従事する者は、日雇い労働者とも、個々の偶然的な仕事をまっている者とも異なっている。マイスター〔親方〕であろうと、マイスターになろうとする者であろうと、産業に従事する者が団体の成員であるのは、個別的な偶然的な収入のためではなく、成員の特殊的な生計の全範囲、普遍的なもののためである。——職業団体のうちに組み入れられた市民社会の一部門がもつ権利としての特権と、語源的な意味で本来的な特権とが相互に区別されるのは、後者が偶然による、普遍的法律からの例外であるのに対して、前者が法律的につくられた規定にほかならず、それが社会そのものの本質的な一部門の特殊性の本性に存していることによるのである。

二五三

職業団体において、家族は、能力に応じた生計の保障としての確固たるその基盤、すなわち確固たる資産（一七〇）をもっているだけではなく、この能力と生計の保障の両者は、また承認されてもいる。したがって、職業団体の成員は、自分の有能であることと、自分のまともな暮らしぶりを、つまり自分がしかるべきものであること[83]を、成員であること以外の外的な表示によって示す必要はない。したがってまた、彼が、それ自身普遍的な社会の一分肢であるひとつの全体に属していて、この全体の、私心がより少ない目的に関心をもち、尽力していることも承認されている。――こうして成員は、自分の職業身分において自分の誇りをもつのである。

そのかぎり、職業団体の制度は、それが資産を保障するということによって、もう一方の職業身分の圏域における農業や私的所有の導入に相応する（二〇三注解）。――浮浪者の出現（二四四）と関連しているとして、産業を営む階級の贅沢や浪費癖に苦情が述べられるべきだとすれば、他の諸原因（たとえば、労働がますます機械化すること）と並んで、上述されたような人倫的な根拠が看過されてはならない。公認された職業団体の成員であることなしには(もっとも公認されたものとしてのみ、共同体は職業団体なのであるが)、個人は職業身分の誇りをもたないし、孤立化によって、産業の利己的な側面に限定されて、その生計や享受は安定したものではなくなる。したがって、このような個人は、産業における自分の成功を外部に表示することによって、承認をえようとするであろうが、この表示にはかぎりがない。なぜなら、彼の職業身分が現存在しない以上——というのは、市民社会においては、法律によって設立され、承認されている共同体だけが現存在するのだから——、職業身分にふさわしく生活するということがなく、したがってまた、自分に適したより一般的な生活様式もつくりだされないからである。——職業団体においては、貧困が受け取る援助は偶然的なものでも、不当に屈辱をあたえるものでもなく、また富は、自分の団体に対して義務を果たすことで、高慢も嫉妬も、すなわちそれがその占有者のうちに引き起こす高慢も、他のひとびとのうちに引き起こす嫉妬も(84)、消し去るのである。——誠実さがその真実の承認と誇りとを獲得するのである。

職業団体では、自分の技量を発揮して、これによって取得されうるものを取得するといういわゆる自然権の制限が存するのであるが、それは、ただ技量が職業団体において理性的性格をもつように規定されるかぎりにおいてのことである。すなわち、技量が、自分のひとりよがりの意見や偶然性から、また他の成員にとっての危険と同様に自分にとっての危険から解放され、承認され、保障され、そして同時に共同の目的のための意識的なふるまい方へと高められるかぎりにおいてのことである。

二五五

家族〔国家の第一の人倫的根幹〕に対して、職業団体は第二の、すなわち市民社会に根ざす、国家の人倫的根幹をなす。第一の根幹は、主観的な特殊性と客観的な普遍性との両契機を実体的な統一のうちに含んでいる。しかし、第二の根幹は、さしあたり市民社会では欲求と享受との自分のうちへ反省した特殊性と、抽象的な法的普遍性とに二分されているこれら両契機を、内面的な仕方で統合する。したがって、この統合においては、特殊的な利福が権利として存在し、実現されている。

婚姻の神聖性と職業団体における誇りとは、市民社会の非有機性(85)が旋回する軸となる二つの契機である。

補遺《職業団体の価値》　近年になって職業団体が廃止されたとすれば、それは、個人が自分で自分のことを配慮しなければならないということを意味する。しかし、これを認めることができるとしても、自分の所得をつくりだすという個人の義務は、職業団体があることによって変えられるわけではない。今日の国家においては、市民は、国家の普遍的な職務に、単にかぎられた範囲であずかるにすぎない。しかし、人倫的な人間に対して、自分の私的な目的のほかに普遍的なふるまい方の余地をあたえることは必要不可欠である。今日の国家が必ずしも彼にあたえているわけではないこの普遍的なものを、彼は職業団体のうちにみいだすのである。すでにみたように、市民社会では個人は自分のために配慮しながら、また他人のために行為している。しかし、この無意識的必然性は、十分なものではない。この無意識的必然性は、職業団体のなかではじめて、知られていると同時に、思惟している人倫となるのである。もちろん、この職業団体のうえに、国家のより高い監督がなければならない。そうでなければ、職業団体は因襲化し、自分のうちに閉じこもって、みるも哀れな同業組合(86)に堕落するであろうからである。しかし、即自的かつ対自的には、職業団体は閉鎖的な同業組合ではない。それは、むしろ個別的

な産業を人倫化して、この産業が強さと誇りを獲得するような範域へと引き上げるのである。〈ホトーより〉

二五六

職業団体の目的は、制限された、有限的なものであるから——行政の外面的な指図のうちに存在する〔指図するものと指図されるものとの〕分離とこの分離の相対的な同一性と同様に——、その真理を、即自的かつ対自的に普遍的な目的とこの目的の絶対的な現実性においてもっている。それゆえに、市民社会の圏域は国家へと移行する。

都市と地方——前者は、市民的産業の座であり、自分のうちに没入して〔自分を〕個別化する反省の座であるのに対して、後者は、自然のうえに息《やす》らう人倫の座である。——他の法的諸人格との関係のなかで自己保存を達成する個人と、家族とは、一般に二つのまだ観念的な契機をかたちづくるのであり、これらから、国家がこれらの真実の根拠として出現する。(87)——直接的な人倫を、市民社会の分裂を通して、国家にまで展開し、そして、国家がこれらの真実の根拠として示されること、このような展開だけが、国家の概念の学問的証明である。——国家は、真実の根拠としてあきらかになることによって、学問的概念の歩みにおいて、結果として現れるのであるから、そこで、かの媒介も仮象も同じく揚棄されて、直接性となる。したがって、現実〔の歴史的世界〕においては、国家が総じてむしろ最初のものであり、国家のなかで、まず家族が市民社会へと形成されるのであり、これら二つの契機へとみずからを分割するのが、国家の理念そのものである。市民社会の展開するなかで、人倫的な実体はその無限の形式を獲得するのであるが、この形式はつぎの二つの契機を含んでいる。すなわち、(一)自己意識の自分だけで存在する自己内存在にまでいたる無限の区別という契機と、(二)陶冶教養のうちにある普遍性の形式、すなわち思想の形式という契機である。この思想の形式によって、精神は、法律や制度という、みずからの思惟された意志において、有機的総体性として、みずからにとって客観的であり、現実的なのである。(88)

第三章　国　家

二五七

国家は人倫的理念の現実性である(1)——すなわち、顕現した、自分自身にとって明瞭な実体的意志としての人倫的精神である。この意志は、みずからを思惟し、みずからを知り、かつ、みずからが知るものを、その知るかぎりにおいて、遂行する。国家は、習俗においてその直接的現存在をもち、個人の自己意識、知識、ふるまい方において媒介された現存在をもつ。同様に、個人の自己意識は、その志操を通じて、みずからのふるまい方の本質、目的、所産としての国家において実体的自由をもつ。

ペナーテース神は家族内の、下級の神々であり、民族精神（アテーナー）はみずからを知り、意志する神的なものである。〔家族における〕恭順は感情であり、そして感情において働く人倫である。政治的な徳は、即自的かつ対自的に存在する思惟された目的を意欲することである。

二五八

国家は、実体的意志の現実性として、この現実性を国家の普遍性へと高められた特殊的な自己意識においてもつのであるから、即自的かつ対自的に理性的なものである。この実体的統一は絶対的で不動な自己目的であり、そこにおいて自由はその最高の法へといたるのである。同様に、この究極目的は、国家の成員であることを最高の義務とする個人に対する最高の法でもある(2)。

国家が市民社会と混同されて、国家の規定が所有および人格的自由の保全と保護にあるとされるならば、個々人そのものの利益が彼らを統合させる究極目的となり、これによりまた、国家の成員であることは任意のことがらとなる(3)。——しかし、国家は個人に対してまったく別の関係をもつ。国家は客観的精神であるがゆえに、個人自身は、ただ国家の一員であるときにのみ、客観性、真理、人倫をもつ。〔諸個人の〕統合そのものがそれ自身国家の真実の内容と目的であって、個人の規定は、普遍的生活を営むことである。個人のその他の特殊的満足、ふるまい方、態度のとり方は、この実体的なもの、普遍妥当するものをその出発点とするとともに成果とする。——理性的性格は、これを抽象的にみれば、一般に普遍性と個別性との浸透し合う統一ということであり、国家において具体的にみれば、内容の点では、客観的自由すなわち普遍的、実体的意志と、個人的な知としての、また特殊的目的をもとめる個人的意志としての主観的自由との統一ということであり、——それゆえ形式の点では、思惟された、すなわち普遍的な法律および原則にしたがって規定されつつ行為するということである。——この理念が精神の即自的かつ対自的に永遠にして必然的な存在である。——さてしかし、国家一般の、あるいはむしろ各々の特殊的国家の、またその法および諸規定の歴史的起源が何であり、また何であったか、国家が、最初は家父長的関係から生じたのか、恐怖もしくは信頼から生じたのか、職業団体等々から生じたのか、またこのような国家の法がもとづくものが、いかにして神の法として、実定法として、あるいは契約として、習慣等々として、意識において把握され確定されたのか、ということなどは、国家そのものの理念には無関係である。(4) これらは、ここでももっぱら論じられる学問的認識の点からみれば、現象として、歴史的なことがらなのである。現実の国家の権威に関していえば、その権威に根拠が必要なかぎり、この根拠は国家において妥当する法の諸形式からとられている。——哲学的考察はただこれらすべての内なるもの、すなわち思惟された概念だけを取り扱うのである。この概念の探求に関して、ルソーは単に形式上(たとえば社会衝動、神の権威のような)ではなく、内容上も思想であり、しかも思惟自身である原理、すなわち意志をもって、国家の原理として掲げるという功績をなした。(5) しかし彼は、意志をただ個別的意志の特定の形式において把握しただけであり(のちにフィヒテもなしたように)(6)、普遍的意志を意志の即自的かつ対自的に理性的なものとしてではなく、意識されたものとしてのこの個別的意志から生まれる共通的なものとしてのみ把握したために、国家における諸個人の統合は契約、したがって、個人の恣意、意見、および任意の明確な同意にもとづくものとなり、ここから、即自的かつ対自的に存在する神的なものとその絶対的権威と尊厳とを破壊するような単なる悟性的なもろもろの帰結がさらに生じるのである。それゆえに、これらの抽象化が暴力にまでいたったとき、それらは、まさしく一面において、われわれが人類について知って以来はじめての恐るべき光景をもたらした。(7) すなわち、それは、存立しているもの、所与のもののすべてをくつがえし、偉大な現実の国家体制をいまやまったくはじめから、思想によって創始し、思いちがえた理性的なものを、単にその基礎としようと欲することであった。他面において、それらの抽象化は、理念を欠いた抽象化にすぎないがゆえに、この試みをもっともすさまじい、もっともきわだった事件にしたのである。――個別的意志の原理に対抗して想起されなければならない根本概念は、個々人によって認識されるか否か、また個々人の随意によって欲せられるか否かに関わりなく、客観的な意志は、その概念においては即自的に理性的なものであるということ――これとは反対のものである自由の主観性、すなわち個別的意志の原理においてのみ固持されている知と意志は、理性的意志の理念の単にひとつの、したがって一面的な契機を含んでいるにすぎないということ、理性的な意志は、対自的であると同様に即自的でもあることによってのみ理性的意志であるということである。――国家の認識において、国家をそれだけで理性的なものとして把握する思想に反対するもうひとつの見地は、現象の外面性、すなわち、困窮、保護の必要、威勢、富等々といった偶然性の外面性を歴史的発展の諸契機としてではなく、国家の実体として解するものである。この場合にも同様に、認識の原理をなすのは諸個人の個別性ではあるが、しかし決してこの個別性の思想ではなく、反対にその偶然的性質、強弱、貧富等々にしたがった経験的個別性である。国家における即自的かつ対自的に無限なものおよび理性的なものを看過して、国家の内的本性の把握から思想を追放する、このような着想は、フォン・ハラー氏の『国家学の復興』(8)におけるほどまじりけなく現れたことはなかった。――まじりけなくというのは、国家の本質を把握するいかなる試みにおいても、たとえその諸原理が一面的あるいは表面的であるとしても、国家を概念的に把握するというこの意図そのものは、思想、すなわち普遍的諸規定をともなうものであるが、しかしこの書においては、国家であるところの理性的内容および思想の形式が意識的に断念されているだけではなく、そのいずれもが悲憤慷慨をもって排撃されているからである。フォン・ハラー氏も断言しているように、この『復興』は、彼の諸原則の広汎な影響の一部を、彼が叙述においていっさいの思想を離脱することができ、こうして全体を思想なしに一断片で支えることができたという事情に負っている。というのも、このようにすれば、叙述の印象を弱める混乱や妨害は消滅するからである。この叙述において、偶然的なもののもとに実体的なものへの勧告が混入され、単に経験的で、外面的なもののもとに普遍的で、理性的なものへの記憶が混入されて、こうして、貧弱で無内容なものの圏域においてより高きもの、無限なものが想起されるというのである。——それゆえに、氏の叙述も、同様に、首尾一貫している。というのは、実体的なものに代わって、偶然的なものの圏域が国家の本質とみなされることによって、このような内容における首尾一貫性とは、まさに、ほしいままにつづけられて、いましがた認容したことの反対のことにおいてもまた安住してしまうという没思想性の完全な非一貫性のうちに存しているからである。*

＊ 上記の著書はいま述べた性質のために独創的な類いのものである。著者の不満は、先に触れた、とくにルソーにはじまる誤った理論に、またとくにこの理論の実現が試みられたことに端を発しているのだから、それ自身としては貴重な点を含んでいるといえよう。しかし、フォン・ハラー氏は、誤りを逃れようとして、まったく思想を欠き、それゆえに、内容に関しては語るものは何もないような反対の立場に陥ってしまった。——すなわち、彼はあらゆる法律、立法、いっさいの正規の形式を具えて制定された法に対する激しい憎悪に陥ったのである。法律、すなわち法律的に規定された法に対する憎悪は、狂信、愚鈍および善意の偽善が、平素これらがその欲するいかなる衣装をまとおうとも、みずからを顕わし、その素性をまちがいなくあかすことになるシボーレト(9)である。——フォン・ハラー氏のもっているような独創性は何しろ注意すべき現象であり、この著書をまだ知らない私の読者のために、二、三箇所見本として引用しておこう。フォン・ハラー氏は(第一巻三四二頁以下)、「すなわち、無生物においては、より大なるものがより小なるものを、強きものが弱きものを排除などするように、また動物のもとでも、それから人間のもとでも、同じ法則がより高等な形態で(ときには、もちろんまた下等な形態で?)繰

り返される」、「それゆえ、より強きものが支配し、支配しなければならず、かつつねに支配するであろうということが、永遠に変わることなき神の秩序である」という彼の主要な根本原則を掲げている。——ここからすでに、またこれにつづく部分からも、力がここでいかなる意味で考えられているかが、すなわち、正しいもの、人倫的なものの力ではなく、偶然的な自然の暴力が考えられていることがわかる。——さてそのあとで、彼はさらに、他の理由を挙げて、これをまた以下のように証明している(三六五頁以下)。すなわち、自然は驚嘆すべき知恵をもって、まさに自己優越の感情が性格を、有無をいわせずに向上させ、そして、従属的なものに対するのにもっとも必要であるようなまさしく徳の発展を促すように秩序づけているというのである。彼は幾多の形式的な修辞をこらしてつぎのように問う。「学問の世界において、権威や信頼をむしろ卑しき利己目的のために、また信仰篤き人間の破滅のために悪用する者は、強者なのか、あるいは弱者なのか。また法律家のあいだでは、斯学の大家は、信じきっている訴訟依頼人の希望を欺き、黒白を転倒させ、法律を不法の道具に悪用し、保護をもとめる者を零落させ、かつ飢えたハゲ鷹のように、無垢な小羊を八つ裂きにするような三百代言や悪徳弁護士なのか」等々と。ここでフォン・ハラー氏は、このような修辞が、強者の支配が神の永遠の秩序、しかもハゲ鷹が無垢の小羊を八つ裂きにする類いの秩序であり、それゆえ、法律の知識によって強者が、信じやすく保護の必要な弱者を掠奪してもまったく正当である、という命題を支持することになることを忘れている。しかし、ひとつの思想もみいだされないところで、二つの思想が結びつけられるようにするとは、要求しすぎというものであろう。——フォン・ハラー氏が法典の敵であることは、おのずとあきらかである。彼によれば、市民法は、一般に、一方では、「それが自然の掟からおのずから理解されるがゆえに、不必要である」、——もしひとが昔から、こうしたことはすべておのずと理解されるという根本思想に安住していたならば、国家の発生以来、立法および法典に費やされ、またいまなおそれらや法律上の権利の研究に費やされている多大な努力は節約されることになったであろう。——また、「他方では、法律は本来私人にあたえられずに、裁判権をもつ統治者の意志を所属の裁判官に周知させるために、訓令として裁判官にあたえられるのである。裁判権はいうまでもなく(第一巻二九七頁以下、およびいたるところに)国家の義務ではなく、強者による慈善すなわち扶助であって、単に補足的なものである。権利保障の手段のなかで裁判権はもっとも完全なものというわけではなく、むしろあてにならない、不確かなものであり、今日の法律家はわれわれにこの手段しかのこしておらず、他の三つの手段をわれわれから奪い取っているのである。この三つの手段こそは、もっとも迅速に、もっとも確実に目標に導くものであり、かの裁判権のほかに、人間の法的自由の保障のために友好的な自然が人間にあたえたものなのである」。——これら三つの手段とは(いったい何だと思われるだろうか)、「(一)みずからによる自然の掟の遵守および厳達、(二)不法に対する反抗、(三)助けがない場合の逃避」である(友好的な自然に比べて、何と法律家は不親切であることか!)。「しかし、慈悲深い自然が各人にあたえた神聖なる自然の掟というのは(第一巻二九二頁)つぎのようなものである。すなわち、何びとにおいても汝と同等な者を尊敬せよ(この著者の原理によれば、汝と同等な者ではなく、強者を尊敬せよ、といわなければならないはずだが)、汝を侮辱しない者を侮辱するな、ひとが汝に負わないものを要求するな(しかし、ひとが何を負うというのか)、さらになお、汝の隣人を愛し、なしうるならば隣人の役にたて」。——このような掟を植えつけることこそ立法および憲法を不要とするものとされている。だが、この植えつけにもかかわらず、それでもやはり立法および憲法が現れきたっているということを、彼がいかに理解しているかをみるのは注目すべきことであろう。——第三巻三六二頁以下において、著者は「いわゆる国民的諸自由」に論及している。——これは、すなわち諸国民の権利およびの憲法に関する法律であり、いっさいの法律的に規定された権利は、この広い意味においてひとつの自由であるといわれている。——彼は、これらの法律について、とりわけ「法典においては、このような文書上の自由に大きな価値がおかれるにしても、これらの法律の内容は通常はなはだ無意味である」といっている。この場合、もし、著者の語るところが、ドイツ帝国の等族の国民的自由[10]、イギリス国民の国民的自由——「滅多に読まれないうえに、古臭い表現のために理解されることがいっそう少ない」マグナ・カルタ[11]、権利章典[12]等々——およびハンガリー国民の国民的自由等々であることがわかれば、通常はなはだ重要視されているこれらの所有物が意味のないものであり、また、これらの諸国民において、諸個人の着る一着の衣服、諸個人の食べる一片のパンにまでその扱いをめぐってせめぎ合ってきたし、日々刻々万事につけてせめぎ合っているような、彼らの諸法律に単に法典において価値がおかれるにすぎないことを知って、ひとは驚くであろう。——さらに『プロイセン一般法典[13]』を取り上げてみると、フォン・ハラー氏はとくにこれを悪くいわなければならない（第一巻一八五頁以下）。なぜなら、そのさい、非哲学的な誤謬（少なくともまだ、フォン・ハラー氏がもっとも峻烈に扱っているカント哲学ではないが）がそれにあたえる信じがたい影響があからさまとなっているからであり、なかでもことに、そこでは、国家、国有財産、国家の目的、国家の元首、元首および官吏の義務等々について語られているからである。フォン・ハラー氏にとってもっとも腹だたしいのは、「国家の必要をまかなうために、個々人の私有財産、彼らの営業、生産もしくは消費に課税する法である、――なぜなら、それによって、国有財産は王侯の私財ではなく、国有財産としての資格をあたえられるので、国王みずからも、またプロイセン市民も、自分自身のものは何もなく、自分の身体も財産もたず、すべての臣下は法律上の奴隷である。というのも、彼らは国家への奉公から身を退くことが許されないからである」。

このようなすべての信じがたい粗雑さに加えて、フォン・ハラー氏が彼の発見に関していい尽くせないほどの満足を述懐するさいの感動(第一巻序文〔一三頁以下〕)は、まったくもって滑稽なものとみるほかないであろう。――「ただ真理の友のみが、誠実な研究のあとで、あたかも(まさに、あたかもである!)自然の発言、神みずからのことばを発見したという確信をえるときに感じることができるような喜悦」(神のことばは、むしろ、神の啓示を、自然および自然的人間の発言からきわめて明瞭に区別しているのであるが)、「真理の友が驚嘆のあまり跪《ひざまず》こうとするや、彼の両眼からは喜悦の涙がほとばしりでて、そこから、生き生きとした信仰心が彼に生じた」といったものがそれである。――フォン・ハラー氏が、〔感動するのではなく〕信仰心から、むしろ、神の厳罰として嘆かなければならなかったであろうことは――というのも、これは人間の身に降りかかりうるもっとも残酷なものだからであるが――、思惟および理性的性格からはなれ、法律への尊敬から逸脱し、国家の権利と市民の義務と同様に国家の義務と市民の権利が法的に規定されることがいかに無限に重要であり、神聖であるかということの認識を失い、こうして蒙昧さが神のことばとすり替えられるにいたるということ、である。

補遺《国家の理念》　即自的かつ対自的な国家は人倫的全体、自由の実現であり、そして自由が現実的であることが理性の絶対的目的である。国家は、世界のうちに存立し、かつそこにおいて意識をもって実現される精神である。他方、精神は、自然においては、ただみずからの他者として、眠れる精神として自分を実現するにすぎない。意識において現存し、自分自身を現存在する対象として知るものとしてのみ、精神は国家である。自由を考えるさいには、個別性から、個別的自己意識から出発してはならないのであり、自己意識の本質からのみ出発しなければならない。というのは、人間が知ろうと知るまいと、この本質は、個々人を単に契機とする独立した威力としてみずからを実現するからである。国家が存在することは世界における神の歩みであり、国家の根拠は、みずからを意志として現実化する理性の威力である。国家の理念というとき、特殊的国家、特殊的制度を思い浮かべてはならないのであり、むしろ理念を、すなわちこの現実的な神をそれだけとして熟慮しなければならない。いかなる国家でも、たとえそれが、もち合わせた原則によって悪しきものと断罪され、あれこれの欠点がそこで認識されるとしても、それがとくに、発達した現代に属するかぎり、つねにその現存在の本質的契機を含んでいるのである。しかし、肯定的なものを〔概念的に〕把握するよりも欠陥を発見する方がいっそう容易なために、個々の側面に関して、国家そのものの内的な有機組織を忘却するという誤りに、往々にして陥りやすい。国家は芸術作品ではなく、世界において存立し、したがって恣意、偶然および誤謬の圏域にある。悪しき動作挙動が国家を多方面から歪《いびつ》にすることがある。しかし、もっともいとわしい人間、犯罪者、病人そして障害者も等しく生ける人間である。肯定的なものすなわち生命は、欠陥があるにもかかわらず存立している。そして、この肯定的なものがここで問題なのである。〈グリースハイムより〉

二五九

国家の理念は、（a）直接的現実性をもち、自分が自分に関係する有機的組織[14]、すなわち国内体制〔憲法〕[15]あるいは国内法としての個体的国家である。（b）国家の理念は、個別的国家と他の諸国家との関係に移行する――国際法。（c）国家の理念は、類としての普遍的理念であり、個体的諸国家に対する絶対的威力であり、すなわち世界史の過程においてみずからに現実性をあたえる精神である。

補遺《自立した個別的国家》　国家は現実的なものとしては本質的に個体的国家であり、さらにそれを越えてもなお特殊的国家である。個体性は特殊性と区別されなければならない。個体性は国家の理念そのものの契機であるが、一方特殊性は歴史に属している。諸国家は諸国家として相互に独立している。したがって諸国家間の関係はただ外面的でしかありえない。それゆえにそれらを結合する第三のものがそれらのうえになければならない。ところでこの第三のものこそは、世界史においてみずからに現実性をあたえ、かつ世界史に対する絶対的審判者をなす精神である。なるほど複数の国家が連盟して他の国家に関するいわば法廷をなすこともありえようし、またたとえば神聖同盟[16]のような諸国家の結合が現れることもあるであろう。だが、これらは永遠平和と同様に、つねにただ相対的で、制限されたものにすぎない。つねに特殊的なものに対してみずからを通用させる唯一の絶対的審判者は、即自的かつ対自的に存在する精神であり、この精神は普遍的なものとして、また活動的類として世界史において顕示されるのである。〈グリースハイムより〉

A 国内法[17]

二六〇

国家は具体的自由の現実性である。しかし、具体的自由は、人格的個別性とその特殊的利益がその完全な発展とその権利のそれ自身としての承認を(家族および市民社会の体系において)えているとともに、また同様にそれらが、一方では自分自身を通じて普遍的なものの利益に移行し、他方では知と意志とをもってこの普遍的なものを、しかも自分自身の実体的精神として承認し、そして自分の究極目的としてのこの普遍的なもののために活動的であるということにおいてなりたつ。したがって、普遍的なものは、特殊的利益や知や意欲なしには妥当することも、成就されることもないのであり、また諸個人は、単に特殊的利益や知や意欲のために私的人格として生きるのみで、同時に普遍的なものにおいて、普遍的なもののために意欲せず、この目的を自覚した活動をしないというわけにはいかないのである。現代国家の原理は、主観性の原理がみずからを人格的特殊性の自立的極にまで完成することを許すと同時に、この原理を実体的統一に連れ戻し、こうしてこの原理そのもののうちにこの統一を保持するという驚嘆すべき強さと深さとをもつのである(18)。

補遺《現代国家》　現代における国家の理念は、国家が主観的好みにしたがうのではなく、意志の概念、すなわち意志の普遍性と神々しさにしたがう自由の実現であることをその特質とする。不完全な国家とは、国家の理念がまだ隠蔽されていて、その特殊的諸規定が自由な自立性にまで到達していない国家である。古典古代の国家においては、もちろんすでに普遍性は登場しているが、特殊性はまだ解き放たれず、自由にされてもいなかったし、普遍性に、すなわち全体の普遍的目的に連れ戻されてもいなかった。現代国家の本質は、普遍的なものが特殊性の完全な自由や諸個人の利福と結合していること、したがって、家族および市民社会の利益が国家に結びつかなければならないこと、しかし、目的の普遍性は、みずからの権利を保持しなければならない特殊性自身の知と意欲なしには進展しえないことである。したがって、普遍的なものは活動的でなければならないが、しかし他面において、主観性が完全に生き生きと発展させられなければならない。この両契機がその強さを発揮することによってのみ、国家は分節化され、真に有機的に組織化された国家とみなされることができる。〈ホトーおよびグリースハイムより〉

二六一

私法および私的利福の圏域、家族および市民社会の圏域に対して、国家は一面では、外的必然性であり、それらの圏域より高次の力であって、その本性にそれらの圏域の法律ならびに利益は従属し、依存している。しかし他面では、国家は、それらに内在的な目的であり、その強さを、その普遍的な究極目的と諸個人の特殊的利益との統一において、すなわち諸個人が権利をもつかぎり、同時に国家に対する義務をもつという点において、もっているのである(一五五)。

とりわけ私法上の法律もまた国家の一定の性格に依存するという思想、ならびに部分をもっぱら全体との関係において考察するという哲学的見解を、とりわけモンテスキューは彼の名著『法の精神』において取り上げ、これを詳細に論じようと試みた。このことはすでに三の注解において述べておいた。——義務は、まず私にとって実体的なもの、すなわち即自的かつ対自的に普遍なものに対する態度であり、権利は、それに反して、この実体的なものの定在一般、したがって実体的なものの特殊性および私の特殊的自由の側面であるので、この義務と権利の両者は、形式的諸段階においては、別々の側面ないし諸人格にあてがわれて現れる。国家は、人倫的なものとして、実体的なものと特殊的なものとの相互浸透として、実体的なものに対する私の責務が同時に私の特殊的自由の定在であること、すなわち、国家においては義務と権利とが同一の関係において統合されていることを含んでいる。しかし、さらに同時に、国家においては、区別された諸契機がそれぞれ特有の形態化と実在性にゆき着き、それによって権利と義務との区別がふたたび生じるので、両者は、即自的には、すなわち形式的には同一でありながら、同時に内容上は異なっている。私法と道徳においては、この関係の現実的必然性が欠けており、したがって内容の抽象的同等性が存在するのみである。これらの抽象的圏域においては、あるひとにとって権利であるものは、他のひとにとってもまた権利であるべきであり、あるひとに義務であるものは、他のひとにとっても義務であるべきである。権利と義務との、国家における先の絶対的同一性は、〔私法と道徳では〕単に内容が同等であるという同一性として生じるにすぎない。それはつまり、この内容そのものがまったく一般的な内容、すなわち、義務と権利とに共通なひとつの原理、人間の人格的自由である、という規定においてである。[19] 奴隷はいかなる権利ももたないがゆえに、いかなる義務ももたないし、また逆もいえる――(宗教的義務はここでは問題にしない)。――しかし、具体的な、自分を自分のうちで展開する理念にあっては、その諸契機は相互に区別され、それぞれの契機の規定は同時に異なる内容となる。家族においては、息子は、父親に対してもつ義務と同一内容の権利をもつのではなく、また市民は、王侯および政府に対してもつ義務と同一内容の権利をもつのではない。――義務と権利の統合という先の概念は、国家のもっとも重要な諸規定のひとつであって、国家の内面的強さを含んでいる。――義務の抽象的側面に固執する立場は、特殊的利益を非本質的な、無価値でさえある契機として無視し、追放することで満足する。具体的考察、すなわち理念は、特殊性の契機を同じく本質的なものとして、したがってその契機の充足を端的に必然的なものとして示すのである。個人は、みずからの義務の履行において、何らかの仕方で、同時に自分自身の利益、自分自身の満足をみいだし、あるいは割に合うようにしなければならず、また個人の国家における関係からは、普遍的なことがらを彼自身の特殊的なことがらとする権利が彼に生じてこなければ［ならない］。実際、特殊的利益は、等閑視されたり、いわんや抑圧されたりせずに、普遍的なものと一致させられなくてはならないのである。この一致によって、特殊的利益そのものも普遍的なものも、ともに保持されるのである。個人は、その義務の面では臣民であるが、市民としては、義務の履行において、自分の人格および所有の保護、特殊的利福の顧慮および自分の実体的本質の充足、この全体の成員であるという意識および自己感情をみいだすのであり、そして、国家に対する給付と職務としての義務のこの遂行によって、国家は存続し、存立するのである。抽象的側面からすれば、普遍的なものの利益はただ、普遍的なものの職務、普遍的なものが要求する給付が、義務として遂行されるということだけであろう。

補遺《主観的自由の実現としての国家》　国家においては、普遍性と特殊性との統一にすべてがかかっている。古代国家においては、主観的目的は国家の意欲と端的にひとつであったが、現代では、これに反して、われわれは自分の見解、自分の意欲および良心を要求する。古代人はこの意味での自分のものをもってはいなかった。彼らにとって究極のものは国家意志であった。アジアの専制政治にあっては、個人が内面性も権利ももたないのに反して、現代世界における人間は、自分の内面性において尊重されることを欲する。義務と権利との結合は二重の側面を具えている。すなわち、国家が義務として要求するものは、国家がまさに自由の概念の有機的組織にほかならないがゆえに、ただちにまた個人の権利でもあるということである。個人的意志の諸規定は、国家によって客観的定在へともたらされ、国家によってはじめてその真理と現実化とに達する。国家は特殊的目的と利福を達成するための唯一の条件である。〈ホトーより〉

二六二

現実的理念としての精神(20)は、その概念の二つの観念的圏域、すなわちその有限性としての家族と市民社会に、自分自身を分割するのであるが、それは、これらの両圏域の観念性を脱して、対自的に無限な現実的精神となるためである。したがって、この精神は、これらの圏域に精神の有限な現実性の素材を、すなわち諸個人を集合体として配分する。そのさい、この配分は、個人においてはもろもろの事情、恣意および自分の生き方の自己選択によって媒介されて現れる(**一八五**および注解)。

補遺《職業選択の自由》　プラトンの国家においては、統治者がまだ個人に職務を指定しているので、主観的自由はなお認められてはいない。多くの東洋の国家においては、この職務の指定は生まれによって生じる。しかし、主観的自由は顧慮されなければならないのであり、それは諸個人の自由な選択を要求する。〈ホトーより〉

二六三

家族と市民社会というこれらの圏域においては、精神の契機である個別性と特殊性とが、それぞれその直接的実在性と反省された実在性とをもつのであるが、精神は、これらのうちに仮象として現れるこれらの客観的普遍性として、理性的なものの必然性における力（**一八四**）として、すなわちこれまでに考察された諸制度[21]として存在する。

補遺《国家の家族および市民社会との関係》　精神としての国家は、その概念の、そのあり方の特殊的諸規定に区別される。ここで一例を自然から取りだしてみよう。神経組織は本来感覚する組織である。それは自分自身のもとにあり、そこで自己同一性をもつ抽象的契機である。しかし、感覚の分析は二つの側面を示すのであり、区別されたそれぞれが組織全体として現れるように分かれるのである。第一の契機は、抽象的な感情、自分のもとに保持すること、緩慢な自己内運動、再生、内的な自己培養、産出および消化である。第二の契機は、この自分自身のもとにあることが自分に対して差異の契機、外向性をもつことである。これは、感覚の反応性、すなわち外向性である。反応性はそれ自身の組織を形成している。そしてこれのみを発達させて、感覚の心による統一を内部で発達させていない低級な動物が存在する。この自然的関係を精神の関係と比較するならば、家族は感受性に、市民社会は反応性にたとえられる。さて、第三の契機は国家、すなわちそれ自身において有機的に組織された神経組織そのものである。しかし、この第三の契機は、二つの契機、すなわちここでは家族と市民社会がそのなかで発達させられているかぎりにおいてのみ、生動的である。この両者を統治する法律は、これらのうちに仮象として現れる理性的なものとしての諸制度である。しかし、これらの制度の根拠、究極の真理は精神であり、この精神がそれらの普遍的目的および意識された対象である。家族もまたたしかに人倫的ではあるが、その目的は意識化されたものとしては存在しない。これに反して市民社会においては分離がすべてを規定するものである。〈ホトーより〉

二六四

集合体としての諸個人は、それ自身精神的本性を具え、したがって、二重化された契機、すなわち自分だけで知り意欲する個別性と、実体的なものを知り意欲する普遍性との二つの極をうちに含み、それゆえに、諸個人は実体的人格としてと同様に私的人格として現実的であるかぎりにおいてのみ、これら両面の法に達するのだから、――諸個人は、先の二つの圏域において、一方では、直接的に個別性を獲得するとともに、他方では、普遍性をつぎのようにして獲得する。すなわち、諸個人が、自分たちの特殊的利益のうちに即自的に存在する普遍的なものとしての諸制度において、彼らの本質的自己意識をもつことによって、また、諸制度が、諸個人に、普遍的目的に向けられた職務とふるまい方を職業団体において提供することによってである。

二六五

これらの諸制度は、国内体制、すなわち特殊的なものにおいて発展し実現した理性的性格をなしている。したがって、諸制度は、国家の確固とした地盤であると同様に、国家に対する諸個人の信頼と志操との確固とした地盤であり、公共的自由の支柱である。というのも、これらの制度においては、特殊的自由が実現され、理性的となっており、それゆえ、これらの制度そのものにおいて即自的に自由と必然性との統合が存在しているからである。

補遺《国家の目的》 すでに〔**二五五**で〕指摘したように、婚姻の神聖さと、市民社会が人倫的なものとして現れる諸制度とが、国家全体の安定をかたちづくる。すなわち、普遍的なものが、同時に、特殊的なものとしての各個人の目的なのである。理性の法則と特殊的自由の法則とがたがいに浸透し合い、私の特殊的目的が普遍的なものと同一になるということが肝要なのである。そうでなければ、国家は空中の楼閣にも等しい。諸個人の自己感情が国家の現実性をなし、国家の安定は、これら普遍的なものと特殊的なものの二つの面の同一性である。国家の目的は市民の幸福であるとしばしば語られてきた。これはたしかに真理である。市民が利福をえず、彼らの主観的目的が充足されず、またこの充足の媒介が国家そのものであることを彼らがみいださないならば、国家の基礎は脆弱なものである。〈グリースハイムより〉

二六六

しかし、精神は、単にこの必然性および現象の領野としてだけではなく、現象の観念性および現象の内なるものとして、みずからにとって客観的で、現実的である。こうして、この実体的普遍性は、みずから自身にとって対象であり、目的であって、かの必然性は、このことによって、みずからにとって同じくまた自由の形態のうちにあるのである。

二六七

観念性における必然性は、理念のそれ自身の内部における展開である。それは、主観的実体性としては政治的志操であり、客観的実体性としてはこれとは区別された、国家の有機的組織、(22) すなわち本来の意味での政治的国家とその国内体制である。

補遺《制度としての国家》　みずからを意欲し、みずからを知る自由という統一性は、さしあたりは必然性として存在する。ところで、ここでは実体的なものは諸個人の主観的現存在としてある。しかし有機的組織は必然性のもうひとつの様式である。すなわち、精神は自分自身における過程であり、自分のうちでみずからを分節化し、自分のうちで区別を定立し、その区別を通じて円環運動をなすのである。〈グリースハイムより〉

二六八

政治的志操、一般に愛国心は、真理に根ざす確信(単なる主観的確信は真理からは生じず、臆見にすぎない)および習慣となった意欲として、国家において存立する諸制度の成果にほかならない。この国家においては、理性的性格が現実的に存在しているとともに、この理性的性格が諸制度に適合した行為を通じてその活動性を保持しているのである。——この志操は、一般に信頼(これは多かれ少なかれ陶冶された識見に移行しうる)であり、私の実体的で特殊的な利益が、個人である私との関係にあるものとしての、他者(ここでは国家)の利益と目的において、保持され包含されているという意識であり、このことによって、まさしく、この他者は、ただちに私にとって他者ではなく、私はこの意識において自由である。

愛国心に関しては、しばしば単に尋常ではない犠牲や行為へと向かう気もちだと理解される。しかし本質的には、愛国心は、通常の状態や生活状況において、共同体を実体的な基礎および目的として知ることをつねとする志操のことである。通常の生活においてあらゆる関係で真であることが確証されるこの意識こそ、また異常な奮闘に向かう気もちが根ざしているものでもある。しかし、人間は、しばしば実直で合法的であるよりは寛闊であることを好むのと同じく、この真実な志操を免れたりあるいは自分がそれを欠いていることを弁解したりするために、かの尋常ではない愛国心に走るように説得されがちである。――さらにいえば、この志操が、それ自身だけではじまり、また主観的な表象や思想から生じうるものとみなされるならば、それは臆見と混同されることになる。というのも、このような見解にあっては、志操は真実の根拠と客観的実在性を欠いているからである。

補遺《国家に対する志操》　教養のない人間は理屈をこねたり誹謗したりしたがる。というのも、欠点は発見しやすいが、美点およびその内的必然性を認識することは困難だからである。教養の初歩はつねに誹謗をもってはじまるが、完成された教養は各人のうちに肯定的なものを認める。宗教においても同様に、すぐにこれは迷信であるとか、あれは迷信であるとかいわれるが、それについての真理を概念的に把握することはこのうえなく困難である。そこで、現象としての政治的志操は、人間が真実に意欲するものから区別されなくてはならない。というのは、人間は、本来心のなかでは核心をもとめるが、しかし枝葉末節に固執して、よりましな理解を欲しているといううぬぼれで得意がるからである。国家は存立しなければならず、また国家においてのみ特殊的利益が成立しうるという信頼を人間はもっているが、習慣が、われわれの全現存在がよってたつものをみえなくしてしまう。誰でも夜間に安全に街路を通行するならば、安全ではない場合もありうるということは思いつかない。というのも、この安全性の習慣が第二の自然となってしまっているからであり、これが特殊な諸制度の結果としてはじめてであるということをまったく考えないからである。権力によって国家は統合されているとしばしば思い込まれているが、国家を支えるものは、ひとえに秩序について万人がもつ根本的感情である。〈ホトーより〉

二六九

政治的志操は、その特殊的なものとして規定された内容を、国家の有機的組織のさまざまな面から受け取っている。この有機的組織は、理念がみずからの区別項とその客観的現実性へと展開したものである。この区別された諸面は、こうしてさまざまな権力とその権力の職務と活動である。これらによって、普遍的なものは、絶えず、しかもこれらが概念の本性によって規定されているがゆえに、必然的な仕方で、みずからを産出するのであり、そしてこの普遍的なものは同様にみずからの産出にとって前提となっているがゆえに、みずからを保持しているのである。――この有機的組織が政治的な国内体制である。

補遺《国家の有機的組織》　国家は有機的組織、すなわち、理念のその区別項への展開である。このようにして、これらの区別された諸面は、さまざまな権力とその権力の職務と活動である。これらによって、普遍的なものは絶えず必然的な仕方でみずからを産出するのであり、この普遍的なものがみずからの産出において前提となっているがゆえに、みずからを保持している。この有機的組織が政治的国内体制である。国家が国内体制〔憲法〕によって保持されるように、国内体制〔憲法〕はつねに国家から産出されるのである。両者が分離し、また区別された諸面がそれぞれ自由になるとすれば、国内体制〔憲法〕が産出する統一はもはや定立されてはいない。この統一には、胃と身体の他の分肢とについての寓話があてはまる。あらゆる部分が同一性に移行せず、一部分が独立したものとして定立されると、いっさいが瓦解せざるをえないというのが有機的組織の本性である。もろもろの述語や原則等々によっては、有機的組織として把握されなければならない国家の評価のさいには、先に進むことはできない。それは、神の本性が、述語によっては把握されないのと同様である。私はむしろ神の生命をそれ自身において直観しなければならない。〈グリースハイムより〉

二七〇

国家の目的が普遍的利益そのものであり、そして、特殊的利益の実体としてのこの普遍的利益における特殊的利益の保持であるということが、（一）国家の抽象的現実性あるいは実体性である。しかし、この実体性は、（二）それが国家の活動の概念的区別項に分化するとともに、この区別項が当の実体性によって同じく現実的な確固とした諸規定、すなわち諸権力となっているという、国家の必然性である。（三）しかし、まさしくこの実体性は、陶冶教養の形式が浸透しているものとして、みずからを知り意欲する精神である。それゆえに、国家は、みずからが意志するものを知っており、しかもそれをその普遍性において思惟されたものとして知っている。それゆえ国家は、自覚された目的と、認識された原則と、単に即自的にあるだけではなく、意識されてもいる法律とにしたがって作用し、行動する。そして、その行動がそのときどきの諸状況および諸関係に関わるかぎり、国家は同様にこれらに関する明確な知識にしたがって作用し、行動する。

ここが、国家と宗教との関係に触れるべきところである。[23] というのは、近年しばしば、宗教が国家の基礎であると述べられ、かつ、この主張は、また、国家学がそれで尽きてしまうかのような僭越さをもってなされるからである。——そして、どんな主張も、これほど多くの混乱を引き起こしたり、それどころか、混乱そのものを国家の体制に、認識がもつはずの形式に高めたりするのに、これ以上適してはいないからである。——まず、うさん臭く思われるのは、宗教が、とりわけ、公共的窮迫、混乱、圧制の時代に推奨され、もとめられ、また不法に対する慰めや喪失の償いへの希望のために頼りにされるものだという考え方である。さらにまた、現世的利益や現実の動きや職務に対して無関心になることが宗教の教導するところとみなされ、これに対して国家が現世にとどまる精神であるならば、宗教への指示は、国家の利益と職務をその本質的で真摯な目的へと高めるのにふさわしくないように思われるか、あるいは他方で、国家においては情念の目的や不法な権力の目的等々が支配的なものであるかのような言説のみが唱えられるにせよ、あるいはそのような宗教への指示がさらに進んでそれだけで妥当し、自分で法を規定し、行使することを要求しようとするにせよ、この指示は、国家統治においてはすべてのことをどうでもよい恣意のことがらとみなすことのように思われるのである。もし専制政治に反抗するいっさいの感情が、被抑圧者が宗教のうちに慰めをみいだすことによって除かれるとすれば、これは笑いぐさとみなされるであろう。それと同じく、宗教が、苛酷にも人間を迷信の鎖のもとへ隷属させ、動物以下のものへ降格させること(動物を崇高なものとして尊敬するエジプト人やインド人におけるように)を結果としてもたらすような形式をとりうるということが忘れられてはならない。このような現象は、少なくとも、宗教については完全に一般化しては語りえないということ、そしてある種の形態を具えた宗教に対しては、むしろ、理性と自己意識との権利を心にかけるような救済の力が要求されるということを気づかせてくれる。——しかし、宗教と国家の関係に関する本質的規定は、宗教の概念が想起されてはじめてあきらかになる。宗教は絶対的真理をその内容とし、したがってまた、志操の最高のものも宗教に属する。万物が依存する無制約的な基礎および原因としての神に没頭する直観、感情および表象的認識(24)として、宗教は、万物がまたこの関係において把握され、そしてこの関係において確証され、正当化され、保証されるという要求をもっている。国家および法律も、義務も、この宗教との関係において意識にとっての最高の確証と最高の拘束性とをもつ。というのも、国家、法律、義務といえども、現実においては、ひとつの規定されたものであり、規定されたものはみずからの基礎としてのより高次の圏域へと移行するからである（『哲学的諸学のエンチュクロペディー』四五三節）[25]。それゆえに、宗教はまた、いっさいの変転においても、現実的目的、利益および所有物の喪失においても、不変なもの、最高の自由および満足の意識をあたえる場を含んでいる。* ところで宗教が、このように、人倫的なもの一般を、より詳細には、神的意志としての国家の本性を含む基礎をなすとすれば、宗教の本意は同時に、ただ基礎であるにすぎないのであり、そしてここでこそ、宗教と国家の両者は分岐するのである。国家は、現実の形態とひとつの世界の有機的組織へと展開する現在的な精神としての神的意志である。——国家に対抗して宗教の形式にとどまろうとするひとびとは、ひたすら本質に固執してこの抽象物から定在へと進まなければ、その認識には正しさがあると思い込んでいるひとびと、ないしは抽象的善を欲するだけで、何が善であるかを規定することを恣意にゆだねるひとびと（上述一四〇注解をみよ）と同類である。宗教は感情、表象、信仰の形式における絶対者への関係であって、万物を包含する宗教の核心においては、万物は単に偶有的なもの、また消滅するものとしてのみ存在する。国家に関しても、また、このような形式に固執し、この形式が国家にとって本質的に規定的なもの、妥当するものでもあるとされると、国家、すなわち存立する区別項や法律や制度にまで発展した有機的組織は、動揺、不安定、混乱にさらされることになる。客観的で普遍的なもの、すなわち法律は、存立し妥当するものとして規定される代わりに、あの宗教という、すべての規定されたものを包み込み、まさしくそれによって主観的なものとなる形式に対する否定的なものという規定を受け取ることになる。そして人間の行動に関して以下のような結果が生じることになる。すなわち、義人にはいかなる法律もあたえられない。敬虔であれ、そうすれば汝等はつねにその欲することをなしうるであろう、――汝等は自分の恣意や情念に身をゆだねることができる。これによって不正をこうむる他人を宗教の慰めと希望へと向かわせ、あるいは、もっと悪くは、彼らを不信仰だと排斥し、呪詛することができる。しかし、この否定的態度が、単に内面的な志操および見解にとどまっておらずに、現実に向かい、そこで通用させられるかぎり、宗教的狂信が生じ、これは、政治的狂信と同じく、いっさいの国家制度および法律的秩序を、内面的秩序、心情の無限性にふさわしくない桎梏《しっこく》として追放し、したがってまた私有財産、婚姻、市民社会の諸関係および労働等々を、愛や感情の自由を汚すものとして追放する。(26) とはいえ、現実的定在および行為のためには決定がなされなければならないから、みずからを絶対者として知る意志の主観性一般における場合と同じことが生じ（一四〇）、主観的表象、すなわち臆見や恣意の気ままさにもとづいて決定がなされるということになる。――しかし、真なるものは、このように感情や表象の主観性のうちに含み込まれている真なるものとは異なって、内的なものの外的なものへの、理性の構想の実在性への巨大な歩みである。そこにおいて、全世界史が営まれてきたのであり、その営みを通じて、陶冶された人類が、理性的定在すなわち国家制度および法律との現実性と意識とを獲得したのである。みずからの主観性を真理の認識、客観的な法と義務の知識へと高めるという労苦をみずからに課することなく、主をもとめ、そして陶冶されていない臆見のうちにいっさいを直接的にもっていると断言する類いのひとびとからは、ただ、あらゆる人倫的関係の破壊、愚行、忌まわしさが生じるのみである。――すなわち、ひたすらみずからの形式に固執して、現実に逆らい、法律という普遍的なものの形式のうちに存する真理に逆らう宗教的志操の必然的な帰結が生じるのみである。とはいえ、必ずしもこの宗教的志操がこのように実現へと向かうとはかぎらない。これは、その否定的な観点をもちながら、もちろんまた内的なものとしてとどまり、制度や法律に順応して、帰依や嘆息あるいは侮蔑や願望に甘んじることもありうる。今日宗教心を一種の論争好きの信心となしたのは、この信心が真実な欲求と結びついていようが、あるいはまた単に満たされない虚栄心と結びついていようが、その強さではなくて、むしろ弱さである。臆見を研鑽の労苦をもって抑制し、意欲を訓練し、それによって自由な服従に高めることもせずに、客観的真理の認識を断念し、鬱屈した感情とともにうぬぼれをもちつづけること、そして法律や国家制度の本性を洞見し、それを論難するために、また、それらがいかなる性質を具えているべきか、また具えなければならないかを指示するために必要なものをすべて神への帰依においてすでにもっているとすること、しかもこのようなことは敬虔な心から生じるのであるから、不可謬にして不可侵な仕方によっているとすること、これらはもっとも安易なことである。というのも、意図や主張が宗教を基礎とするとなると、それが浅薄であろうが、また不当であろうが、いかんともしがたいからである。

＊ 宗教は、認識および学問と同じく、国家の形式とは異なる固有の形式をその原理としている。したがって、宗教、認識、学問は、一方では、陶冶教養および志操のための手段という関係において、他方では、それらが本質的に自己目的である

かぎりは、外的定在をもつという面にしたがって、国家のうちに現れる。この二つの観点で、国家の諸原理は、宗教、認識、学問に適用される。国家についての完全に具体的な論述がなされるさいには、これらの諸圏域ともども、芸術および単なる自然的諸関係等々もまた同様に、それらが国家においてもつ関係および位置において考察されなければならない。しかし、国家の原理が、それ固有の圏域においてその理念にしたがって展開されるこの論述の場合〔『法の哲学』第三部〕には、それらの圏域の諸原理や国家の法のそれらへの適用については、ただついでに述べておくことしかできない。

しかし宗教は、真実の宗教であれば、国家に対してこのような否定的で論争的な傾向を帯びることなく、むしろ国家を承認し、是認するのである。そのかぎり、宗教はさらにそれだけで、みずからの地位と外的表現とをもつのである。宗教の礼拝の用務は、儀式と教義にある。宗教はそのために領地および所有物と並んで、教団の奉仕に献身する諸個人を必要とする。それによって、国家と教団との関係が生じる。この関係の規定は簡単である。国家が教団の宗教的目的のために、教団にあらゆる援助を惜しまず、かつ保護を加え、また、宗教は国家を志操の深みにおいて統合する契機である以上、すべての国民にいずれかひとつの教団に属することを要求する——因みに、いずれかの教団に、というのは、内容が表象の内的なものに関わるかぎり、国家はそれに干渉することはできないからである——という義務を果たすことは、当然のことである。有機的組織として形成された、したがって強固な国家は、この点でそれだけいっそうリベラルにふるまうことができ、国家に関わることであっても細微なことはまったくみのがし、また国家に対する直接的な義務でさえ宗教的に承認しない諸教団までも(この場合もちろん数が問題ではあるが)みずからのうちに抱え込むことができる。というのも、国家は、このような教団の成員を市民社会にその法律のもとでゆだね、受動的な、たとえば、代替や交換を介して、国家に対する直接的な義務を履行させることで満足するからである。*——しかし、教団が所有物をもち、そのほかに、礼拝の儀式を実施し、またそのために諸個人に奉仕させるかぎり、教団は内的なものから現世的なものへ、したがって国家の領域へ歩みでて、このことによってただちに国家の法律の傘下に入ることになる。宣誓、人倫的なもの一般は、婚姻の関係と同様に、たしかに宗教によってもっとも深い確認をえるような志操を内面に浸透させ、高揚させることをともなっている。しかし、人倫的諸関係は、本質的に現実的な理性的性格の諸関係であるがゆえに、これら諸関係の諸権利こそが、ここにおいて最初に主張されなければならないのであって、教会による確認は単なる内的な、より抽象的側面として、これにつけ加わるにすぎない。――教会的な合一にもとづくさらなる表現に関しては、教義においては、礼拝の儀式やそのほかこれに関連する動作挙動、すなわち、少なくとも法的側面がそれだけですぐ国家のことがらとして現れる動作挙動におけるよりも、内的なものが外的なものに比してより重きをなしているのである（たしかに、教会はまたその奉仕者と所有物を国家の権力や裁判権の圏外におく特権を、さらに離婚訴訟、宣誓事件等々のような宗教があずかる対象においては、俗人に関する裁判権さえも手に入れたのであるが）。――このような礼拝の儀式に関連する行為についての行政的側面はもちろん明確には規定されていないが、しかしこのことは、この側面の本性に含まれていることであり、他のまったく市民的な行為に対する場合も同様である（上述二三四をみよ）。諸個人の宗教的なつながりがひとつの教団、ひとつの団体へと高められるかぎり、それは一般に国家の上級行政機関の監督下に属する。――しかし、教義そのものは、その領域を良心においてもち、自己意識の主観的自由の権利――すなわちそのものとしては国家の領域とはならない内面性の圏域――のうちに存するのである。とはいえ、国家もまた教義をもっている。というのも、国家制度や、一般に法的なものや国内体制等々に関して国家において通用しているものは、本質的に思想の形式で法律として存在するからであり、また国家は機械的なものではなく、自己意識的な自由の理性的生命、人倫的世界の体系であることによって、志操が、さらにはそれを諸原則として意識することが、現実的国家の本質的な契機であるからである。他方また、教会の教義も、単に良心という内的なものではなく、教義としてはむしろ外的な表現であり、しかも同時に、人倫的諸原則や国法ときわめて密接に関連している、あるいはこれらと直接関わってさえいる内容についての表現なのである。したがって、国家と教会とは、この点で、ただちに合致するか、あるいは対立するかである。両領域の相違は、教会によって厳しい対立にまで追いやられうる。すなわち、教会が、宗教の絶対的内容を包含するものとして、精神的なもの一般を、したがってまた人倫的境位をも自分の部分とみなし、国家をしかし非精神的な外的諸目的のための機械的足場と考え、みずからを神の国、あるいは少なくともそれに達する通路および入口と考え、これに対して国家を現世の国、すなわち移ろいゆく有限なものの国と考え、したがってみずからを自己目的とし、国家を単なる手段にすぎないと考えるということである。そこで、教義に関する教会のこのような思い上がりには、国家は、この点において教会のまったくの自由に、なすがままにまかせよという要求だけではなく、教義の規定はひとえに教会に属するのだから、その性質が何であれ、教会の教義を教義として無条件に尊敬せよという要求が結びつく。教会は、精神的境位一般が教会の所有であるという拡張された根拠から、以上のような思い上がりにいたるのであるが、学問および認識一般も、しかし同様に、この精神的領域のうちにあって、教会そのものに取って代わり、いっそう大きな正当性をもって現れるものとみなされうるような、自分固有の原理による総体性へと、教会同様に自分だけでみずからをつくり上げるようになると、その場合には、学問にとっても国家からの同じ独立性が要求されて、国家は単に手段にすぎず、自己目的としての学問のために配慮しなければならないとされるだろう。——ともあれ、国家と教会とのこのような関係にとっては、教団への奉仕に献身する諸個人および指導者が国家から分離した存在となり、それ以外の成員のみが国家に従属していることになるか、あるいはそうではなくて、彼らもあくまで国家のうちにとどまり、彼らの教会に関する使命は彼らの立場の一面にすぎず、この面を彼らが国家に対して切りはなして保持していることになるか、はどうでもよいことである。さしあたり指摘されなければならないことは、このような関係が、国家の使命は、ただ各人の生命、所有、恣意を、それらが他人の生命、所有、恣意を侵害しないかぎり、保護し、保障することにあり、したがって国家は必要のための配備〔必要国家〕としてのみ考えられるという見解と結びついていることである。このような仕方では、より高次の精神的なものの境位、すなわち即自的かつ対自的に真なるものの境位は、主観的宗教心もしくは理論的学問として、国家の彼岸におかれて、国家は即自的かつ対自的に〔徹頭徹尾〕俗人として単に尊重されるべきものにすぎないのであり、そこで本来の人倫的なものは国家のもとではまったく脱落してしまうことになる。ところで歴史的に、あらゆる高次の精神的なものが教会においてその座を占め、国家はただ暴行、恣意、情念の現世的支配にすぎず、国家と宗教とのかの抽象的対立が現実の主要な原理であった(**三五八**をみよ)(27)ような野蛮な時代なり状態なりが存在したが、このことは、歴史の次元のことがらである。しかし、このような状態を真に理念にかなった状態とみなすのは、あまりにも盲目的で浅薄なやり方である。この理念の展開は、むしろ、精神が、自由な理性的なものとして、即自的に人倫的であり、真実の理念は現実的な理性的性格であって、これこそ国家として現存するものであることを真理として示したのである。さらに同じく、この理念からあきらかになったことは、この理念における人倫的真理が、思惟する意識にとっては普遍性の形式へと形成された内容、すなわち法律として存在するということ、――国家は総じてみずからの諸目的を知っているのであり、それらを明確な意識をもって、かつ諸原則にしたがって認識し、確証するということである。ところで先に述べたように、宗教は真なるものをみずからの普遍的対象とするが、しかしそれは、根本規定においては思惟や概念によって認識されていない、所与の内容にすぎない。同様に、個人のこの対象との関係も権威にもとづいて義務化されたものであり、そして個人自身の精神と心情の証言は、すなわちそこに自由の契機が含まれているものとしてであるが、信仰と感情である。教会と国家とは、真理と理性的性格との内容に関して対立しているのではなく、形式に関して区別されているということを認識するのが哲学的洞察である。したがって、教会が説教をするようになり（礼拝のみをおこなう教会があるし、またあったし、それ以外に礼拝が主であって、説教やいっそう教化された意識は二次的なものにすぎないような教会もあるし、またあった）、その説教が客観的諸原則、人倫的なものや理性的なものの思想に関わるならば、教会はこのような外的表現によってただちに国家の領域へと移行する。教会の信仰、そして人倫的なもの、法、法律、制度に関する教会の権威に比して、また教会の主観的確信に比して、国家はむしろ知るものである。国家の原理においては、本質的に、内容は感情や信仰の形式のうちにとどまっているのではなく、規定された思想に属している。即自的かつ対自的に存在する内容が、宗教の形態において、特殊的内容として、すなわち宗教的共同体である教会に特有の教義として現れると、この教義はどこまでも国家の圏外にとどまることになる（プロテスタンティズムにおいては俗人というものは存在しないために、教会の教義の独占的保管者である聖職者も存在しない)。人倫的諸原則と国家秩序が総じて宗教の領域に引き寄せられて、宗教との関係において定立されるだけでなく、これとの関係において定立されなければならないことによって、一方では、この関係は国家それ自身に宗教的認証をあたえることになる。しかし他方では、国家には、自己意識的で客観的な理性的性格の権利と形式とがのこされている。すなわち、この理性的性格を妥当させる権利、いかなる保証と権威とを身にまとおうとも、真理の主観的形態から生じる主張に対抗して、この理性的性格を主張する権利がのこされているのである。国家の形式の原理は普遍的なものとして、本質的に思想であるがゆえに、国家の側から思惟や学問の自由が生じるということも起きたのである(反対に、教会はジョルダーノ・ブルーノ[28]を焚刑に処し、コペルニクスの太陽系を叙述したかどでガリレイ[29]をひざまずかせて謝罪させるなどした**)。それゆえ学問も、国家の側でその場をえるのである。というのも、学問は、国家がもつのと同じ形式の境位をもつのであり、認識という目的、しかも思惟された客観的真理と理性的性格の認識という目的をもつからである[30]。思惟による認識といえども、学問から臆見に、ないしはあれこれの根拠を挙げての屁理屈に転落してしまい、人倫的諸対象や国家の有機的組織に向かいながら、これらの原則との矛盾に陥ることもあり、たとえばまた、教会がその特有のもののためにもつのと同じ思い上がりをもって、臆見によりながらそれを理性と偽り、臆見と確信において自由であるという主観的自己意識の権利によって、そうなるのである。知のこの主観性の原理は先に考察した（一四〇注解）。ここではただつぎのことを指摘するにとどめる。すなわち一面では、国家は、臆見に対して――まさしくそれがただの思い込みであり、主観的内容にすぎず、したがっていかに自負するにせよ、いかなる真の力も権力もみずからのうちにもたないかぎり――あくまでも無関心でありうる。それは、自分のパレット上の三原色に頼る画家が、七原色[31]という学校知識に対して無関心でありうるのと同様である。しかし、他面では、国家は、臆見が一般的な、現実をむしばむ存在となる以上、さなきだに、無制約的主観性の形式主義が学問的出発点を自分の根拠のように取り扱い、国家の教育施策をさえ国家に反抗する教会の思い上がりにまで増長させ、国家に対抗させようとするかぎりは、このような悪しき原則についての臆見に対して、国家が総じて、人倫的生活の客観的真理および原則を擁護しなければならない。このことは、国家が総じて、無制約的で無条件的な権威を要求する教会に対抗して、逆に、する客観的真理として妥当すべきことについてのみずからの洞察、確信、一般に思惟に対する自己意識の形式的権利を主張しなければならないのと同様である。

＊クエーカー教徒(32)および再洗礼派(33)等々については、彼らが単に市民社会の活動的成員であるにすぎず、また私人として他人と私的取引きをおこなうのみであり、この関係においてさえ彼らには宣誓が免除されていたということができる。彼らは国家に対する直接的な義務を受動的な仕方で履行するのであり、彼らが直接的には否定している、国家を敵から防御するというもっとも重要な義務のひとつについて、それを他の給付と交換して履行することが許されている。このような教派に対しては、本来の意味で、国家は寛容にふるまっているということなのである。というのは、彼らは国家に対する義務を承認していないのだから、国家の成員であるという権利を要求することができないからである。かつてアメリカ合衆国の議会において、黒人奴隷の廃止が力強く推し進められたとき、南部選出の一議員が的を射た抗弁を述べた。「われらに黒人奴隷を認めよ、われらは諸君にクエーカー教徒を認めよう」と。——国家は、格別の強さによってのみ、このような変則的なものをみのがし、甘受することができるのであり、そのさいとりわけ、国家は、習俗の力や諸制度の内的な理性的性格の力を信頼して、国家がその諸権利を厳格に押し通さずとも、これらの力が分裂を減少させ、克服するのにまかせるのである。こうして、市民権の

付与そのものに関して、たとえば、ユダヤ人に対してこれを拒否する形式的権利があるとしたら、それは、彼らは単に特殊な宗派なのではなく、異民族に属するものとみなされるべきであったからだとされるならば[34]、あれこれの見地から叫ばれたその悪評は、ユダヤ人が何よりも人間であることをみのがしてしまい、また、この人間であるということが単に単純な抽象的な性質ではなく（二〇九注解）、そこには、市民権が認められることによって、むしろ市民社会において法的人格として通用するという自己感情が生じ、また他のいっさいから自由なこの無限の根源から思惟と志操との望まれた同化が生じるということをみのがしてしまっているのである。〔ユダヤ人に権利が認められなかったとしたら、〕ユダヤ人に非難が向けられていた彼らの分離は、むしろ保持されていたであろうし、当然排他的な国家は責任を負わされ、非難されることになったであろう。というのも、この国家は、ユダヤ人排斥によって、国家の原理と客観的制度とその制度の力とを誤認していたであろうからである（二六八注解末尾参照）。このユダヤ人排斥の主張は、もっとも正当であると思い込んでいながら、経験からしてももっとも愚かであることを示したのであり、それに反して、諸国家の政府のやり方は賢明で価値があることを示したのである。

＊＊ラプラスは、[35] その著『宇宙体系論述』〔パリ、一七九六年〕第五巻第四章において つぎのように述べている。「ガリレイが諸発見（望遠鏡が達成させたもので、金星の位相等）を公表したとき、彼は、同時に、これらの発見が地球の運動を反駁不可能なまでに証明していることを示した。しかし、この運動の考え方は枢機卿会議によって異端であると宣言された。この考え方のもっとも有名な弁護者であるガリレイは、宗教裁判所に召喚されて、苛酷な禁固刑を免れるためにその考え方を撤回するように強いられた。――才能のあるひとにとっては、真理への情熱がもっとも力強い情熱のひとつである。〔……〕ガリレイは、彼自身の観察によって、地球の運動を確信し、久しく新しい著作について想を練り、そのなかで、これに対するすべての証明を展開することを企てていた。しかし同時に、彼が犠牲になるにちがいなかった追及を避けるために、彼は、その証明を三人のあいだの会話の形式で叙述するという抜け道を選んだ。〔……〕コペルニクスの体系の擁護者の側が有利であったことはたしかにわかるのだが、しかしガリレイは、彼ら三人の優劣を決定せずに、プトレマイオスの追従者の反駁をできるだけ重要視したために、彼は、自分の高齢と労作とに値するであろう安静を乱されずに享受することを期待してよいはずであった。〔……〕彼は、七〇歳にして改めて宗教裁判に召喚された。〔……〕彼は投獄さ

れ、そこで彼は、再犯の異端者に対して定められた刑罰の威嚇によって、意見の二度目の撤回を要求された。彼はつぎのような撤回宣誓書に署名させられた。「私、ガリレイは七〇歳にして身をもって法廷に出頭し、ひざまずいて、私が両手で触れる聖書を注視して誓う、誠実な心と真実な信仰とをもって、地動説の背理、虚偽、異端をそしり、呪う、云々」。自然の研究にひたすら捧げられた長い人生によって名声を博した尊敬すべき老人が、みずからの良心の証言に背いて、確信をもって証明した真理を、ひざまずいて誓って破棄するのをみることは、何たる光景であっただろう。宗教裁判所の判決は、彼を終身禁固刑に処した。それから一年後、彼はフィレンツェ大公の斡旋によって釈放された。彼は一六四二年に没した。〔……〕ヨーロッパは彼の死を悼んだ。ヨーロッパは彼の労作によって啓発され、そして憎むべき裁判所によってこのような偉人に下された判決に激昂した」〔一七九七年刊のドイツ語訳〕。

国家と教会との統一、近頃しきりに語られ、また最高の理想として掲げられているこの規定[36]については、さらにいくつか述べることができる。両者の本質的統一が諸原則の真理と志操の真理との統一であるならば、同様に本質的なことは、この統一がありつつも、両者がその意識の形式においてもつ区別が特殊的現存在に達しているということである。東洋の専制政治におけるような、教会と国家とのあのしきりに望まれた統一――しかし、これでは国家は現存してはいない――は、法、自由な人倫、および有機的発展における自己意識的で、精神にのみふさわしい形態とはなっていない。――さらに、国家がみずからを知る精神の人倫的現実性として定在するためには、国家は権威と信仰の形式から区別される必要がある。しかし、この区別は、教会の側がそれ自身において分離にいたるかぎりでのみ生じる。こうしてのみ、国家は、もろもろの特殊的な教会を越えて、思想の普遍性、みずからの形式の原理を獲得し、それを現実に存在させることになる。このことを認識するためには、普遍性が即自的に〔それ自体で〕何であるかということのみならず、普遍性の現存在が何であるかということを知らなければならない。したがって、国家にとって教会との分離は不幸であるだろうとか、不幸であったであろうとか考えるのはとんでもない誤謬であって、国家は教会との分離によってのみその本質的規定であるもの、すなわち自己意識的な理性的性格と人倫性とになることができたのである。同様にこのことは、教会にとっては、教会自身の自由と理性的性格のために、また思想にとっては、思想の自由と理性的性格のために生じえたもっとも幸福なことなのである。(37)

補遺《国家と宗教》　国家は現実的であり、そしてその現実性は全体の利益が特殊的目的へと実現されることに存している。現実性とはつねに普遍性と特殊性との統一、すなわち、全体においてのみ担われ、保持されるにもかかわらず、自立的なものとして現れる特殊性のうちへと普遍性が分解されていることである。この統一が現存していないかぎり、あるものは、たとえ現存在が認められてよいとしても、現実的ではない。悪しき国家は単に現存在しているだけのものである。病める身体も、現存在してはいるが、真実の実在性をもってはいない。切断された手も、なお手のようにみえかつ現存在してはいるが、それにもかかわらず現実的であるのではない。真実の現実性は必然性である。現実的なものは、それ自身において必然的である。必然性は、全体が概念の区別項に分岐すること、およびこの分岐したものが、死体強直のようではなく、解消しつつ不断に産出される確固とした持続的な規定性であることのうちに存している。完成した国家には本質的に意識や思惟が属している。したがって、国家はみずからが意志するものを知り、そしてそれを思惟されたものとして知るのである。ところで、知が国家のうちにその座を占める以上、学問もここにその座を占めるのであって、教会のうちにではない。それにもかかわらず、近頃は、国家は宗教からたち現れなければならないとしきりにいわれている。国家は展開した精神であり、みずからの諸契機を意識のあかるみのもとにさらすのである。理念のなかにあるものが対象性へと歩みでることによって、国家は有限なものとして現れ、そしてみずからを現世の一領域として示すのであるが、他方、宗教はみずからを無限性の一領域として表示する。したがって、国家は従属的なもののようにみえ、そして有限なものがそれだけで存立することは叶わないがゆえに、有限なものは教会という地盤を必要とするといわれる。有限なものとして、有限なものはいかなる正当性ももたず、宗教によってはじめて神聖なものとなり、無限なものに属するものとなる。しかし、ことがらについてのこのような観方は、極度に一面的であるにすぎない。たしかに国家は本質的に現世的で、有限であり、特殊的諸目的と特殊的諸権力とをもっているが、しかし国家が現世的であるのは、一面にすぎず、精神なき知覚にとってのみ、国家は単に有限なのである。というのも、国家は生命をあたえる魂をもっているからであり、そしてこの魂をあたえるものは主観性であって、これは、まさにもろもろの区別項をつくりだすことであるが、他面でこれらを統一において保持するのである。宗教の世界においても、もろもろの区別や有限性はある。〔第一に〕神は三位一体であるといわれる。したがって、そのさい三つの規定があり、それらの統一がはじめて精神なのである。それゆえ、神の本性を具体的に把握するとすれば、これもまた区別によってのみというのが実状である。こうして神の国にも、現世におけるのと同じくもろもろの有限なものが姿を現すのであって、現世の精神、すなわち国家が有限な精神にすぎないというのは一面的な見解である。というのも、現実性は非理性的なものではないからである。悪しき国家はもちろん、現世的で、有限的であるにすぎないが、理性的国家はそれ自身において無限なのである。第二に、国家はその正当性を宗教において受け取らなければならないといわれる。理念は、宗教のうちにあるものとしては、心情の内的なものにおける精神である。だが、この同じ理念が、国家においてみずからに現世性をあたえ、知および意欲において定在と現実性とを手に入れるのである。ところで、国家は宗教にもとづかなければならないといわれるならば、これは、国家が理性的性格にもとづき、そこから生まれでなければならないということを意味している。しかし、この命題は誤解されて、人間は、その精神が不自由な宗教によって拘束されていると、そのためにもっとも巧妙に従順なものにさせられる、というように解されることがある。しかし、キリスト教は自由の宗教である。これももちろんまた変化しないとはかぎらない。すなわち、自由な宗教も迷信にとりつかれているならば、不自由な宗教に逆転させられるのである。ところで、この命題を、諸個人の拘束された精神を国家においてますます抑圧することができるために、諸個人は宗教をもたなければならないと解するとすれば、これは、この命題の曲解された意味である。だが、人間は国家、すなわちみずからがその分肢となっているこの全体に対して尊敬を払わなければならないと解するとすれば、この理解は、あきらかに、国家の本質を哲学的に洞察することによってもっともよくなされるのである。しかし、このような洞察が欠如している場合には、宗教的志操がまたそこへと導くことができる。だから、国家が宗教と信仰を必要とすることはありうる。だが、本質的には、国家はどこまでも宗教から区別されている。というのも、国家の要求するものは法的義務の形態をもち、そして[この義務が]いかなる心情的状態において履行されるかはどうでもよいことだからである。これに反して、宗教の領域は内面性である。もし国家が宗教的な仕方で要求するとすれば、国家は内面性の権利を危うくするであろうが、それと同じように、教会が国家のようにふるまい、刑罰を科す場合には、教会は、圧制的宗教へと道を踏みはずすのである。この点に関連している第三の区別は、宗教の内容が覆い隠されたものであり、またそうありつづけ、それによって、心情、感情、表象が宗教の内容がよってたつ地盤であるということである。この地盤のうえでは、すべてが主観性の形式をもつのであるが、これに反して、国家はみずからを現実化するのであり、みずからの諸規定に確固とした定在をあたえるのである。そこでもし宗教心が、国家において、みずからの地盤に安住しているときのように、自分を通用させようとすれば、宗教心は国家の有機的組織を転覆することになるであろう。というのは、国家においては諸区別項が相互外在の幅をもっているのだが、これに反して、宗教においては、すべてのものがつねに総体性に関連しているからである。そこでもしこの総体性が国家のあらゆる関係を掌握しようとすれば、それは狂信というものであろう。狂信はあらゆる特殊的なものにおいて全体を保持しようと欲するであろうが、このことを特殊的なものの破壊による以外にはなしえないであろう。というのは、狂信とは、特殊的な区別項を許容しないものであるからである。だから、「敬虔な者には法律はあたえられていない」といわれるならば、これは狂信の表明以外の何ものでもない。というのも、敬虔は、国家に代わって現れるとき、規定されたものに耐えられないで、これを粉砕してしまうからである。敬虔が、良心、内面性に決断させて、もろもろの根拠によって規定されないならば、それも、同じくこのことと関連している。この内面性は根拠にまで展開することはなく、また自分の弁明もしない。したがって、敬虔が国家の現実性とみなされなければならないならば、すべての法律が瓦解しているのであり、主観的感情が立法者である。この感情は単なる恣意でありうるし、そうであるかどうかは、ただ諸行為から認識されなければならない。しかし、諸行為が諸行為となり、諸命令となるかぎり、それらは法律の形態をとることになるが、このことは、まさしく先の主観的感情と矛盾する。この感情の対象である神を規定するものとなすこともできるであろうが、しかし、神は普遍的理念であり、この感情においては未規定なものであり、国家において展開されたものとして存在するものを規定するまでには成熟していないのである。まさに国家においてはすべてが確固としており、保障されているということこそ、恣意と頑迷な臆見に対する防塁である。このようなわけで、宗教そのものが統治者であってはならないのである。〈ホトーより〉

二七一

政治的国内体制(38)は、第一に、国家の有機的組織であり、国家の有機的生命の自分自身への関係における過程である。この関係において、国家は、自分自身の内部でみずからの諸契機を区別し、それらを展開して、存立させるのである。

第二に、国家は個体性として排他的一者であり、この一者は、したがってもろもろの他者と関係し、それゆえ、その区別をそとへ向けるとともに、この規定にしたがって、自分自身の内部に存立する諸区別をそれらの観念性において定立する。(39)

補遺《文民権力と軍事権力》　生ける有機体自身における反応性が、一面においては、内部的なものであって、有機体そのものに属するものであるように、ここでも外部への関係は内面性への方向である。内部的国家そのものは文民権力であり、外部への方向は軍事権力である。しかし、軍事権力は国家においてはそれ自身のなかの限定された側面である。ところで、この両側面が平衡を保つことが、国家の志操における主眼をなしている。ときには、ローマ皇帝とその近衛兵の時代におけるように、文民権力はまったく消滅して、もっぱら軍事権力に依存し、ときには、現代におけるように、すべての市民が兵役の義務を負う場合、軍事権力はただ文民権力から発生することになる[40]。〈ホトーより〉

I　国内体制

二七二

国内体制は、国家がみずからの活動を概念の本性にしたがって[41]自分のうちで区別し、規定するかぎり、理性的である。しかもそれは、これら区別された諸権力の各々自身がそれ自身において総体性であるようにしてであるが、そのさい、諸権力は、他の諸契機をそれ自身において活動させて保持しているのであり、また諸権力は概念の区別を表現するゆえに、端的に区別の観念性のうちにとどまり、ただひとつの個体的全体を形成しているのである。(42)

国内体制に関しては、理性そのものに関するのと同じく、近年において無限に多くの饒舌が交わされ、しかもドイツでは、もっとも浅薄な饒舌が現れているが、それをなしたひとびとは、国内体制が何であるかをもっともよく、他のすべてのひとびとを、なかんずく政府をさしおいても、理解していると信じ込み、また、宗教と敬虔が彼らのこうしたあらゆる浅薄さの基礎となっているとするところに拒みがたい正当性があると思い込んでいたのである〔フリースやロマン主義者など〕。このような饒舌の結果、理性的なひとびとにとって、理性、啓蒙、法等々のことばが、また憲法や自由ということばが忌まわしいものになってしまい、政治的国内体制についてさらに語り合うことすら恥じるようになったとしても、驚くにはあたらない。しかし、少なくともこのような饒舌にあきあきすることから、つぎのような影響が望めるかもしれない。すなわち、このような諸対象の哲学的認識が、屁理屈からも、目的、根拠、有用性からも、いわんや心情、愛そして霊感からも生じえず、ただ概念からのみ生じうるという確信がもっと一般的になることであり、また、神的なものを捉えがたいものとみなしたり、真なるものの認識を取るに足らない企図とみなしたりするひとびとが口を挟むのを控えなければならなくなるということである〔カントと追従者〕。彼らが、一知半解の弁舌あるいは宗教的教化によって彼らの心情や霊感から生みだすものは、いずれも、少なくとも哲学的配慮への思い上がった要求をなすことはできないのである。

一般に通用している考え方のなかで、**二六九**との関係で、国家の諸権力の必然的分割[43]についての考え方に言及しなければならない。――これははなはだ重要な規定についての考え方であり、この規定がその真の意味で受け入れられるならば、当然、公共的自由の保障とみなされてよいであろう。――しかし、この考え方については、霊感や愛にもとづいて語ろうと思うようなひとびとは何も知らないし、また知ろうともしない。というのも、この考え方には、まさに理性的規定性の契機が含まれているからである。つまり、諸権力の分割の原理は、区別の、すなわち実在的な理性的性格の本質的契機を含んでいるからである。しかし、この原理を抽象的悟性が把握すると、そこには、相対立する諸権力の絶対的自立性という誤った規定が、あるいは、権力相互の関係を否定的なもの、すなわち相互的制限と把握するような一面性が存することになる。このような見解によれば、各権力が害悪に対抗するように他の権力に対抗して生みだすのは、それぞれに対する敵意と恐怖ということになり、そのさい、各権力は他の権力に対立し、この対抗によって、一般的均衡を実現するが、しかし、生きた統一を実現しはしないのである。他の何らかの目的や有用性ではなく、概念のみずからにおける自己規定のみが、区別された諸権力の絶対的根源を含むのであり、それによってのみ、国家の有機的組織はみずからにおいて理性的なものとして、永遠の理性の写像として存在するのである。——どのようにして、概念が、より具体的には理念が、これら諸権力自身においてみずからを規定し、したがって、抽象的には普遍性、特殊性および個別性というその諸契機を定立するかは、論理学——もちろん普通におこなわれているものではないが——から認識されなければならない(44)。一般に否定的なものを出発点とし、悪の意欲とこれに対する不信とを第一のものとし、そしてこの前提から、狡猾な仕方で堤防を案出し、[その]効果のための[条件]として単に反対の堤防を必要とするにすぎないことは、思想の面からいえば、否定的悟性の特徴であり、志操の面からいえば、浮浪者の見解の特徴である(上述二四四をみよ)。——諸権力、たとえば、いわゆる執行権と立法権とが自立してしまうと、大規模なものとしてすでにみたように、国家はたちまちにして崩壊するか、あるいは、国家が本質的に保持されているかぎりでは、争いが生じ、ひとつの権力が他の権力をみずからに従属させ、それによって、ともかくどのような状態であろうとも、まず統一をもたらし、こうして本質的なもの、国家の存立だけは救うのである(45)。

補遺《国家の理性的性格》　国家においては、理性的性格の表現以外の何ものも望んではならない。国家は精神がみずから築き上げた世界である。それゆえに、国家は一定の即自的かつ対自的に存在する歩み方をなすのである。自然における神の叡智について語らないことなどあるだろうか。しかし、物理的な自然的世界が精神の世界に比べていっそう高次であると信じられてはならない。というのも、精神が自然より高次であるように、国家は物理的生命より高次であるからである。それゆえに、国家を地上における神的なもののように尊敬しなければならないし、また、自然を概念的に把握することが困難であるならば、国家を理解することはなおいっそう無限に困難であることを洞察しなければならない。近年、国家一般に関する明確な直観がえられるようになったこと、また憲法の論議と作成に多大の努力が払われてきたということははなはだ重要なことである。しかしこれでもってすべてが片づいたのではない。直観のもつ理性をまた理性的なことがらへもたらすこと、および何が本質的なものであるかを知ること、必ずしも目だつものが本質的なものをなすのではないことを知ることが、必要である。国家の諸権力は、このようにもちろん区別されていなければならないが、しかし、各権力はそれ自身においてひとつの全体を形成し、他の諸契機を自分のうちに含まなければならない。諸権力のそれぞれ異なった作用について語るとき、各権力がそれだけで抽象的に存立すべきであるかのように考えるという恐るべき誤謬に陥ってはならない。というのも、諸権力はむしろ概念の契機としてのみ区別されていなければならないからである。これに反して、区別が抽象的にそれだけで存立するならば、二つの自立性は統一をなすことができず、おそらく争いをもたらすにちがいなく、この争いによって全体が崩壊するか、あるいは統一が暴力によって再興されるか、そのいずれかであることはあきらかである。こうしてフランス革命においては、あるときは、立法権がいわゆる執行権を、あるときは、執行権が立法権を併呑したのである。ここでたとえば、調和への道徳的要求をなすことは、つねに的外れのことである。というのも、ことがらを心情にゆだねるならば、たしかにすべての苦労が省かれることになる。しかし、たとえ人倫的感情がなくてはならないとしても、その感情はみずからを頼みにして国家の権力を規定してはならないのである。こうして肝要なことは、諸権力の諸規定は即自的には全体であるから、それらはすべて現存在においても全体的概念をなしているということである。通常、立法、執行、司法の三権が語られるとき、立法権は普遍性に、執行権は特殊性に対応するが、司法権は、権力の個別性がこれらの圏域外に存するために、概念の第三の契機ではない。(46)

〈ホトーより〉

二七三

政治的国家は、したがって、実体的区別に分岐する。
(a) 普遍的なものを規定し確立する権力、――立法権。(47)
(b) 特殊的圏域と個々の事例を普遍的なものに包摂すること、――統治権。(48)
(c) 最終的意志決定としての主観性、――君主権。(49) 君主権においては、区別された諸権力が個体的統一へと統括されており、それゆえこの権力は、全体すなわち立憲君主政体の頂点と端緒をなしている。(50)

国家の立憲君主政体への形成は、実体的理念が無限の形式を獲得した最近の世界の事業である。世界精神がこのように自分のうちへと深化してゆく歴史、あるいは同じことであるが、理念がその諸契機を――ただその諸契機のみであるが――それぞれ総体性として自分から解き放ち、まさしくそうすることによって、それらの諸契機を、実在的な理性的性格が存立するものとしての概念の観念的統一において保持するということの自由な形成、——人倫的生命のこの真実な形態化の歴史は、普遍的世界史のことがらである。

国内体制を、君主政体、貴族政体および民主政体へと分ける古い区分は、まだ分割されてはいない実体的統一をその基礎としている。この統一は、みずからの内的区別（自分のうちでの発展した有機的組織）に、したがって深さと具体的な理性的性格にまだ達してはいない。それゆえ、かの古代世界の立場にとっては、この区分は真なる正当なものである。というのは、まだ実体的であって自分のうちで絶対的展開にまでいたっていない統一における区別は、本質的に外面的な区別であり、かの実体的統一が内在しているとされるひとびとの数(51)の区別としてさしあたり現れるからである（『哲学的諸学のエンチュクロペディー』八二節(52)）。このように別々の全体に属しているこれらの形式は、立憲君主政体においては諸契機へと引き下げられている。すなわち君主はひとりであり、統治権とともに若干名が、立法権とともに多数者一般が現れる。しかし、このような単なる量的区別は、上述のように、表面的にすぎず、ことがらの概念を示してはいない。近年、君主政体における民主的および貴族的要素について盛んに語られてきたが、これも同様に適切ではない。というのも、この場合に考えられている諸規定は、まさにそれが君主政体において生じるかぎり、もはや民主的なものでも、貴族的なものでもないからである。――統治し命令する国家という抽象物のみが上位におかれて、この国家の頂点にひとりがたつか、多数がたつか、あるいはすべてがたつかは未決定のままにされ、どうでもよいこととみなされる、国内体制についての考え方がある。――フィヒテは彼の『自然法』(『自然法の基礎』)第一部〔一六節〕、一九六頁でこう語っている。「すべてこれらの諸形式は、監視職(彼によって案出されたもので、最高権力に対して存在すべき対抗者である)さえ現存すれば、正当であり、そして国家において一般的権利を生みだし、また保持することができる」。――このような見解(監視職のこの案出であろうと)は以前指摘した浅薄な国家概念に由来する。まったく単純な社会状態においては、これらの区別はもちろん、ほとんどあるいはまったく無意義である。たとえば、モーセは、民衆が国王を要望するさいの律法において、制度にさらなる変更を加えずに、ただ国王に対して、彼の騎兵、妻たちおよび金銭が多すぎてはならないという命令を追加しただけである(「モーセ第五書」(『旧約聖書』「申命記」)第一七章一六節以下)。――ともあれ、ある意味ではもちろん、理念にとっても、かの三つの形式(貴族政体および民主政体と同列におかれるという制限された意味においては、君主政体も含まれる)はいずれでもよいものであるということができる。[53]

しかし、このようにいうことができるのは、フィヒテとは正反対の意味においてである。なぜなら、これら三つの形式はことごとく理念の理性的展開(二七二)に適合せず、そして理念はいずれの形式においてもその法と現実性を獲得しえないであろうからである。したがって、これらの三つの形式のなかでいずれがもっとも優れているか、という問いはまったく無意味な問いとなる。——このような諸形式は、ただ歴史的なやり方でのみ議論することができるのである。——しかしなおそのうえ、他の多くの箇所においてと同様、ここでも、これらの統治形式の原理に関する、モンテスキューの有名な論述(54)における深い洞察を承認せざるをえない。しかし、この論述が正当であることを認めるためには、これを誤解してはならない。周知のように、彼は民主政体の原理として、徳を挙げた(55)。というのも、事実、民主政体は、単に実体的形式としての志操に依存し、即自的かつ対自的に存在する意志の理性的性格は、民主政体ではまだ、この形式において現存在しているからである。しかし、モンテスキューはこれにつけ加えて、一七世紀におけるイギリスは、指導者に徳が欠けていたために民主政体の建設の努力を無力なものとして示すような格好の舞台を提供したといい、——またさらに、共和国において徳が消滅するならば、功名心がそれを受け入れやすい心情をもつひとびとを捉え、貪欲がすべてのひとを捉え、そこで国家は普遍的な略奪物となり、その強さをただ少数の個人の権力と万人の放恣にゆだねてしまうと述べている。——これについては、つぎのことに注意しなければならない。すなわち、もっと成熟した社会状態では、そして特殊性の力が発展して自由となった段階では、全体が、みずからを統括する力をもち、また、発展した特殊性の諸力に積極的ならびに消極的権利を授ける力をもつためには、国家指導者たちの徳では不十分となり、単なる志操の形式とは別の理性的法律の形式が必要となるということである。同様に、あたかも、民主的共和国においては徳の志操が実体的形式であるということから、君主政体においてはこの志操は不要であり、もしくはまったく存在しないと断言するかのような誤解、ましてや、あたかも、徳と、分節化された組織において法律的に規定された活動とは、相互に対立して相容れないものであるかのような誤解は避けられなければならない[56]。——貴族政体においては節度が原理となるのは、公共的権力と私的利益との分離がこの貴族政体においてはじまるからであるが、同時に、この両者は密接に接触し合うので、この政体はそれ自身において、たちまち暴政あるいはアナーキーというもっとも過酷な状態(ローマ史をみよ)に陥り、壊滅の瀬戸際にたつのである[57]。——モンテスキューが名誉を君主政体の原理として認めていることから、それだけですでにあきらかなのは、彼の理解しているのが、家父長的あるいは古代的君主政体一般でもなければ、客観的体制にまで形成された君主政体でもなく、封建的君主政体であって、しかもその国内法の諸関係が諸個人や団体〔ギルド〕の法的な私的所有および特権として固定化されているかぎりでのそれであるということである。このような君主政体においては、国家の生命は特権的人格に依存しており、その人格の好みに、国家の存立のためになされなければならないことの大部分がゆだねられている。それゆえ、これらの実行の客観的な準拠は義務にではなく、表象や臆見におかれることになり、こうして義務に代わってただ名誉が、国家を統括するものとなる。

誰が国内体制をつくるべきか、というまた別の問いがともすれば提出される。この問いは明瞭であるように思われるが、より詳細に考察すれば、ただちに無意味であることが判明する。というのも、この問いは、いかなる国内体制も存在せず、したがって諸個人の単なる原子論的な寄せ集めがあるだけだということを前提としているからである。そうなると、どのようにして諸個人の寄せ集めが国内体制に達するのか、みずからによるのかあるいは他人によるのか、平和的手段、思想あるいは暴力によるのか、という問題は、この寄せ集めにゆだねられざるをえないであろう。というのも、概念は単なる原子論的寄せ集めに関わり合うことはないからである。——しかし、先の問いがすでに現存する国内体制を前提としているとすれば、国内体制をつくることとは単に変更を意味するにすぎず、そして国内体制を前提にすることとは、とりもなおさず、変更は国内体制にかなった仕方でなされうるだけだということさえ含んでいる。――しかし、いやしくも端的に本質的なことは、国内体制は、時間のなかで生まれてきたものであるとはいえ、つくられたものとはみなされない、ということである。というのも、国内体制はむしろ端的に即自的かつ対自的に存在するものであって、これは、それゆえに、神的なもの、恒久的なものとして、つくられるものの圏域を越えるものとみなされなければならないからである。

補遺《国家形態の一面性》　最近の世界の原理は、一般に、精神的総体性のうちに現存しているすべての本質的な面が、それぞれの権利を獲得しながら、展開するという主観性の自由である。この立場から出発すれば、君主政体と民主政体とのどちらの形式がよりよい形式であるかという無意味な問い[59]を提出することはほとんど不可能である。みずからにおいて自由な主観性の原理に耐えることができず、また完成された理性に相応しえないあらゆる国家体制の形式は、一面的であるといってさしつかえないであろう。
〈ホトーより〉

二七四

精神は、自分が何であるかを知るものとしてのみ現実的であり、国家は、ある国民の精神として、同時にそのあらゆる関係にゆきわたっている法律であり、習俗であり、国家に属する諸個人の意識であるから、ある一定の国民の国内体制は、一般に、その国民の自己意識のあり方と陶冶教養に依存している。(60) この自己意識のうちに国民の主観的自由、したがって国内体制の現実性が存している。

ある国民に、たとえ内容上多かれ少なかれ理性的であるものだとしても、ひとつの国内体制をア・プリオリにあたえようとすること、——この思いつきは、まさに国内体制を空理空論の産物以上のものとしている契機をみのがしているであろう。各国民は、それゆえ、自分にふさわしい、自分につり合った国内体制をもつのである。

補遺《国内体制の歴史的条件》 国家はその国内体制においてすべての関係にゆきわたっていなければならない。たとえば、ナポレオンはスペイン人に国内体制〔憲法〕をア・プリオリにあたえようとしたが、しかしこれはとんでもない失敗におわった。国内体制

〔憲法〕は決して単につくられたものではないからである。それは、何世紀にもわたる労苦の成果であり、理念であり、ある国民において発展しているかぎりでの理念であり、理性的なものの意識である。したがって、いかなる国内体制〔憲法〕も単に主観によってはつくられない。ナポレオンがスペイン人にあたえたものは、彼らがかつて所有していたものより理性的であった。にもかかわらず、彼らはそれを疎遠なものとして斥けた。彼らはまだその段階にまで陶冶されてはいなかったからである。国民は自分の国内体制〔憲法〕に、自分の法と自分の状況の感情をいだかなければならない。そうでなければ、国内体制〔憲法〕は外面的に現存しえたとしても、それには、意味も価値もないのである。もちろん個々人においては、しばしば、よりよい国内体制〔憲法〕への要求と憧憬とがみいだされうるが、しかし民衆全体にこのような考えがゆきわたるということはまったく別のことであり、もっとのちになってはじめて生じることである。ソクラテスの内面性という道徳の原理は、彼の時代において必然的に産出されたのであるが、それが普遍的な自己意識になるまでには時間が必要であった。〈ホトーおよびグリースハイムより〉

a　君主権

二七五

君主権はそれ自身、総体性の三つの契機をみずからのうちに含んでいる[61]（二七二）。すなわち、それらは、国内体制〔憲法〕と法律の普遍性、特殊的なものの普遍的なものへの関係としての審議〔輔弼〕機関、および自己規定としての最終的決定の契機であるが、この自己規定へと他のすべてのものはたち戻り、またそこから現実性の端緒を受け取るのである。この絶対的自己規定が、君主権そのものを他から区別する原理をなしている。この原理がまず展開されなければならない。

補遺《君主権の概念》　われわれは、君主権、すなわち個別性の契機からはじめる。なぜなら、これは総体性としての国家の三つの契機を自分のうちに含むからである。すなわち、自我はもっとも個別的なものであると同時にもっとも普遍的なものである。自然においてもまた、まず個別的なもののありきである。だが、それは実在性、非観念性、相互外在性であって、自分自身のもとにあるものではない。むしろさまざまに異なった個別性が併存している。これに反して、精神においては、異なったものすべてが観念的なものとして、かつ統一としてのみ存在する。国家はこうして精神的なものとして、そのすべての契機の展開であるが、しかし同時に、個別性は魂をもつもの、活性化する原理であり、すべての区別をみずからのうちに包含する主権なのである。〈ホトーより〉

二七六

1　政治的国家の根本的規定は、その諸契機の観念性[62]としての実体的統一である。この統一において、（α）国家の特殊的諸権力と職務は溶解させられていると同様、保持されている。ただ保持されているといっても、それらは独立した権限をもつのではなく、全体の理念において規定されているような範囲におよぶ権限をもつにすぎず、全体の力から発出し、それらの単一の自己としての全体の流動的分肢なのである。

補遺《国家の有機的組織の契機の観念性》　諸契機のこの観念性は、有機的身体における生命と同じようなものである。生命は、どの点にも存在するが、すべての点に、ただひとつの生命が存在するのみである。そして、この生命に対する抵抗はない。これから分かたれると、それぞれの点は死んでしまう。このことがまた、すべての個々の職業身分、権力、職業団体の観念性であって、いかに、それらが存続し、自分だけで存在しようとする衝動をもっているにせよ、そうである。したがって、それは、また、それだけで定立されながらも、同時に揚棄され、犠牲にされて、全体へと移行する有機体の胃腸と同様である。〈グリースハイムより〉

二七七

(β) 国家の特殊的な職務および活動は、国家の本質的諸契機として国家に固有なものであって、これらに従事し、これらを機能させる諸個人に、その直接的人格性によってではなく、ただ彼らの普遍的で、客観的な資質によって結びつけられており、それゆえ、特殊的人格性そのものとは、外面的で、偶然的な仕方で結合されている。(63) 国家の職務および権力は、それゆえ、私的所有ではありえない。

補遺《国家の職務への採用》 国家の活動は諸個人に結びつけられている。しかし諸個人は職務を処理する資格を、彼らの自然的あり方によって認められるのではなく、彼らの客観的資質にしたがって認められるのである。能力、技能、性格は個人の特殊性に属する。個人は教育されて、特殊な職務に適するように陶冶されなければならない。それゆえに、官職は売却されることも相続されることもできない。フランスでは、高等法院の席がかつて売り買いされていたし、またイギリスの陸軍では、ある程度まで今日なお、士官の地位は売り買い可能である。しかしこのことは、特定の国々の中世的国内体制と関連していたか、あるいはまだ関連していることであって、今日では次第に消滅しつつある。〈グリースハイムより〉

二七八

これら、(α)と(β)の二つの規定、すなわち国家の特殊的な職務と権力は、それ自身としても、諸個人の特殊的意志においても、自立的で、固定化しているのではなく、それらの単一な自己としての、国家の統一において究極的な根源をもつという規定が、国家の主権を構成する。

これが対内主権である。主権にはなお他の側面、すなわち対外主権がある（以下をみよ）。——過去の封建的君主政体においては、国家はたしかに対外的には主権をもっていたが、しかし、対内的には君主だけではなく、国家も主権をもっていなかった。国家および市民社会の特殊的な職務と権力が独立の団体〔ギルド〕や共同体に専有され、したがって、全体は有機的組織であるよりはむしろ凝集体であったこともあるし（**二七三**注解参照）、また、特殊的な職務と権力が諸個人の私的所有物であり、そのために彼らが全体を顧慮しておこなうべきことが彼らの臆見や好みにまかされていたということもあった。——主権を形成する観念論は、動物的有機的組織において、それのいわゆる部分が部分ではなく、分肢すなわち有機的契機であり、部分が孤立化し、それ自身として存立することは病気（『哲学的諸学のエンチュクロペディー』二九三節）であるというのと同じ規定である。[64] この観念論は、また、意志の抽象的概念（**次節**注解をみよ）において、自分自身に関係する否定性として、したがって、すべての特殊性と規定性とがそこでは廃棄されたものである、自分を個別性へと規定する普遍性（**七**）として現れたのと同じ原理、すなわち自分自身を規定する絶対的な根拠である。これらのことを把握するためには、一般に、概念の実体であるとともに、真実な主観性であるものの概念に精通していなければならない。——主権はすべての特殊的権限の観念性であるから、それを単なる力や空虚な恣意と解したり、また主権を専制政体と同じ意義に解したりする、よくある誤解が生じやすい。しかし、専制政体とは、一般に無法状態をさすのであって、そこでは、君主の意志であろうと民衆の意志（衆愚政治）であろうと、特殊的意志そのものが法律として、あるいはむしろ法律に代わって通用してしまう。これに反して、主権は、まさしく法治的で、立憲的な状態において特殊的圏域と職務の観念性の契機を形成する。これはすなわち、その特殊的圏域が、独立的なものでも、その目的と活動様式において自立的なものでも、単に自分のうちに没入しているものでもなく、この目的と活動様式において全体の目的（これは一般には、不明確な表現ながら国家の利福とよばれてきた）によって規定され、かつそれに依存するということである。この観念性は二重の仕方で現象する。——平和状態においては、特殊的圏域と職務がその特殊的な職務と目的との充足の道を歩む。一面では、単にことがらの無意識的な必然性というあり方にしたがって、それらの利己心が相互の維持と全体の維持に寄与することに転じ（一八三をみよ）、また一面では、うえからの直接的介入というあり方によって、それらは絶えず全体の目的に引き戻され、これにしたがって制限される（二八九、統治権をみよ）とともに、またこの全体の維持のために直接の給付をなすようにもとめられる。——しかし、緊急状態においては、内外いずれの緊急状態であれ、主権の単一な概念にもろもろの特殊性からなる有機的組織が収斂してゆき、この主権に、国家の救済が、他のときにあたえられていた権限を犠牲にして、託されるのである。ここにおいていうまでもなく、かの観念論はそれ固有の現実性に達するのである(三二一をみよ)。

二七九

2　さしあたりは単にこの観念性の普遍的思想にすぎない主権が現存在するのは、もっぱら自分自身を確信する主観性として、また意志の抽象的な、そのかぎり根拠づけを要しない自己規定としてのみであり、そこに決定の最終点が位置するのである。これが国家の個体的なものそのものであって、ここにおいてのみ国家それ自身はひとつなのである。しかし、主観性は、その真の姿においては、ただ主観として存在し、人格性はただ人格として存在するのであり、実在的な理性的性格にまで達した国内体制においては、概念の三つの契機の各々は、それだけで現実的な、分離された形態をもつのである(65)。したがって、全体の、この絶対的に決定する契機は個体性一般ではなく、ひとりの個人、君主である。

学問の内在的展開、すなわちその全内容を単純な概念から演繹すること(さもなければ、学問は少なくとも哲学的な学問という名に値しない)が示す固有な点は、ひとつの同じ概念、ここでは意志が、はじめは、端緒であるから抽象的であるが、みずからを保持しながら、みずからの諸規定を、同じくただ自分自身によってのみ濃縮し、そのようにして具体的内容を獲得するということである。そこで、最初は直接的な法における抽象的人格性という根本的契機が、主観性のそのさまざまの形式を通じてみずからを陶冶しつづけ、そしてここ絶対的な法において、国家において、意志の完全に具体的な客観性において、国家の人格性となり、国家の自己確信となるのである。――この究極的なものは、すべての特殊性を単一な自己において揚棄し、諸根拠と諸反対根拠のあいだで揺れ動く思案にとどめを刺し、「われ意志する」ことによってそれらを決定し、あらゆる行為と現実性とをはじめるものである。――ところでさらに、人格性と主観性一般は、無限な、自分自身に関係するものとして、端的にただ真理をもっている、しかも、そのもっとも手近で直接的な真理を、人格すなわち対自的に存在する主観としてもっている。そしてこの対自的に存在するものは、同じく端的にひとりの者である。国家の人格性は、ひとりの人格、すなわち君主としてのみ現実的である。(66)――人格性は概念そのものを表現し、人格は同時に概念の現実性を含み、そして概念はこの現実性という規定を帯びてのみ理念であり、真理である。――いわゆる法人、社会、共同体、家族は、それ自身においていかに具体的であろうとも、人格性を単に契機として、抽象的にもつにすぎない。人格性はこれらのものにおいては、その現存在の真理にまで達してはいないのであるが、しかし、国家は、まさに、概念の諸契機が各々固有の真理にしたがって現実性に到達する総体性である。——これらすべての諸規定は、本書の全経過で、それぞれにまたその形態化においてすでに論じられてきたが、しかし、ここでもまた繰り返したのは、これらの諸規定はそれぞれの特定の形態ではたやすく認知されるのだが、しかし、それらがその真実な位置において、ばらばらにではなく、その真理にしたがって、理念の諸契機として現れるところでは改めて認識され、把握されることがないからである。——それゆえに、君主という概念は、屁理屈の立場すなわち反省的な悟性的考察にとっては、もっとも難解な概念である。なぜなら、この屁理屈の立場は、ばらばらな諸規定にとどまり、したがってまた、ただきまざまな根拠、有限な観点およびこれらの根拠からの演繹しか知らないからである。こうして、この立場は、君主の高位を、形式にしたがうだけではなく、その規定にもしたがって、演繹されたものとして描きだす。むしろ反対に、君主の概念は、君主は演繹されたものではなく、端的に自分からはじめるものであるということである。これにもっともよく該当するのは、したがって、君主の権利は神的権威にもとづくとみなす考え方である。というのも、この権威には君主の無制約的なものが含まれているからである。だが、この考え方にはいかなる誤解が結びついていたかは周知のことであり、哲学的考察の課題は、まさにこの神的なものを概念的に把握することなのである[67]。

国民主権は、ある国民が一般に対外的に独立し、自分自身の国家を構成するという意味で語られうる。ちょうどグレート・ブリテンの国民がその例である。しかし、イングランド、スコットランド、アイルランドのひとびと、あるいはヴェネツィア、ジェノヴァ、セイロン等々のひとびとは、自分自身の君主もしくは最高政府を自分でもたなくなって以来、もはや主権をもった国民ではなくなっている。――そしてまた対内主権についても、一般に全体についてのみ語られ、まったく上述のように（**二七七、二七八**）、主権が国家に帰属するということが示されているならば、主権は国民のうちに存するということができる。しかし、君主のうちに現存する主権に対立するものと解された国民主権というのが、近年国民主権について語られはじめた通常の意味である。――この対立においては、国民主権は国民という雑然とした表象にもとづく混乱した思想に属している。国民というものが、その君主およびこれと必然的で直接的に関連する全体の分節化なしに解されるとすれば、それはかたちを欠いた烏合《うごう》の衆であって、これはもはや国家ではなく、ここには、みずからのうちで形成された全体にだけ存する諸規定――主権、統治、裁判、政府、議会等々、何であれ――のいかなる、ものももはや属さない。有機的組織すなわち国家生命に関係するそのような諸契機が国民において現れるとともに、国民は単に一般的表象において国民とよばれるような未規定の抽象物であることをやめるのである。――国民主権のもとで共和政体の形式が、さらにより明確には、民主政体の形式が理解されるとすれば(というのは、共和政体のもとには、その他のまったく哲学的考察に属さない雑多な経験的混合物が取り込まれているから)、一面では、すでに(二七三注解で)そのことについて必要なことは述べられているし、他面では、発展した理念に反してまでそのような表象について語ることはできない。――国民が、家父長的血族として表象されるのでもなく、また民主政体の形式にでも貴族政体の形式にでもなりうるような未発達の状態において表象されるのでもなく(**同節**注解をみよ)、またそれ以外に恣意的で非有機的な状態において表象されるのでもなく、それ自身において発展した真実に有機的な全体として思惟される場合、そこにおいては、主権は全体の人格性として存在し、この人格性はその概念に適合した実在性においては、君主の人格として存在する。

国内体制が君主政体、貴族政体、民主政体に分類されていた先に述べられた〔歴史的〕段階〔二七三注解参照〕、すなわち、なおそれ自身のうちにとどまり、まだその無限の区別とそれ自身のうちへの深化とに達していなかった実体的統一の立場では、自分自身を規定する究極の意志決定の契機は、国家の内在的で有機的な契機として、それだけで固有な現実性において現れることはない。たしかにこのような未完成な国家の諸形態においても、つねにひとりの個人としての頂点が、それらに属する君主政体におけるように、ただそれのみで存在するにちがいないし、あるいは貴族政体におけるように、またとりわけ、民主政体におけるように、偶然や状況の特殊的要求に応じて、政治家や軍司令官のなかから出現するにちがいない。というのも、すべての行為と現実は、一指導者という決定する一性《いっせい》においてその端緒と完成とをもつからである。しかし、諸権力の硬直したままの集中に封じ込められていると、決定のこのような主観性は、その成立や出自において偶然的であらざるをえないし、また一般的に従属的であらざるをえない。それゆえに、このような制約された頂点の彼岸に、まじりけのない純粋な決定、すなわち、そとから規定する運命が存するしかなかったのである。理念の契機としては、この決定は現存在しなければならなかったが、しかし、それは、人間的自由および国家が包括する自由の範囲のそとに根ざしていたのである。――ここに、神託や（ソクラテスにおける）ダイモーンによって、また動物の内臓、鳥類の喰い方や飛翔等々から、国家の重大事に関する、また重要契機に対する最終の決定を引きだすという要求の根拠が存している。――その決定を、自己意識の深みをまだ把握しておらず、実体的統一の硬直したあり方を脱してこの対自存在にまで達していなかった人間は、人間的存在の内部にみる力をなおもっていなかったのである。――ソクラテスのダイモーンにおいて(上述**一三八**参照)、われわれは、かつてはただ自分自身の彼岸におかれていた意志が自分のうちへ移しかえられ、自分の内部においてみずからを認識したことの端緒をみることができる。[68] その端緒は、みずからを知るという、したがって真実の自由の端緒である。理念のこの実在的自由は、まさしく、理性的性格の各契機に、それら自身の現存の自己意識的現実性をあたえることであるから、これこそが、意志の概念において頂点をなす、自分自身を規定する究極の確信を、意識の機能に付与するのである。しかし、この究極の自己規定が人間的自由の圏域に属することができるのは、この規定が、すべての特殊化と制約を越えて、それだけとして分離された頂点という地位を占めるかぎりにおいてである。というのも、こうしてのみ、この規定はその概念にしたがって現実的であるからである。

補遺《君主の人格》 国家の有機的組織においては、すなわちここでは立憲君主政体においては、理念のそれ自身における必然性以外の何ものも考えられてはならない。他のいっさいの観点は消滅しなければならない。国家は、偉大なる建築学上の建造物として、あるいは現実性のうちに表現される理性の象形文字とみなされなければならない。こうして単に有用性、外面性等に関するすべてのものが哲学的営みから排除されなければならない。さて、国家が自分自身を規定する、完全に主権的な意志であり、究極の自己決定であるということを、表象も容易に理解する。だが、よりむずかしいことは、この「われ意志する」が人格として把握されることである。しかし、これによって、君主が恣意的に行為してよいといわれているわけではない。むしろ、君主は審議の具体的内容に拘束されており、そして憲法が確固としていれば、君主はしばしば自分の名前を署名すること以外にすべきことがない。しかし、この名前が重要である。それは何ものによっても越えられることができない頂点である。有機的分節化は、すでに、アテーナイの美わしき民主政体において存在していたということができるかもしれない。だが、ギリシア人は究極的決定をまったく外的現象から、すなわち神託、生け贄の動物の内臓や鳥類の飛翔から受け取ったこと、および、彼らは自然を、人間に善きことを告知し表明する力として扱ったことを、われわれはただちにみてとる。自己意識は、この時代にはまだ主観性の抽象にまでいたらず、また決定されるべきものに関して、「われ意志する」が人間みずからによって発言されなければならないというところにまで達していなかった。この「われ意志する」が古代世界と現代世界との大いなる区別をなし、またこの「われ意志する」は、国家という偉大な建造物において固有の現存在をもたなければならない。しかし、残念なことに、この規定は、外面的で、どうでもよい規定とのみみられている。〈グリースハイムより〉

二八〇

3　国家意志のこの究極的自己は、このような抽象化においては、単一であり、したがって直接的個別性である。それゆえに、その概念自身のうちに自然的性格の規定が含まれている。こうして、君主は、本質的には、他のいっさいの内容を度外視したこの個人として存在し、そしてこの個人は、直接的で、自然的な仕方で、すなわち自然的な生まれによって、君主の高位に定められている[69]。

純粋な自己規定の概念から、存在の直接性への、したがって自然的性格へのこの移行は、純粋に思弁的な性質を具えている。それゆえに、この移行の認識は論理学的哲学に属する。因みに、この移行は、意志一般の本性として知られている移行、および主観性から内容を(表象された目的として)定在へと変形する(八)過程である移行とだいたいにおいて同一のものである。しかし、理念の固有な形式、すなわちここで考察されている移行の固有な形式は、意志の〔単一な概念そのものの〕純粋な自己規定が、特殊的な内容（行為における目的）による媒介なしに、このものおよび自然的定在に直接的に転換することである。——神の存在についてのいわゆる存在論的証明[70]には、絶対的概念の存在への〔転換と〕同じ転換がある。この転換は近年における理念の深みをなしたものであるが、しかし最近では理解しがたいものといいふらされている[71]——概念と定在との統一（二三）のみが真理なのであるから、これによっては、真理の認識が断念されたことになる。悟性の意識は、この統一を自分のうちにもたず、真理の両契機の分離のもとにとどまっていながら、にもかかわらず、この〔神という〕対象においては概念と定在との統一への信仰をおそらく認めているのである。しかし、君主の表象は通常の意識にまったく親しいものとみなされるから、ここでは悟性はますますその分離に、またその分離に由来する自分の理屈っぽい才智の結論にとどまり、さらには、国家における究極の決定という契機が即自的かつ対自的に（すなわち理性概念においては）直接的な自然的性格と結合していることを否定する。ここからさしあたり、この結合の偶然性が導きだされ、そして両契機の絶対的な相違が理性的なものとして主張されることによって、さらにこの結合の非理性的性格が導きだされることになり、こうして、この結論には、国家の理念を破壊する別の諸帰結が結びつくことになる。

補遺《君主の個人性》　君主がまともに陶冶されないこともありうるし、君主がおそらく国家の頂点に位するのに値しないこともありうるから、君主によって国家のあり方が偶然的なものに左右されることになるとか、そのような状態が理性的なものとして現存在しなければならないのはばかばかしいことであるとかいう主張が、しばしば君主に対してなされるとすれば、性格の特殊性によるところが多いというこの場合の前提が、まさしく無意味なのである。完成した有機的組織においては、ただ形式的決定の頂点［と、激情に対する自然的堅固］だけが問題である。［だから、君主に客観的諸性質を要求するのは正当ではない。］そして、君主としては、「よし」[72]といい、最後の仕上げをおこなう［iのうえの点を打つ］人間のみが必要である。というのも、頂点は、性格の特殊性が意義をもつものであるべきではないからである。［君主のこの規定は、それが概念に合致しているゆえに、理性的である。しかし、それは理解されにくいために、君主政体の理性的性格が洞察されないことが、しばしば生じる。君主政体はそれ自身において確固としていなければならない。］君主がこの究極の決定を越えてなおもっているものは、問題にならないような特殊性に属しているものである。この特殊性のみが突出するような状態がありうるが、しかし、そのような場合には、国家はまだ完全には完成されていないのであり、あるいは、よく組織化されていないのである。よく秩序づけられた君主政体においては、法律には客観的側面のみが帰属するのであり、君主はその法律に主観的な「われ意志する」のみをつけ加えなければならないのである。〈ホトーより〉

二八一

分かたれることなき統一における両契機、すなわち意志の根拠づけを要しない究極的な自己と、したがって同じく根拠づけを要しない、自然にゆだねられた規定としての現存在、——恣意によって動かされないものというこの理念が君主の尊厳性をなしている。この統一のうちに国家の現実的統一が存し、この現実的統一は、これら両契機の内的および外的直接性によってのみ、特殊性の圏域に、すなわち特殊性の恣意、目的、意見などの手に落ちる可能性を、王位をめぐる党派と党派との争いを、国家権力の衰微や崩壊を免れているのである(73)。

世襲権と相続権は、単なる実定法上の根拠としてばかりでなく、同時に理念における根拠として、正統性の根拠をなしている。——確定した王位継承、すなわち継承の自然的順位づけによって、王位が空位になったさいにも、党派的抗争があらかじめ防止されているということは、王位の世襲を正当化するものとして長らく通用してきた一面である。とはいえ、この面は単に結果にすぎず、これが根拠とされると、君主の尊厳性は理屈づけの圏域に引き下げられてしまい、根拠づけを要しない直接性および究極的な自己内存在という性格をもつ尊厳性には、それに内在する国家の理念ではなく、それ以外のもの、それとは異なる思想、たとえば国家あるいは国民の利福がそれの根拠としてあたえられることになる。このような規定から、たしかに、世襲が結果として媒辞(*medios terminos*〔*medius terminus*〕)によって導きだされうるが、この規定はまた他の媒辞、したがって他の結果をも許すのである。——この国民の利福(salut du peuple)からどのような結果が引きだされたかはあまりにもよく知られている。[74] ——それゆえ、また、哲学のみが、この尊厳性を思惟によって考察することが許される。というのも、自分自身のうちで基礎づけられた無限な理念の思弁的な方法以外のすべての探求方法は、尊厳性の本性をまったく廃棄するからである。——選立君主国[75]は、もっとも自然な考え方であるようにみられやすい。ということは、この考え方が思想の浅薄さにもっとも近いということである。君主が配慮すべきことは、国民に関する要件および利益であるから、国民が自分の利福の管理を誰に委託したいのかは、国民の選挙にゆだねられていなければならず、そしてこの委託からのみ統治権が発生するというのである。この見解は、最高官職としての君主という考えや、君主と国民との契約関係等々についての考えと同様に、多数者の好み、臆見、恣意としての意志から出発している。――そのような意志の規定は、すでにみられたように、市民社会において第一のものとして通用しているもの、あるいはむしろ通用するように欲しているものであるが、それは、家族の原理でもなければ、いわんや国家の原理でもなく、一般に人倫の理念に対立するものなのである。――選立君主国は、むしろ諸制度のうちで最悪のものであるということは、理屈づけにとっても、もろもろの帰結からすでにあきらかなのである。それにしても、これらの帰結は、理屈づけにとってはただ可能的なそして蓋然的なものと思われるにすぎないのであるが、しかし実際はこの制度に本質的に存しているのである。すなわち、選立君主国においては、特殊的意志が究極的決定者とされるという関係の本性によって、その国内体制は選挙合意事項となるのであり、いいかえれば、国家権力を特殊的意志の裁量にゆだねることになるのである。ここから、国家の特殊的な諸権力が私的所有に転じ、国家主権の衰微と喪失、したがって国家の内的な解体と外的な破壊が生じるのである。(76)

補遺《君主政体の理念》 君主の理念を把握しようとするならば、神が国王を任じたのであるといって、満足することはできない。というのは、神は万物を、最悪のものさえも創造したからである。また有用さの見地によっても大してえるところはなく、その欠陥がつねに示されるのである。君主を実定法上の存在と考えても同様に役にたたない。私が所有物をもつということは必然的である。だが、この特殊的な占有は偶然的であるから、誰かが頂点に位しなければならないという法も、これを抽象的、実定的にみるならば、偶然的であるように思われる。しかし、この法は、感じられた要求として、またことがらの要求として、即自的かつ対自的に現存している。君主は体力あるいは精神に関して優越しているわけではないが、しかし幾百万人の国民が君主によって支配される。そこで、人間はその利益や目的や意図に背いて支配されているといわれるとしたら、これは不合理である。人間はそこまで愚鈍ではないからである。人間たちに、彼らの外見上の意識に反してまでも、服従を強い、かつ彼らをこの関係にとどめるものは、彼らの欲求なのであり、理念の内的な力なのである。このように、君主が国内体制の頂点およびその部分として登場するとすれば、征服された国民は、この君主と同一の国内体制にいるのではないといわれなければならない。戦争で征服された地域において反乱が勃発した場合、これは、有機的統一のある国家における反逆とは異なるものである。被征服者は反乱によって彼らの君主に反抗しているのではない。すなわち彼らは国事犯を犯しているのではない。というのも、彼らは、理念の連関においても、国内体制の内的必然性においても支配者と歩みをともにしているわけではないからである。ここには契約があるのみで、国家的結合は存在しない。「余はおまえたちの君主ではない、余はおまえたちの主人である（Je ne suis pas votre prince, je suis votre maître.）」とナポレオンはエルフルトの代表者たちに向かって答えた。[77]〈グリースハイムより〉

二八二

君主の主権から犯罪者の恩赦権が発生する。というのは、生起したことを生起しないものとし、犯罪を赦免と忘却のうちに無化する精神力の実現は、ただこの主権にのみ属することだからである。

恩赦権は、精神の尊厳性の最高の承認のひとつである。――そのうえ、この権利は、より高次の圏域の規定を、これに先行する低次の圏域へ適用することあるいは反映させることのひとつをなしている。――しかし、この種の適用は、経験的範囲において対象を取り扱わなければならない特殊的学問に属している（**二七〇**注解と注参照）。

――このような適用には、また、国家一般の毀損、あるいは君主の主権、尊厳性、人格性の毀損が、上述(**九五**から**一〇二**)の犯罪概念のもとに包摂されるということ、しかも最高の犯罪として規定され、[そして]それに対する特別の処置等々が規定されるということも属している。(78)

補遺《尊厳と恩赦》　恩赦は刑罰の免除であるが、この免除は、法を廃棄しはしない。それどころか法はそのままであり、被赦免者は以前と同じく犯罪者である。恩赦は、彼が犯罪を犯さなかったとはいっていない。刑罰のこのような廃棄は宗教によって生じうる。というのも、生起したことが精神において、精神によって、生起しなかったものとされうるからである。しかし、このことが現世においてなされるかぎり、これは、ひとえに君主の尊厳性にのみその場所をえるのであり、そしてただその根拠づけを要しない決定にのみ属しうるのである。〈ホトーより〉

二八三

君主権に包含される第二のものは、特殊性の契機、あるいは規定された特定の内容と、それの普遍的なものへの包摂という契機である。この契機が特殊的現存在をもつかぎり、それは最高審議〔輔弼〕職[79]とその職に就いている諸個人であり、彼らは、発生している国事の内容、あるいは現存の要求にもとづいて必要となってくる法律的諸規定の内容を、それらの客観的側面、決定根拠、およびそれに関する法律、事情等々ともども、君主をまえにしての決定の場にもたらす。この職務に対する諸個人の選任と罷免は、彼らが君主の直接的人格と関わり合うことから、君主の無制約的な恣意に属することになる。

二八四

決定の客観的なもの、すなわち、その内容や事情の知識、法律上およびその他の規定根拠だけが、責任を負う資格のあるもの、すなわち、客観性の証明をすることができるものであり、したがって、君主の人格的意志そのものとは区別された審議〔輔弼〕機関に帰属することができる。そのかぎり、この審議〔輔弼〕職あるいはこの職に就いている諸個人のみが責任を問われるのであって、それに対して、究極の決定をおこなう主観性としての君主の固有な尊厳性は、統治行為へのいっさいの責任を超越しているのである。

二八五

君主権の第三の契機は、即自的かつ対自的に普遍的なものに関わる。この普遍的なものは、主観的な点では、君主の良心のうちに存し、客観的な点では、国内体制の全体と諸法律のうちに存する。そのかぎり、君主権は他の諸契機を前提としているが、それは他の諸契機のどれもが君主権を前提としているのと同様である。

二八六

君主権や、王位の世襲による合法的継承等々の客観的保証は、君主権の圏域が、理性によって規定された他の諸契機から分離されたその現実性をもつのと同様に、他の諸契機もまたそれ自身で、それぞれの規定に固有な権利と義務をもつ、という点に存している。理性的な有機的組織においては、各分肢は、自分だけで自分を保持しながら、まさにそのことによって、他の諸分肢をそれらに固有なあり方において保持するのである。

君主政体を、長子権にしたがって確定された世襲的王位継承にまで仕上げ、そのことによってこの政体を、その歴史的出発点である家父長的原理に、しかも有機的に展開した国家の絶対的頂点としての、より高次の規定において、回帰させたことは、歴史のより後代の成果のひとつである。この成果は、公共的自由と理性的国内体制にとってもっとも重要なものである。とはいえ、これは、上述したように、すでに顧慮されてはいても、往々ほとんど概念的に把握されていないのである。昔の単なる封建君主政体は、専制君主政体と同様に、歴史において、諸侯の反逆や暴行、内乱、君主や王朝の没落の変転、およびそこから生じる内的外的な一般的な荒廃と破壊を示している。なぜならば、このような体制の状態においては、国務の各部分が臣下や高官《パシャ》等々に委託されていることによって、国務の分割が単に機械的になり、国務の規定と形式の区別ではなく、権力の大小による区別となるからである。こうして、各部分は、自分を維持することによってただ自分のみを維持し、生みだすだけで、そこで同時に他の部分を維持し、生みだすということはなく、それぞれが独立しているために、すべての契機をまったく自分自身でもっている。部分でなく、各分肢が相互に関係する有機的関係においては、各々が自分自身の圏域を満たすことによって、他の分肢を維持するのであり、それぞれにとって、他の諸分肢を維持することが、同様に、自己自身の維持のための実体的目的であり、また結果なのである。(80) いま問われている保証は、それが王位継承あるいは君主権一般の確保のためであれ、正義、公共的自由等のためであれ、すべて諸制度によって保護することである。主観的保証としては、国民の愛、性格、宣誓、権力等々が考えられうるが、しかしまた、国内体制〔憲法〕について語られる場合には、ただ客観的保証、諸制度、すなわち有機的に組み合わされ、条件づけ合う諸契機だけが問題なのである。こうして、公共的自由一般と王位継承とは、相互に保証し合うものであって、絶対的関連にたっている。なぜなら、公共的自由は理性的な国内体制であり、君主権の継承はすでに指摘したように、この体制の概念のうちに存する契機であるからである(81)。

b 統治権

二八七

君主の決定を実行し適用すること、一般的には、すでに決定されたこと、現行の諸法律、諸組織、共同的な目的のための諸施設等々を継続的に機能させ、保持することは、決定そのものからは区別される。この包摂の職務一般を、統治権がみずからのうちに包括している。この統治権のもとにはまた、司法権[82]と行政権[83]も包括されている。これらは、市民社会の特殊的なものにより直接的に関係して、これらの諸目的のうちで普遍的利益を通用させるのである。

二八八

市民社会に属していて、国家それ自身という即自的かつ対自的に存在する普遍的なものの外部にある共同の特殊的利益（二五六）は、諸共同体、その他の産業および職業身分の諸団体（二五一）、ならびにそれらの監督者、管理者、経営者等々の管轄のもとにある。彼らが配慮するこれらの要件は、一面では、これらの特殊的圏域の私的所有および利益であり、この面からすれば、彼らの権威は同じ職業身分の仲間や市民たちの信頼にもとづいており、また他面では、これらの集団[84]は国家のより高次の利害に従属させられなければならない。そのかぎり、これらの地位への任命のためには、一般に、これらの利害関係者間での公選と国家によるより高次の是認および任命との混合が生じるであろう[85]。

二八九

普遍的国家利益と法律上のことがらをこれらの特殊的法〔権利〕のうちで確保すること、またこれらの法〔権利〕を普遍的国家利益に引き戻すことは、統治権の代理者による配慮、監督を必要とする。これらの代理者は、執行官僚および、審議をなす、そのかぎり合議体的に構成された上級諸機関であり、これらの機関は、君主直属の最高諸頂点〔最高審議〔輔弼〕職〕のもとで合流するのである(86)。

市民社会は万人に対する万人の個人的な私的利益の闘争の場であるように(87)、そこでは、私的利益が共同的な特殊的要件と争い、また後者が前者とともに、国家のより高次の観点および指令と争う。特殊的圏域の権限が是認されて生じる職業団体精神は、同時にそれ自身において国家の精神に転化する。というのも、この精神は、国家のうちに特殊的目的を保持する手段をもつからである。このことが、市民が国家をみずからの実体として知るという面からみた、市民の愛国心の秘密であるが、それは、国家が市民の特殊的圏域、その権限、権威および安寧を保持するからである。職業団体精神は、特殊的なものが普遍的なものに根ざすということを直接含んでいるので、そのかぎり、この精神のうちには、国家が志操においてもつその深さと強さが存している(88)。

職業団体の要件がそれ自身の長たちの手によって処理されることは、しばしば不首尾におわるであろう。彼らが職業団体固有の利益と要件を知り、気づかうことはあっても、しかし、隔たった諸条件のつながり方や普遍的観点を知り、気づかうことまでも完全になしえているわけではないからである。――その他のさまざまな事情、たとえば、長たちと彼らに従属すべきひとびととの密接な私的接触およびそれ以外の対等な関係、またこれらのひとびとの多様な依存関係等々が加わって、この処理を不首尾におわらせるであろう。しかし、市民自身のこの圏域は、形式的自由(89)の契機にゆだねられているとみなすことができる。ここでは、各自の認識、決心および実行が、小さな情念や空想と同様に、かけずり回って争うのである。――このことは、これによって毀損され、配慮がますます不十分となり、困難となるような要件の内容が、国家のより普遍的なものにとって重要ではなくなってくればくるほど、またこのような些細な要件への面倒なあるいは愚かな配慮が、それから生じる自己満足やひとり呑み込みと直接関係させられるようになればなるほど、甚だしさを増すのである。

二九〇

統治の職務においても同様に労働の分業化（一九八）が生じる。諸官庁の有機的組織は、そのかぎり、形式的ではあるが、困難な課題を負うことになる。すなわち、市民生活は、それが具体的に営まれる場所である下部から、具体的な仕方で統治されなければならないのであるが、しかし、この統治の職務は抽象的な諸部門に分割されて、それぞれの部門が別々の中心点としてのそれぞれ固有の諸官庁によって取り扱われつつも、これら諸官庁の活動が、下部に向かって、最高統治権におけると同様に、具体的展望へとふたたび統合されなければならないのである(90)。

補遺《官庁の組織》　統治権において問題となる第一の点は、職務の分業である。統治権は普遍的なものから特殊的なものおよび個別的なものへの移行と関わり、その職務はさまざまな部門に分割されなければならない。しかし困難な点は、これらの職務が上部に向かっても下部に向かってもふたたび合一することである。というのも、たとえば行政権と司法権とは相互に分岐してはいるが、しかし、何らかの職務においてはやはりふたたび結びつくからである。ここに適用される便法はしばしば、上級部門からの指導を簡略化するために、国家宰相、首相、内閣総理等を任命することである。しかし、これによってはまた、すべてがふたたび上部から、内閣の権力から発することになり、諸職務が、いわゆる集権化されることになる。これによって、普遍的な国家利益のためになされなければならないことが、もっとも容易に、迅速に、有効になされることにはなる。このような統治形式は、フランス革命によってはじめられ、ナポレオンによって完成されて、今日なおフランスにおいて存在している(91)。これに対して、フランスには、職業団体および自治団体、すなわち、特殊的利益と普遍的利益とが結合する集団が欠けている。中世においては、もちろんこの集団があまりにも大きな自立性を獲得して、国家内における国家となり、独立の団体として頑強にふるまった(92)。しかし、こんなことがあってはならないにしても、このような共同体のうちに国家本来の強さが横たわっているといってよいであろう。共同体のうちで、政府は権限が是認された利益をみいだすのであり、この利益は政府によって敬意を示されなければならないのである。そして、行政がこのような利益をひたすら促進することができ、しかしまたそれを監督しなければならないかぎり、個人はここに自分の諸権利を行使するための保護をみいだし、自分で特殊的利益を全体の維持に結びつける。数年来、絶えず上部からの有機的組織化が企てられ、そしてこの組織化に主要な努力が払われた(93)。しかし、下部のもの、全体の大多数は多かれ少なかれ有機的に組織化されずに放置されがちである。ところが、この下部のものの有機的組織化がもっとも重要なのである。というのも、こうしてのみ、それは力であり、威力であるのであって、さもなければ、ばらばらにされた原子の寄せ集めや群がりにすぎないからである。権限をもった威力は特殊的圏域の有機的に組織化された状態にのみ存在する。〈グリースハイムより〉

二九一

統治の職務は、客観的で、その実体にしたがってそれだけですでに決定された性質のものであるとともに(二八七)、諸個人によって遂行され、現実化されるべきものである。この両面のあいだには、いかなる直接的で、自然的な結合もない。したがって、個人は自然的な人格性や生まれによってこの職務に就くように定められてはいない。個人をこの職務に就くように定めるための客観的契機は、個人の能力の認知と証明である。——この証明は、国家にはその要求を保障し、そして同時に唯一の条件として、すべての市民には普遍的身分に就く可能性を保障するのである(94)。

二九二

そのさい、採用における客観的なものは、（たとえば芸術におけるように）天才性のうちには存しないから、必然的に、その長所が絶対的には規定可能なものではないような不特定多数のひとびとが存在することになる。このような多くのひとのなかからこの個人がひとつの地位に選ばれ、任命されて、公務の遂行を委任されるという主観的側面、すなわち、それ自身としては相互にとってつねに偶然的な二つの面としての個人と官職とのこの結合〔就任〕は、決定力と主権を具えた国家権力としての君主権に属している。

二九三

君主政体が諸官庁に委任する特殊的な国務は、君主に内在する主権の客観的側面の一部を構成する。これらの職務の規定された区別も同様に、ことがらの本性によってあたえられている。そして、諸官庁の活動が義務の遂行であるように、それの職務もまた偶然性を脱した法〔権利〕である。

二九四

主権の機能によって(二九二)官職に結合させられている個人は、この結合の条件として、みずからの義務の遂行、すなわち、みずからの関係〔地位〕の実体的なものを命じられている。この結合において、個人は、この実体的関係の結果として、資産と、自分の特殊性が充足されていること(二六四)の保障を、そして、自分の外的地位や公務がその他の主観的な依存性や影響から解放されていることをみいだすのである[95]。

国家は、恣意的で随意な勤め(たとえば遍歴の騎士によっておこなれた裁判のような)をあてにしない。なぜなら、まさしくそのような勤めは随意で、恣意的であって、主観的意図にしたがって勤めを遂行することと同様に、勝手に実行しないことや主観的目的を実現することが〔権利として〕留保されているからである。遍歴する騎士の対極にあるものは、官職に関して、真実の義務も権利も心えることなしに、単に生活上の必要から職務に結びつけられているような公僕であろう。——官職は、むしろ主観的目的の自分だけでの随意な充足を犠牲にすることを要求し、したがって、この充足を義務にかなった勤めにおいて、しかもただこれにおいてのみ、みいだす権利をあたえるのである。この面からみて、ここに国家の概念およびその内的堅固さをなす(二六〇)普遍的利益と特殊的利益との結合が存している。——官職関係は、そこに双方の同意と双方の側からの給付とが存するにせよ、これもまた契約関係(七五)ではない。公務に就く者は、嘱託の場合のように、個々の偶然的服務に任ぜられるのではなく、むしろ彼の精神的、特殊的現存在の主要な関心をこの関係のうちにおいている。同様に公務に就く者が遂行しなければならないであろうもの、彼に託されているであろうものは、その質からみて外的な、単に特殊的なことがらにすぎないのではない。そのようなことがらの価値は、内的なものとしてその外面性とは異なり、そして協定の相手方の不履行においてもなお侵害されることがない(七七)。しかし、国家の公僕が遂行しなければならないことは、直接あるがままに、即自的かつ対自的な価値なのである。不履行とかあるいは積極的侵害による不法(服務違反の行為、というのも両者はそのようなものであるから)は、それゆえに、普遍的内容そのものの侵害であり(九五、否定的無限判断参照)[96]、そのために違反、あるいは犯罪でもある。——特殊的欲求の充足が保障されることによって、公務と義務を犠牲にして特殊的欲求の手段を追求することを促すような外的必要は除去されている。普遍的国家権力のもとで、[国]務に任ぜられた者は、他の主観的側面から、すなわち、普遍的なものが自分の意に反して妥当することによって、自分の私的利益等々が損なわれるような被治者たちの私的憤激から、保護されているのである。

二九五

官庁とその官僚の側からの権力濫用に対する国家および被治者の保護は、一方では、直接的にその階層秩序と責任体制に存し、他方では、共同体と職業団体との権限に存している。この権限によって、官僚に託されている権力への主観的恣意の混入そのものが阻止されて、個々の官僚の動作挙動にまではおよばない上部からの監督が、下部から補完されるのである。

官僚の動作挙動と官僚の陶冶教養のうちに、法律および統治の決定が個別性と接触し、現実において通用させられるさいの接点が存している。こうしてこれが、統治に対する市民の満足および信頼がもとづく場であるとともに、また統治の意図の執行、あるいはその弱体化および挫折がもとづいている場でもある。というのも、執行の仕方は、感情や志操によって、それだけですでに重荷ともなりうるような執行の内容そのものと同じくらい高く評価されてしまいがちだからである。この統治の執行の仕方に関する上部からの監督が不十分にしかその目的を達成しないゆえんは、統治と個別性との接触における直接性と人格性に存している。この目的はまた、官僚の、すなわち部下に対しても、上部の者に対しても結束する一身分の共同の利益によって阻害されることもある。とくに制度がその他の点でもまだ不完全である場合には、この阻害を除去するために、主権のより高次の干渉（たとえば、悪評高い製粉業者アルノルト訴訟事件におけるフリードリヒ二世の干渉のように(97)）が必要とされ、また正当とされるのである。

二九六

しかし、動作挙動の冷静さ、合法性そして穏健さが慣習となることは、一面では、直接の人倫上および思想上の陶冶教養と関連している。この陶冶教養は、統治の諸圏域の諸対象に関するいわゆる学問の修得、必要な職務上の訓練、実際の労働等々がそのうちに具えている一種機械的なものやその類いのものに対して、精神的平衡を保持するのである。また他面では、国家の偉大さが主要な契機であり、それによって、家族およびその他の私的な結合の重みが弱められるとともに、また復讐、憎悪、およびその他の同類の激情が力を失い、したがって鈍麻してくる。偉大な国家に存する大なる利益に取り組むことで、これらの主観的側面はそれだけで消え失せ、そして普遍的利益、普遍的意図および普遍的職務の習慣が生まれるのである。

二九七

統治機関の構成員および国家公務員は、中間的身分(98)の主要部分を構成している。国民の大多数の教養ある知性と法的意識は、この身分に属する。この身分が貴族の孤立した立場をとらないように、また陶冶教養と技能が恣意や支配の手段とならないようにするのが、上部から下部への主権の制度であり、下部から上部への職業団体の権利にもとづく制度である。

それだから、かつては、法律の知識が博識や外国語のうちに覆い隠されたり、訴訟手つづきの知識が煩瑣な形式主義のうちに覆い隠されたりして、すべての個人の固有な利益を対象とする司法が、営利と支配との道具に転化したのであった(99)。

補遺《中間的身分の意義》　国家公務員の属する中間的身分には、国家の意識ともっとも卓越した教養がある。それゆえに、この身分はまた、合法性と知性とに関して国家の支柱をなしている。中間的身分が存在しない国家は、したがって、まだ高い段階にたってはいない。農奴である集団と統治している集団とをもつロシアがその例である。この中間的身分が形成されることは、国家の主要関心事である。しかし、これは、われわれがみてきたような有機的組織においてのみ、すなわち相対的に独立した特殊的諸集団への権限の是認によって、そして、そのような権限があたえられた諸集団に対しては恣意が砕かれるような官僚の世界によってのみ、生じることができる。普遍的な法にしたがう行為とこの行為の習慣は、それぞれ自立した諸集団がつくりなす対立の結果である。

〈ホトーおよびグリースハイムより〉

c　立法権

二九八

立法権は、法律がさらに進んだ規定を必要とするかぎりで法律そのものに、そしてその内容からみてまったく普遍的な国内的諸要件に関係する。この権力は、それ自身、国内体制〔憲法〕の一部であり、これはこの権力の前提となっている。そのかぎりでは、国内体制〔憲法〕は、即自的かつ対自的に、立法権による直接的規定のそとに存するが、しかし、法律がさらに形成されてゆき、また、普遍的な統治諸要件の性格が進展してゆくことによって、いっそうの展開を遂げるのである。

補遺《国内体制の発展》　国内体制〔憲法〕は即自的かつ対自的に、立法権が存立するための確固とした、妥当している地盤でなければならない。それゆえ、それははじめに一挙につくられる必要はない。国内体制はこのように存在するのであるが、しかし同じくそれは本質的に生成する、すなわち、陶冶教養において進展するのである。この進展は、目だたない、変化の形式をもたない変化である。たとえば、ドイツにおいて、諸侯およびその家族の資産は、最初は私有財産であり、やがて、闘争や抵抗なしに国有地、すなわち国有財産に転化したが、このことは、諸侯が財産を分割しないでおく必要を感じて、領邦と領邦等族にその保証を要求し、こうしてこれを、もはや彼らが単独では処分することができない資産の存続の仕方に組み込んだことによる。[100]似たようなやり方であるが、昔は皇帝が裁判官であって、帝国を裁判しながら巡回した。陶冶教養が、単に外見上ではあるが進展したことによって、皇帝が次第に他人にこの裁判職を委任することが外面的にも必要となり、こうして司法権の、君主の人格から専門集団への移行がなされた[101]。このように、ある状態の継続的な形成は、外見上静かで目につかないものである。長い時間が経過して、このように国内体制は以前とまったく異なる状態にいたるのである。

〈ホトーより〉

二九九

立法権の諸対象は、諸個人との関係において、さらに二つの面から規定される。すなわち、（α）国家によって諸個人に役だつようになり、そして諸個人が享受すべきものという面と、（β）諸個人が国家に対して給付しなければならないものという面からである。前者には、私法的な法律一般、共同体と職業団体との諸権利、まったく一般的な諸配備、および間接的には（**二九八**）国内体制の全体が含まれている。しかし、給付されるべきものは、それが諸物と給付の現存在する普遍的価値としての貨幣に還元されることによってのみ、正当な仕方で規定されうると同時にまた、個人が給付することができる特殊的労働と奉仕が個人の恣意によって媒介されるという仕方で規定されうる。

普遍的立法の対象であるものと、行政諸官庁の規定や統治機関の規制一般にゆだねられるべきものとは、前者には、ただ内容上まったく普遍的なもの、法律的諸規定のみが属するが、後者には、特殊的なもの、執行の仕方が属するというように、たしかに一般的には区別される。しかし、この区別が、もとより完全に規定されているわけではないのは、法律が法律であって、(「汝、殺すなかれ」のような、一四〇注解(d)以下参照)単なる命令一般ではないためには、法律はそれ自身において規定されていなければならないが、しかし、法律が規定されればされるほど、その内容は、ますます、それがあるがままに執行されやすい状態に近づくことになるからである。しかし同時に、それほどまでに規定することは、現実の執行のさいに修正をこうむらざるをえないような経験的側面を法律にあたえるであろうし、このことは法律の性格を破損することとなるであろう。国家諸権力の有機的統一には、普遍的なものを確立するものと、それを規定された現実性にもたらし、執行するものとがひとつの同じ精神であるということがまさしく含まれている。——国家においてまず注意を引くのは、国家は、〔諸個人の〕多くの熟練、所有物、ふるまい方、才能、およびそれらに含まれている、無限に多様で、同時に志操と結びついている生ける資産から、直接の給付を要求するのではなく、貨幣として現れるひとつの資産のみを要求するということである。——

外敵に対する国家の防衛に関わる給付は、後節ではじめて考察される義務に属する。ところで、実際は、貨幣は、その他の資産と並ぶ特殊的資産ではなく、諸資産の普遍的なものであるのだが、それは、諸資産がひとつの物件として把握されうるような、定在の外面性へと現れるかぎりにおいてである。このもっとも外面的な頂点において、諸給付の量的規定性、したがってその公正と平等とが可能となる。――プラトンは彼の国家論において、支配者によって諸個人を特殊的身分に配分させ、そして諸個人に特殊的な給付を負担させている（一八五注解参照）。封建君主政体においても、同じく臣下は特定されていない奉仕を、しかしまた彼らの特殊性において、たとえば裁判官の職務等々を果たさなければならなかった(103)。東洋やエジプトにおけるかの大規模な建築事業等々に対する給付も同じく特殊的性質のものである等々。これらの関係においては、主観的自由の原理、すなわち、このような給付においては当然その内容上特殊的なものである個人の実体的行為が、個人の特殊的意志によって媒介されているという原理が欠けている。――この主観的自由の原理は、普遍的価値の形式で給付を〔国家が〕要求することによってのみ可能となる権利であり、そしてこの〔貨幣による給付への〕転換をもたらした根拠である権利なのである。

補遺《国家への給付》 国内体制の二つの面は諸個人の権利と給付に関わる。給付に関しては、それは今日ではほとんどすべて貨幣に還元される。兵役の義務が今日ではほとんど唯一の人格的給付である。以前は個人の具体的なものがはるかに多く要求された。そして、個人は、彼らの技能に応じて労役に徴用された。今日では、国家はみずから必要とするものを購入する。このことは、最初は抽象的で、死せる、心情なきものと思われるかもしれない。また国家は、抽象的給付で満足することによって、堕落してしまったかのようにさえみられうる。しかし、現代の国家の原理には、個人のなすことがすべて彼の意志によって媒介されていなければならないということが含まれている。しかも、貨幣によって、平等の正義がはるかによく遂行されうる。そうではなく、具体的な能力が問題になるならば、有能者はつねに無能者よりも重い税を課せられることになってしまうであろう。いまやしかし、誰かを捉えるのは、そのひとが捉えられうるところにおいてのみであるということによって、まさに主観的自由に対する尊敬が明示されるのである。〈ホトーより〉

三〇〇

総体としての立法権においては、まず第一に、二つの別の契機が機能している。すなわち、最高決定が帰属するものとしての君主的契機と、――統治権である。これは、全体の多様な側面と、そこで確立された現実的諸原則とについての具体的な知識と洞見とをもって、またとくに国家権力の要求についての知識をもって審議する契機である。――最後に、議会的要素である。

補遺《大臣と議会》　たとえば、フランスの憲法制定議会がしたように、統治機関の構成員を立法府から排除しようとするのは[104]、国家についての誤った見解に属する。イギリスでは、大臣は議会の構成員でなければならない。そしてこのことは、統治に加わるものが立法権に関連すべきではあっても、それに対立すべきではないというかぎり、正当である。いわゆる諸権力の分立という見解は、独立した諸権力にもかかわらず相互に制限し合うべきであるという根本的誤謬を含んでいる。しかも、この分立によって、何をおいてももとめられなければならない国家の統一が廃棄されるのである[105]。〈ホトーおよびグリースハイムより〉

三〇一

議会的要素は、普遍的要件が単に即自的にのみならず、また対自的にも現存在するようになるという規定、すなわち、主観的な形式的自由の契機、つまり多数者の見解と思想である経験的普遍性としての公共的意識がそこにおいて現存在するようになるという規定をもっている。

多数者(οἱ πολλοί)という表現は、よくいわれる万人という表現に比べていっそう正確に経験的普遍性をいいあてている。というのも、さしあたり、この万人のもとでは少なくとも子どもや婦人等々が考えられてはいないということは自明であるといわれるならば、万人というまったく規定された表現を、まだまったく規定されていないものが扱われている場合に使うべきではないことは、なおいっそう自明だからである。(106)——一般に国民、国内体制〔憲法〕および議会については、語り尽くせないほど多くの誤った考え方や語り方が世評のなかに流布してしまっているので、これらを取り上げ、論じ、訂正しようとすることは徒労であろう。議会での討議の必要性あるいは有用性に関して常識がさしあたり普通いだくような考えは、おそらく主として、〔第一に〕国民を代表する議員が、それどころかまさにその国民が、何が国民の最善に資するかをもっともよく理解しているにちがいないということ、そして、〔第二に〕国民がこの最善のための疑いなく最善の意志をもっているということである。第一の点に関しては、国民はむしろ、このことばで国家の構成員の特殊な部分が示されているかぎり、自分が何を意志するかを知らない部分を表現するというのが実状である。ひとが何を意志するかを知ること、ましてや、即自的かつ対自的に存在する意志、すなわち理性が何を意志するかを知ることは、深い認識と洞察との成果であって、これはまさに国民の関知することがらではない。――普遍的に最善なるものと公共の自由のための、議会にもとづく保証は、少しく考えれば、議会の特殊的な洞察のうちにはみいだされないのであり、――というのも、最上級の国家公務員は、必然的に、国家の組織や要求の本性へのいっそう深くて包括的な洞察ならびにこの職務に関するいっそう優れた技能と習慣とを身につけ、そして議会開期中に絶えず最善を尽くすにちがいないように、議会なしでも最善を尽くすことができるからである――むしろその保証は、一部には、たしかに議員が主として、上位機関の監視の眼を遠く免れているような公務員の行動を監視し、とりわけ公務員が具体的に直面している差し迫った特定の要求と不足とを洞察するという付加的なもののうちにある。しかし、また一部には、その保証は、多数者による〔公務員についての〕予期されるべき評定が、しかも公的な評定がもたらす効果、すなわち、公務員がまえもって最善の洞察を職務や提案すべき計画に向け、これらをもっとも純粋な動機にしたがってのみ調整するようになるという効果のうちにある。——これは、議会の構成員みずからにも同じようにおよぶ強制である。しかし、普遍的に最善なるものに向けて議会がとりわけもつ善き意志という第二の点に関しては、すでに指摘されていることであるが〔二七二注解〕、統治において悪しき意志、あるいはほとんど善良ではない意志を前提とすることは、浮浪者の見解に、否定的なものの一般の立場に属するのである。——もしこの前提が同じ形式で応答されるべきであるならば、これはさしあたって、議会は個別性、私的見地および特殊的利益に由来するがゆえに、議会は普遍的利益を犠牲にして、これらのためにその活動力をあやつる傾向があるという反訴を招くのが落ちである。というのは、これに反して、国家権力の他の諸契機は、すでにそれ自身で国家の見地に立脚して、普遍的目的に献身しているからである。こうして、とりわけ議会に存するとされる保証一般に関していえば、議会以外の国家諸制度のそれぞれもまた、公共の利福と理性的自由の保証であることを、議会とともに分かちもっているのである。このような国家諸制度には、君主の主権、王位継承の世襲制、裁判制度等々があり、それらによってこの保証はなおいっそう強度におこなわれるのである。それゆえに、議会の固有な概念規定は、議会において、普遍的自由の主観的契機、すなわち、本書の叙述で市民社会とよばれている圏域自身の洞察と意志が、国家と関連して現存するという点にもとめられなければならない。この契機が総体性にまで展開した理念の一規定であるというこうした内的必然性は、外的な必然性や有用性と混同されてはならないのであり、どんな場合でもそうであるように、哲学的見地から生じるのである。

補遺《議会にとっての統治の意味》　議会に対する統治機関の立場は、本質的に敵対的であるべきではない。この敵対関係の必然性を信じるのは悲しむべき誤謬である。統治機関は党派ではない。党派には他の党派が対立し、こうして両者は激しく相争い、奪い合わざるをえないであろう。国家がこのような状態に陥るならば、これは不幸であって、健全なものとは認められない(107)。さらにまた議会の可決する租税は、国家にあたえられる贈物のようなものとみなされるべきではなく、むしろ、それは、それを可決するひとびと自身の最善のために可決されるのである。議会の本来の意義は、国家が議会を通じて、国民の主観的意識にまでいたること、そしてこの主観的意識が国家に参与しはじめるということである。〈ホトーより〉

三〇二

媒介的機関としてみれば、議会は、一方では、統治機関一般、他方では、特殊的諸圏域と諸個人とに解体した国民、という両者のあいだに位置する。議会のこの規定は、議会が国家および統治機関の感覚〔センス〕と志操をもつことと同様に、特殊的諸集団および個々人の利益の感覚と志操をもつことを要求する。同時に、このような議会の立場は、有機的に組織化された統治権と共通した媒介項という意義をもつ。すなわち、それは、君主権が極として孤立し、それによって単なる支配権力や恣意として現れるということもなく、また共同体や職業団体および諸個人の特殊的利益がたがいに孤立することもなく、あるいはまた、個々人が烏合の衆や寄せ集めの群衆の表現にはならず、したがって非有機的な臆見や意欲、および有機的に組織化された国家に対抗する単なる集団的な暴力となることもないということである。(108)

対立のうちにあるものとして、一方の極の位置を占めるある規定された契機が、同時に媒辞であることによって、極であることをやめて有機的契機となっているということは、もっとも重要な論理的知見に属する。(109)ここで考察された対象においては、この側面を強調することはなおさら重要である。なぜなら、議会を主として統治機関に対する対立という見地から、あたかもこれが議会の本質的位置であるかのように考えることは、よくあるとはいえ、しかしきわめて危険な偏見に属するからである。有機的であること、すなわち、総体性に取り込まれているということを、議会的要素が証すのは、ただ媒介の機能によってのみである。これによって、対立そのものは仮象に貶《おとし》められている。対立が現れるかぎり、それが単に表面的なものに関するのではなく、現実に実体的な対立になるとすれば、国家には没落が迫っているであろう。――抗争がこの種のものではない証拠が、ことがらの本性上、あきらかになるのは、抗争の対象が国家の有機的組織の本質的諸要素に関わるのではなくて、もっと特殊的な、どうでもよいことに関わっていたり、またこの内容に結びつく情念が単なる主観的利益、たとえばより高位の官職をめぐる党派心になったりすることからである。

補遺《国民の代表ということの意味》　国内体制は本質的に媒介の体系である。ただ君主と国民のみが存在する専制的国家においては、国民が行動するとすれば、それは単に有機的組織に対抗する破壊的集団としてのみ行動することになる。しかし、有機的なものとして登場すると、寄せ集めの群衆もその利益を合法的かつ秩序だった仕方で達成する。これに反して、このような手段が存在しなければ、集団の自己主張はつねに粗暴なものとなるであろう。それゆえに、専制的国家においては、専制君主は国民を寛大に扱い、そして彼の怒りはつねにとりまきにのみ向かう。同様に専制的国家における国民もまた、租税をわずかしか払わない。立憲国家においては、租税は国民自身の意識を通じて徴収される。まさしく、イギリスにおけるほど租税の多く払われる国はない。〈ホトーより〉

三〇三

普遍的職業身分、よりくわしくは統治の業務に専念する身分は、その規定において、とりもなおさず、普遍的なものをみずからの本質的な活動の目的としなければならない。立法権の議会的要素においては、私人という身分が政治的意義と効力をもつ。そのさい議会に、私人という身分は、単なる区別を欠いた量塊として現れることも、また原子に解体した多数の個人として現れることもできないのであり、それがすでにそうであるもの、として、すなわち実体的関係にもとづく身分と、特殊的欲求とそれを媒介する労働にもとづく身分とに分かれて現れることができるのである(二〇一以下)。ただこの点においてのみ、国家のうちで現実的に特殊的なものは、普遍的なものと真実に結びつくのである。

このことは他の通説、すなわち私人という身分は立法権において普遍的なことがらに参与するように昇格させられるのであるから、個々人がこの役割のための代表者を選挙しなければならないにせよ、あるいはそれどころか、各人がみずから議会で〔議決のための〕投票権を行使しなければならないにせよ、私人という身分は、個々人というかたちで登場しなければならないという通説とは対立する。(110)この原子論的な抽象的見解は、すでに、個人が普遍的なものの構成員としてのみ現れる家族および市民社会においてすでに消滅している。しかも国家は、本質的に、それぞれに独立した集団であるこれらの諸分肢からなる有機的組織であって、国家においてはいかなる契機も非有機的な多数として現れるべきではない。国民ということばは個々人としての多数者の意味で理解されがちだが、この多数者は、たしかにひとつの集まりではあっても、しかしただ烏合の衆としての集まりにすぎない――これは形式を欠いた量塊であって、その運動およびおこないは、まさにそれゆえに原始的で、非合理的で、粗野でかつ恐るべきものであるであろう。国内体制に関してもなお、国民というこの非有機的な全体について語られるのを聞くが、そこではただおざなりな文句とゆがんだ長広舌のみを期待せざるをえないということがもとより明白である。——先の諸集団内においてすでに存在している共同性、つまり、それにもとづいて、諸集団が政治的なもの、すなわち、最高の具体的普遍性の立場へと歩み入る共同性を、ふたたび多数のばらばらな諸個人に解体するような考え方は、まさにそれによって市民的生活と政治的生活とを相互に分離して、政治的生活をいわば宙に浮かすのである。というのも、この考え方では、政治的生活の地盤は、単に恣意や臆見の抽象的個別性、したがって単に偶然的なものにすぎず、即自的かつ対自的に確固とした、正当な根拠ではないであろうからである。——こうしたいわゆる理論の考え方においては、市民社会の諸身分（*Stände*）一般と政治的意義における議会（*Stände*）とは遠く隔てられているにせよ、このことばはなおやはり、かつてもともと存在していた両者の合一を保持しているのである。(111)

三〇四

以前の〔市民社会の〕諸圏域においてすでに存在している諸身分の区別を、政治－議会的要素は、それ自身の規定のうちに同時に含んでいる。この要素の最初の抽象的位置、すなわち王侯的あるいは君主的原理一般に対抗する経験的普遍性[112]という極の位置――これにはただ一致の可能性だけがあり、したがって同様に敵対的対立の可能性もある――、この抽象的位置は、ただそれの媒介が現存するようになることによってのみ理性的関係(推論[113])(三〇二注解参照)となるのである。君主権の側からは統治権(三〇〇)がすでにこの媒介という規定をもっているように、また議会の側からも議会の一契機が、本質的に媒辞の契機として現存するという規定へと向けられなければならない。

三〇五

市民社会の諸身分のうちの一身分は、この政治的関係へ制度的に組み込まれることが、それ自身だけで可能であるという原理を含んでいる。自然的人倫の身分[114]がすなわちこれである。この身分は、家族生活を、そして生計に関しては土地所有をその地盤とし、したがってその特殊性[115]に関しては、みずからにもとづく意欲をもち、そして君主的要素が含んでいる自然規定を、この君主的要素と共有している。

三〇六

この身分が政治的位置と意義に関してよりふさわしく制度的に組み込まれるのは、この身分の資産が、産業の不安定さ、営利欲、および占有一般の移ろいやすさから独立しているとともに、国家資産からも独立し――統治権による恩顧ならびに多数のひとびとによる恩顧からも独立し――、そしてまた、この規定を生得的にあたえられたこの身分の構成員が、その全所有物を自由に処理するという、あるいは子どもたちに対する愛の平等さにしたがって全所有物を彼らに譲渡するという、他の市民のもつ権利を欠いていることによって、その資産が彼ら自身の恣意に反してさえも固定されているかぎりにおいてである。――その資産はこうして、譲渡しえない、長子相続を負わされた世襲財産となる。

補遺《長子相続》 この身分は、他の身分以上に自分だけで存在する意欲をもっている。全体としては、土地所有者の身分は、そのなかの教養を身につけた部分と農民身分とに区分される。しかしながら、この二種の身分に対して、欲求に依存しまたそれを目ざすものとしての産業身分と、国家に本質的に依存する普遍的身分とが対立する。この身分の安定性と堅固さとは、長子相続の制度によってなおいっそう増大させられうるが、この制度はただ政治的観点においてのみ望むに値する。というのも、長子相続制には、長子が独立して生活することができるという政治的目的のための犠牲がともなうからである。長子相続の基礎は、国家が志操上の単なる可能性ではなく、必然的なものを考慮しなければならないという点に存する。[116]ところで、志操は、もちろん資産に束縛されてはいないが、しかし、独立の資産をもつ者が外部の事情によって制限されることなく、そのように邪魔されることなく、世にでて、国家のために行為することができるということは、〔志操と資産との〕相対的に必然的な連関である。ところが、政治的諸制度が欠けているところでは、長子相続の創設および奨励も、私権の自由に加えられた桎梏にすぎない。この桎梏には政治的意味が付加されなければならない。そうでなければ、それは解消されてしまうことになる。[117]〈ホトーより〉

三〇七

実体的身分のこの部分の権利は、こうしてたしかに一面では、家族の自然原理にもとづいているが、しかし同時に、この原理は政治的目的のための過酷な犠牲によって変えられており、それによって、この身分は、本質的に、政治的目的のためにふるまい方を指図され、その結果また、選挙の偶然性なしに生まれによってその任に就けられ、権限をあたえられている。したがってこの身分は、両極[118]の主観的恣意あるいは偶然性のあいだに確固とした実体的位置を占めて、君主権の契機と同様のものをみずからのうちにもつ[119](**前節**をみよ)とともに、また他の極とも、その他の点では同じ欲求と同じ権利とを共有し、こうして王位の支柱となると同時に社会の支柱となる。

三〇八

議会的要素の他の部分に、市民社会の動的側面[120]が帰属する。この側面は、外面的には市民社会の構成員が多数であるがゆえに、しかし本質的には、この側面の規定ならびに仕事の本性のゆえに、ただ議員を通じてのみ議会に参加することができる。議員が市民社会によって選出〔代理として派遣〕されるかぎり、市民社会が、それが元来そうであるものとして、この選出をおこなうことはただちにあきらかである。——したがって、市民社会は、原子論的に個々人に解体されて、ただ個々の一時的な行為のために瞬間的にその場かぎりに集合するものとしてではなく、市民社会のもともと構成されている組合組織、共同体および職業団体に分節化されているものとして、この選出をおこなうのであって、このようにしてこれらは政治的な一連関を保持するのである。第一身分が議会にでる権限をあたえられていること（三〇七）と同様に、市民社会に、このように君主権によって召喚されて議員を派遣する権限があたえられていることのうちに、議会とその召集が現におこなわれる立憲的な固有の保証が存するのである。

万人が個々に、国家の普遍的諸要件に関する審議と決定に参与すべきであるのは、これら万人が国家の構成員であり、国家の諸要件は、万人の諸要件であって、それらには万人はみずからの知と意志とをもってたち会う権利をもっているからである。——この考え方は、民主的要素を、いっさいの理性的形式なしに、この理性的形式によってのみそうである国家の有機的組織のうちに導入しようとするものであるが、これがもっともらしく思われるのは、この考え方が国家の構成員であるという抽象的規定のもとにとどまっているからであり、そしてそのような皮相な思惟は抽象化に固執しているからである。理性的考察、すなわち理念の意識は具体的であって、そのかぎり、それ自身理性的感覚、すなわち理念の感覚にほかならない真実な実践的感覚と一致する。——とはいえ、この感覚は単なる事務的熟練や制限された圏域の視野と混同されてはならない。具体的国家はその特殊的諸集団に分節化された全体であり、国家の構成員はこのような職業身分の構成員である。国家の構成員はただこのようなみずからの客観的規定においてのみ、国家において考慮されうる。構成員の普遍的規定は一般に二重の契機をもっている。すなわち私的人格であることと、思惟するものとして同様に普遍的なものの意識と意欲であるということとである。しかし、この意識と意欲は、それが特殊性――そしてこれは特殊的な身分と規定である――によって充足される場合にのみ、空虚ではなく、充実し、現実的に生動的である。あるいは個人は類であるが、しかしみずからの内在的な普遍的現実性をもっとも身近な類としてもつのである。――したがって、個人は、普遍的なものとしてのみずからの現実的で生動的な規定に、第一に、職業団体、共同体等々というみずからの属する圏域において達するのである(二五一)。そのさい、個人には、技能によって自分に可能ないずれの圏域にも、それには普遍的身分も属するが、入ってゆくことが許されている。万人が国家の要件に参与すべきであるという考え方に含まれている他の前提、すなわち、万人が当該要件に通暁しているということは、愚かしい考えであるが、それにもかかわらず、たびたび聞かれうるものである。しかし世論(三一六をみよ)においては、誰にも普遍的なものに関して、主観的臆見を表明したり、主張したりする道が開かれている。

三〇九

議員の選出は、普遍的諸要件に関する審議と決定のためにおこなわれるのであるから、この選出には、選出をするひとびとよりもこれらの要件にいっそう精通している諸個人が信頼によってその任にあてられるという意味が、また同様に、それらの諸個人が普遍的利益に反して共同体や職業団体の特殊的利益を優先させるのではなく、本質的に普遍的利益の方を優先させるという意味がある。彼らは、したがって、委託されたり、あるいは指令を上部に伝達したりする受任者という関係にはない。ましてその会合が、たがいに報告し、説得し合い、ともに審議する生き生きとした会議であるという規定をもつだけに、なおさらそのような関係にはないのである。

補遺《議員とその選挙人》　代議制が採用されれば、それには、同意が直接万人によるのではなく、代表者によっておこなわれるべきであるということが含まれている。というのも、個人はいまやもはや無限の人格として競い合うわけではないからである。代議制は信頼にもとづいているが、信頼は私がこの個人として投票するかどうかということとは別である。投票による多数決も同様に、私に責務を負わせるにちがいないことには私はこの個人としてたち会わなければならない、という原則に反している。ある人間に対して信頼をいだくのは、そのひとの見識を、彼が私のことがらを彼自身のことがらとして、最善の知と良心とにしたがって取り扱うであろうこととみなすからである。それゆえ、個人の主観的意志の原理は消滅する。というのも、信頼が関わるのはことがらや、ある人間の、その動作挙動の、その行為の原則であり、彼の具体的感覚一般だからである。したがって肝要なのは、議会的要素に加わる者が、普遍的要件に関与するという彼の任務に相応した性格、見識および意志をもつことである。すなわち、個人が抽象的な個別者として発言することではなく、個人の諸利益が、普遍的なものを扱う議会において主張されることが重要なのである。議員がこれを遂行し、促進するということの保証が、選挙人にとっては必要なのである。〈グリースハイムより〉

三一〇

この目的に相応した特質と志操の保証は――すでに議会の第一部〔身分〕において独立の資産がその権利を要求しているが――、市民社会の動的で、変転きわまりない要素から生じる第二部〔身分〕においては、主として、監督者的地位に就くなり、国家公務員の職に就くなりして、現実の職務執行を通して獲得され、また行果を通して確証された、国家や市民社会の組織と利益に関する志操や技能や知識において、そしてまたこのようにして形成された、信用できる監督者としての感覚や国家についての感覚において、現れるのである。

主観的臆見は、このような保証の要求がいわゆる国民に関してなされる場合には、えてしてそれを余計なものと、否、ほとんど耳ざわりなものとさえ考えがちである。しかし、国家は客観的なものをみずからの規定とするのであって、主観的な臆見やその自負をそうするのではない。諸個人は、国家にとってはただ、彼らにおいて客観的に認識することができて、実証済みの信用できるものでのみありうる。そして国家は、議会的要素のこの第二部においては、これが特殊的なものに向けられた利益と仕事のうちに根ざしており、そこでは偶然と変転と恣意がわがもの顔にふるまう権利をもっているだけに、ますますこの点を注視しなければならない。――一定の資産という外的条件も、それだけを取り上げれば、外面性の一面的な極として、選挙人の単に主観的な信頼や臆見という他の同様に一面的な極に対抗して現れるにすぎない。このいずれの極も抽象的であることにおいては、国務の審議に必要であり、三〇二で言及された諸規定にも含まれているもろもろの具体的特質と対照をなしている。――とはいえ、組合組織や共同体の監督者的地位やその他の職務への選挙において、資産のもつ特質は、その効力を発揮することができた圏域をすでにもっているのである。ことに、その職務の多くが無償で果たされる場合、また、直接議会的職務に関して、議会の構成員が俸給を受けない場合がそうである。(122)

三一一

市民社会にもとづく、議員の選出は、さらに、議員が市民社会の特定の諸欲求と諸障碍および特殊的諸利益を熟知していて、みずからがそれらに属しているという意味をもつ。この選出が市民社会の本性上そのさまざまな職業団体からおこなわれ(三〇八)、そしてこの選出の行程の単純な方式が、抽象化や原子論的考え方によって妨げられることはないから、この選出は、市民社会を代表するという先の要求を直接に満たすのであり、選挙は一般に余計なものであるか、あるいは臆見や恣意の些末な遊戯になり下がる。

ここにおのずから生じる利点は、議員たちのなかには、社会のそれぞれの大きな特殊的分野、たとえば商業や工業などの分野にとって、その分野に根本的に精通していて、みずからこれに属している諸個人がいるということである――規制されていない自由な選挙という考え方では、この重要な事情が単に偶然性にゆだねられている。しかし、このような分野のそれぞれは、代表をだすという同じ権利を、他の分野と等しくもっている。議員が代表者とみなされるとすれば、このことが有機的に理性的な意味をもつのは、ただ、彼らが個々人や烏合の衆の代表者ではなく、社会の本質的な諸圏域のひとつの代表者、その圏域の大きな利益の代表者であるときだけである。したがってまた、代表するということは、あるひとが他のひとの代わりをするという意義をもはやもつのではなく、利益そのものがその代表者によって現実的に体現されていて、同様に代表者も彼自身の客観的境位のために現存しているのである。――多数の個々人による選挙についてなお指摘されうることは、とくに大きな国家においては、多数のなかでは自分の票が無意義な結果しかもたらさないとして、必然的に個人の投票に対する無関心が生じ、そこで有権者は――彼らに対して、この投票権がどんなに高いものと評価され、いい聞かせられても――、投票には現れないということである。――こうしてこのような選挙制度からは、むしろ、その規定とは反対のものが結果として生じ、選挙が、少数者の、一政党の、したがって特殊的で偶然的利益の権力という、まさに無効にされなければならないものの手に帰することになる。

三一二

議会的要素に含まれる二つの面（三〇五、三〇八）のそれぞれは、審議のあり方に特殊的変容をもたらす。そのうえ、一方の契機はこの圏域の内部で、しかも現存しているもののあいだでの媒介という固有な機能をもつから、この契機にとってはまた、分離された現存在〔上院〕が生じる。こうして議会は二院に分けられる。

三一三

この区分によって、決議の成熟度が審級の複数性を介してより大きな確実性をえて、瞬間的な投票のもつ偶然性および多数決による決定が帯びやすい偶然性が遠ざけられるだけではなく、とりわけ議会的要素が統治機関とまったく対立するような機会もいっそう減ることになり、あるいは、媒介する契機が第二身分〔下院〕の側にも同じくある場合には、この身分の見解がいっそう不偏不党で、またその対立が無効化されているようにみえるから、その見解の重さがますます増大するのである。

三一四

議会制度は、それによって、国家の要件が即自的にもっともよく審議され、議決されるという規定をもつわけではない。この要件の面からすれば、議会は単にひとつの追加物をなすにすぎない（三〇一）。議会の特徴的な規定は、むしろ、普遍的要件について、議会でともに知り、ともに審議し、ともに議決することにおいて、統治機関に参加していない市民社会の構成員のことを顧慮して、形式的自由の契機がその権利を手に入れるようにすることにある。したがって、まずは、一般に知れわたるという契機が議会の討議の公開によって拡大されるのである。

三一五

この知る機会を拡げることには、世論がはじめて真実の思想に、国家の状態や概念や国家の要件への洞察に達し、こうしてはじめて、これらに関していっそう理性的に判断する能力に達するというもっと普遍的な側面がある。それからまた、世論は、官庁と国家公務員の職務、能力、徳、技能を知りかつ評価するようになるのである。この能力が、このような公開において発展の有力な機会と高い名誉の舞台をえるのと同じく、この公開はまた、個々人および多数のひとびとのうぬぼれに対する矯正手段であり、彼らのための陶冶手段、しかも最大の陶冶手段のひとつである。

補遺《公開の価値》　議会が公開されることは、市民をすぐれて陶冶する大演劇であって、国民はそれによって、自分たちの利益の真相についてもっとも多く知るようになる。何が国家にとって良いかを万人はすでに知っていて、これがただ議会において表明されるだけであるという考え方が一般に支配的である。しかし、事実においてはまったく反対のことが生じるのである。議会において、はじめて、模範として役だたなければならない徳、能力、技能が発達するのである。たしかにこのような会議は大臣たちにとっては厄介なものである。彼らはここで自分たちに向けられる攻撃に対処するために、みずから機智や雄弁を身につけていなければならない。だが、それにもかかわらず、公開は、国家の利益一般のための最大の陶冶手段である。この公開が存在する国民においては、議会を欠いているかあるいは公開されていない国民とは、国家に関してまったく別の生気がみられる。議会のあらゆる議事進行を公布することによって、はじめて、両院は世、論の広汎な世界と関係する。そして、各人が家庭においてくつろいで妻や友人のもとで思い浮かべることと、才智ある者同士がたがいに渡り合う大会議において生じることとは異なることがあきらかになる。〈ホトーおよびグリースハイムより〉

三一六

個々人が個々人として普遍的要件に関して、自分自身の判断、意見、提言をもち、それらを表明するという形式的で、主観的な自由は、世論とよばれる集合体のうちに現れる。即自的かつ対自的に普遍的なもの、実体的で真なるものが、世論においてはその反対のものと、すなわち多数者の臆見という、それだけでは固有な、特殊的なものと結びついている。したがって、この世論の存在は現存する自己矛盾、現象としての認識であって、非本質性とまさしく同様に直接的である本質性なのである。

補遺《世論の価値》　世論とは、国民が意欲し、考えていることが知られるようになる、有機的に組織化されていない方式である。国家において現実的に有効になるものは、もちろん有機的な仕方で実現されなければならない。そして、これが国内体制における実状である。しかしあらゆる時代を通じて、世論は大きな勢力をもっていたし、主観的自由の原理がこのような重要性と意義とをもつ今日のような時代には、とくにそうである。今日妥当すべきものは、もはや権力によるのではなく、習慣や習俗によるのでもなく、まことに識見と根拠によって妥当するのである。〈グリースハイムより〉

三一七

したがって、世論は、正義の永遠な実体的諸原理を、国内体制全体、立法、普遍的状態一般の真実な内容と帰結を、常識の形式で、すなわち先入見の形態をとってすべてのひとを貫いている人倫的基礎の形式で含んでおり、同じくまた現実性の真実な欲求と正しい傾向性とを含んでいる。——同時に、この内的なものが、それだけでにせよ、あるいは、国家の諸事件や諸指令や諸状態および痛切に感じられた欲求についての具体的な理屈づけのためにせよ、意識にのぼり、一般的命題で表象されるようになると、臆見の含むすべての偶然性、その無知や錯誤、誤った知識や評価が現れることになる。そのさい、見解や知識の固有性の意識が問題なのであるから、臆見は、その内容が悪ければ悪いほど、ますます固有なのである。というのも、悪いものはその内容においてまったく特殊的で、固有なものであるからであるが、これに反して、理性的なものは即自的かつ対自的に普遍的なものであり、固有なものこそ、臆見が自慢するものなのである。

だから、一方において、

民の声は神の声(126)

Vox populi, vox dei,

といわれ、また他方において（たとえばアリオストによって）*、

無知な連中はあらゆるひとをとがめ、

知らないことにかぎって多くをしゃべる(127)

Che'l Volgare ignorante ogn'un riprenda

E parli più di quel che meno intenda.

といわれたとしても、それを主観的見解の相違ととってはならない。

＊あるいはゲーテの場合に(128)、

大衆は打ってかかることができる、

そこでそれは尊敬される、

でもその判断たるやみじめなものだ。

双方のものが同時に世論のうちには含まれている。――世論のうちには、真理とかぎりない誤謬とが直接に混じり合っているゆえに、真理にせよ誤謬にせよ、真にまともなものではない。何がまともであるかは、弁別することが困難にみえる。世論の直接的表現にこだわるかぎり、実際またそうであろう。しかし、実体的なものが世論の内的なものであるから、ただこれのみが真にまともなものなのである。だが、実体的なものは世論からは認識されることはなく、まさにそれが実体的なものであるがゆえに、ただそれ自身から、そしてそれ自身でのみ認識されうるのである。思い込んだもののうちに、いかなる情念が込められていようと、またそれがいかにまともに主張され、あるいは反駁され論争されようと、こういうことは、実際に問題となることがらについての尺度ではない。ところが、こうした臆見は、そのまともさが、何らまともでないことについて少しも理解しようとしないであろう。――ある偉人は、国民をだますことは許されるかどうかという問いを提出して、公の回答を求めた(129)。国民はその実体的基礎、すなわち国民精神の本質と特定の性格についてはだまされないが、しかし、この精神を知る方式とこの方式にしたがってみずからの行為やできごと等々を判定する方式については、――みずから自身によってだまされてしまうと、ひとは答えざるをえなかった。

補遺《言論の自由》 現代世界の原理は、各人が承認しなければならないことは権限をもつものとして各人に示されることを要求する。しかしそのうえなお、各人は、ともに語り、評議し尽くそうとする。各人が自分の責務を果たせば、すなわち、そのことをいい尽くせば、自分の主観性の満足のあと、各人はたいそう多くのことを我慢するのである。フランスにおいては、言論の自由は沈黙に比べて、はるかに危険視されなかった。というのも、沈黙は、ひとがあることがらに反対していることを隠しているという恐れをいだかせるが、他方、理屈を並べたてれば、ある面でのはけ口も満足もえられ、それによって、ともかくことがらが容易に進むことができるからである。〈ホトーより〉

三一八

したがって、世論には、軽蔑されると同様に尊重される値うちがある。軽蔑されるのは、その具体的意識と表現からいってのことであり、尊重されるのは、その本質的基礎からいってのことであるが、この基礎は、その具体的なもののなかへ、多かれ少なかれ濁った仮象として現れるだけである。世論は、みずからのうちにこの基礎を具体的意識と表現から区別する基準をもたず、また実体的側面を明確な知へとみずからのうちで高める能力ももたないから、世論に左右されないことが、(現実においても学問においても)偉大にして理性的なものへの第一の形式的条件である。この偉大にして理性的なものの側では、世論も今後それを受け入れて、承認し、それを世論の先入見のひとつとするであろうと確信することができる。

補遺《達人と世論》 世論にはあらゆる虚偽と真理がある。それでも、世論のうちに真理をみいだすことは、偉人の仕事である。みずからの時代が意志していることを表現し、その時代に語り、それをなし遂げるひと(130)がその時代の偉人なのである(131)。偉人は時代の内的なものと本質であるものを実行し、時代を実現する。——そして、あちこちで聞かれる世論を蔑視することを解しないひとは、時代の内的なものおよび本質を大成させないであろう。〈ホトーより〉

三一九

意見の公表(その一手段である印刷物は、普及範囲の拡がりにおいて、他の手段である口頭での言論に優るが、生気の点では、これに劣る)の自由、すなわち、自分の意見を言表したい、また言表してしまいたいという刺すような衝動の満足は、そのゆきすぎを防止し、あるいは、処罰する行政的な規則や司法的な法律〔法令〕および指令によって、直接的に保障されている。だが、間接的には、主として国内体制の理性的性格、統治の安定性、さらにはまた議会の公開性にもとづいて、意見の公表が無害とみなされることによって保障されている。——後者の、議会の公開性にもとづくというのは、この議会においては、国家の利益に関してまともで、陶冶された見識が表明されて、それゆえ議場外の他のひとびとにはほとんど意義のないことをいうことしかのこされず、とりわけ、そのような意義のないことの言表があたかも固有な重要さと効果をもつかのような臆見が彼らから除去されるかぎりでのことである。——しかし、さらに、この間接的な保障は、浅薄で嫌悪すべき言論が必然的にたちまち関心を寄せられなくなり、侮蔑されるということにある。

出版の自由を、いいたいことをいい、書きたいことを書く自由と定義するのは、自由を一般にしたいことをする自由とみなすのと相等しい。——このようないい方は、まだまったく陶冶されていない、素朴で、浅薄な考え方に属している。いずれにしても、ことがらの本性上、この題目におけるほど形式主義が頑迷に固執して、わけのわからないことをいう場面はほかにはない。というのも、ここでの対象は、無限に多様な内容といい回しとをもった臆見に属するきわめて一時的で、偶然的で、特殊的なものであるからである。窃盗、殺人、暴動等々を直に挑発するような段階を、表現の技巧や教養は越えてはいるが、この表現は、それだけではまったく一般的ではっきりしていないもののようにみえるのであるが、しかし同時にまた、この表現が、まったく明確な意味を隠していたり、あるいは、実際には表現されておらず、正しく生じるはずかどうかも、同様にまたその表現に含まれているはずかどうかも、明確にしがたいような帰結と、この表現が関連していたりするのである。表現の素材と形式とのこのような不明確さによって、これに関する法律は、法律に要求されるような明確さを獲得しえないし、また違反、不正、侵害が、この場合きわめて特殊的で、きわめて主観的な形態をもつために、それらに対する判決も同様にまったく主観的な決定となる。それればかりではなく、侵害は他人の思想や意見や意志に向けられており、これらが侵害に現実性をあたえる要素であるが、しかし、この要素は他人の自由に属しているから、先の侵害行為が実際の行果であるかどうかの決定は他人にゆだねられている。――それゆえに、法律に対しては、その不明確さが指摘されうると同様に、表現のために、いい回しや語句の組み方が案出されて、これによって法律が回避されたり、法律上の決定が主観的判決だと主張されたりするのである。これに対してさらに、表現が侵害する行果として取り扱われるとなると、それは行果ではなく、むしろただ臆見や考えであり、また言表にすぎないと主張されることもある。こうしてただちに、内容も形式も単なる主観性にすぎないことにもとづいて、また単なる臆見や言表は無意義であり、重要ではないことにもとづいて、臆見や言表が無罪であることが要求され、そして私の、それも精神的な所有物としてのまさにこの臆見に、またこの私の所有物の表現と使用としてのこの言表に、高い敬意と尊敬が要求されるのである。——しかし、実体的なものは依然として存在している。すなわち、個人の名誉の侵害一般や、統治、それに属する官庁および公務員、とりわけ君主の人格に関する誹謗中傷、罵言、侮辱や、法律の嘲弄や、暴動への挑発などは、きわめて多様な陰影をともなうにせよ、犯罪および違反なのである。このような諸行為が、それらが表現される境位を通してもつ不明確さが大きいからといって、それらに具わるその実体的性格が廃棄されるわけではなく、それゆえ、その不明確さは、ただ、このような行為のおこなわれる主観的基盤がこのような行為に対する反応の性質や形態をも規定するという結果をもたらすにすぎない。この反応が行政による犯罪防止として規定されるにせよ、本来の刑罰として規定されるにせよ、この反応において、見解の主観性、偶然性等を不可避なものとするのは、違反そのもののこの主観的基盤にほかならない。形式主義は、いつもと同じくここでも、外的現象に属する個々の面から、そしてそれらをもとにする抽象化から、ことがらの実体的で具体的な本性を、屁理屈をこねて取り去ることに専念する。――しかし、学問は、それがほかならぬ学問であるならば、およそ臆見や主観的見解を基盤とはしないのであり、同様にまた、学問的叙述の本質も、いい回しや暗示や半分いって半分隠すといった技巧にではなく、意義や意味を明晰判明にそして公然と表明することにあるのであるから、学問は世論を構成するもの(三一六)のカテゴリーには属さない。――なおまたすでに指摘したように、見解やその表現がそのものとして実行された行為となって、それの現実的現存在を獲得する境位が、他人の知性、原則、臆見である以上、行為のこの面、すなわち諸個人や社会や国家に対する行為の本来の影響力や危険性(二一八参照)もまた、この基盤の性情いかんに依存する。それは、ちょうど、火薬の山に投げられた火の粉が、堅い地面のうえに投げられて跡形もなく消滅する場合とはまったく異なる危険性をもつのと同様である。――それゆえに、学問的表現がその素材と内容において、その権利と担保とを手に入れるように、表現の不正もまた、それが受けた軽蔑において、ある種の担保を、あるいは少なくともある種の黙認を手にするのである。それだけでも法律上罰せられてよいこのような違反の一部は、ある種の復讐とみなされうる。すなわち、それは、優れた才能や徳のもち主に圧迫されるのを感じている内面的に無力な者が犯さざるをえないような復讐であり、これによって、この無力な者は、優越した者に抗して、自分自身にたち戻り、自分の空虚さに自信をあたえ直そうとするのである。これは、ちょうどローマの兵士たちが、将軍たちの凱旋行列に向かって、過酷な奉仕と忍従のゆえに、とりわけ彼らの名前が栄誉の列に加えられなかったがゆえに、嘲りの詩を歌って罪のない復讐をおこない、いわば将軍たちと同列の位置にみずからをおこうとしたのと同様である。(132) 邪悪で嫌悪すべき復讐は、軽蔑されることによってその効果を奪われ、それによって、たとえばそうした騒ぎを取り囲んでいる見物人同様、無意味で意地悪な喜びに、またこの復讐そのものが含んでいる自己呪詛におわるのである。

三二〇

主観性は、存立する国家の生命を解体するものとしては、みずからの偶然性を妥当させようとしながらかえって破滅してゆく臆見や屁理屈において、そのもっとも外面的な現れ方をするのであるが、その主観性は、その真実の現実性を、臆見や屁理屈の反対物、すなわち実体的意志と同一のものとしての主観性においてもつのである。この主観性が君主権の概念を構成するのであるが、全体の観念性としては、これまでのところでは、まだその法〔ほんとうのあり方〕と定在とに達してはいないのである。

補遺《国家における主観性の観念化》　われわれは、主観性を、すでに一度、国家の頂点としての君主において考察した。しかし、主観性には、もっとも外面的な現れ方としての世論において恣意的なものとして示されるという別の側面がある。君主の主観性は即自的には抽象的であるが、それは具体的なものでなければならず、具体的なものとして、全体に注がれる観念性でなければならない。平和な国家とは、市民生活のあらゆる分野が存立しながら、それらがこの相互並存的で相互外在的な存立を全体の理念から生まれでるものとして保持している国家である。このように理念から生まれでるということが、また、全体の観念性としても現象しなければならない。〈ホトーより〉

Ⅱ　対外主権

三二一

対内主権（二七八）がこのような観念性であるのは、精神の諸契機と精神の現実性すなわち国家の諸契機が、それらの必然性において展開されて、国家の分肢として存立するかぎりにおいてである。(133) しかし、自由における、自分への無限に否定的な関係として精神は、同じく本質的に対自存在であり、これは、存立している区別を自分のうちに取り込んでしまっており、したがって、排他的である。(134) 国家はこの規定において個体性を具える。そしてこの個体性は本質的に個体として存在し、そして主権者において現実的で、直接的な個体として存在する（二七九）。

三二二

排他的な対自存在としての個体性は、他の諸国家への関係として現れ、その諸国家のそれぞれが他に対して独立している。この独立性において、現実的精神の対自存在がその定在をもつのであるから、この独立性は一国民の第一の自由であり、最高の名誉である。

多かれ少なかれ独立した一国家をつくりなして、それ自身の中心をもつような統合体が望ましいと語るひとびとは、——他国とともにひとつの全体を形成するために、みずからのこのような中心点とその独立性を失うことが望ましいと語るひとびとは——、統合体の本性と一国民がその自主独立においてもつ自己感情についてほとんど知らないのである。(135)——したがって、国家が歴史的に出現するさいの最初の権力は、たとえまったく抽象的であって、何らそれ以上の内的発展をもたないにせよ、そもそもこの独立性なのである。それゆえに、国家のこの原初の現象には、家父長、族長等々といった一個人がその〔権力の〕頂点にたつことが属している。

三二三

こうして、定在においては、国家のみずからへのこの否定的関係は、ある他者のある他者への関係として現れ、あたかも、否定的なものが外的なものであるかのように現れる。そのために、この否定的関係の現存在は、あるできごとという形態、外部からやってくる偶然的諸事件との錯綜という形態をとる。しかし、この否定的関係は、国家自身の最高の契機——国家におけるあらゆる有限なものの観念性[136]としての、国家の現実的無限性——である。すなわち、それは、あらゆる個別的かつ特殊的なものに対抗する、つまり生命、所有物およびその権利に対抗する、同様にまたいっそう広汎な諸集団に対抗する絶対的威力としての実体が、それらの空無性を定在と意識にもたらす面である。

三二四

個々人の利益と権利が消滅する契機として定立されるというこの規定は、同時に肯定的なもの、すなわち個々人の偶然的でも、可変的でもない、即自的かつ対自的に存在する個体性を肯定するものである。したがって、この関係とこれを承認することは、個々人の実体的義務である、——すなわち、個人の臆見やその生活の範囲におのずから含まれているすべてのものはいうにおよばず、個人の所有物や生命をも、危険に曝し、犠牲にして、この実体的個体性を、すなわち国家の独立性と主権を保持するという義務である。

この犠牲の要求にさいして、国家が単に市民社会としてのみみなされ、また個人の生命および所有の保障のみが国家の究極目的とみなされるならば、これは非常にゆがんだ考量の仕方である。というのも、この保障は、保障されなければならないものが犠牲にされるのでは達成されないのであり、むしろその逆だからである。——いま述べられた点に、戦争の人倫的契機が存している。戦争は絶対的悪とみなされてはならず、また権力者たちないし諸国民の情念、不正等々、いかなるものにであれ、一般にあってはならないものに、したがってそれ自身偶然的なその根拠をもつような、単なる外的偶然性とみなされてはならない。偶然的な性質をもつものには、偶然的なものが生じるのであって、この運命がそれゆえ必然性なのである。——まさしく一般に概念と哲学が単なる偶然性の視点を消滅させて、仮象としての偶然性のうちに偶然性の本質、必然性を認識するようにである。有限的なものである占有や生命が偶然的なものとして定立されることは必然的である。なぜなら、偶然的なものは有限的なものの概念であるからである。この必然性は一面において、自然の強制力という形態を具えており、すべての有限的なものは死すべきものであり、過ぎ去りやすいものである。しかし、人倫的本質すなわち国家においては、自然からこのような強制力は奪われ、必然性は自由の作品、人倫的なものへと高められる。——先の過ぎ去りやすさは意欲された消滅となり、そしてその根柢にある否定性が人倫的本質自身の実体的個体性となる。——戦争は、いつもは信仰心を起こさせるきまり文句であるのがつねであるような、この世の財物と事物のはかなさが真剣に扱われる状態であり、したがって、戦争は、特殊的なものの観念性がその権利をえて、現実性となる契機である。――戦争はさらに高い意義をもっている。私が他の箇所で述べたように、戦争によって、「諸国民の人倫的健全さは、有限的諸規定性の固定化に対して無頓着になることで保持されるが、それは、風の動きが海を腐敗から守ることと同じである。長くつづく静止は海に腐敗をもたらすであろうし、同様に、持続する平和は、それればかりか永遠の平和は諸国民に腐敗をもたらすであろう」。(137)――ともかく、このことは哲学的理念にすぎず、よくいわれる別の表現を使えば、摂理の権利づけであり、現実の戦争はなお別の権利づけを必要とするということについては、後節にゆずる。(138)――偶然的な対外関係のひとつである戦争において現れる観念性と、国内諸権力を全体の有機的諸契機とする観念性とが同一であるということは、歴史的現象においては、とりわけ、成功を収めた戦争が国内の動揺を防ぎ、対内的な国家権力を堅固にしたというかたちで現れている。(139)対内主権に耐えようとしなかったり、あるいはそれを恐れたりする諸国民は、他の国民によって征服されるということ、諸国民が対内的にまずもって国家権力の機構を整えることができなければできないほど、それだけ、国民の独立のために努力しても、えられる成果と名誉は少なかったということ（国民の自由は死への恐れのまえで死に絶えた)、独立の保証を軍事力にではなく他の点においてもつ(たとえば、隣国に比して比較にならないほどの小国のような)諸国家は、国内体制のもとで存立することはできるが、この体制はそれだけでは対内的にも対外的にも平穏を保証しないであろうということ等々、——これらの諸現象も、まさにこの同一性を示しているのである。

補遺《永遠平和について》 平和時には、市民生活はいっそう拡大するが、すべての圏域はみずからに安住し、長期にわたると、人間は身をもち崩す。彼らの特殊性はますます固定化し、骨化する。しかし、健康であることは、身体の統一を必要とするのであり、諸部分がそれ自身において硬化すれば、死がやってくる。永遠平和は、しばしば、人類が到達しなければならない理想として要求される。こうして、カントは、国家間の争いを調停すべき君主同盟を提案したし、神聖同盟もおよそそのような機関であろうとする意図をもっていた。(140) しかし、国家は個体であり、そして個体性には本質的に否定が含まれている。したがって、たとえ多数の国家が一家族となるとしても、個体性としてのこの結合は対立をつくりだし、敵を生みださざるをえない。戦争によって諸国民はただ強化されるだけではなく、国内において不和である諸国民が、対外戦争を通じて国内の平穏を獲得するのである。たしかに戦争によって所有が不安定になるが、しかし、この実在的不安定は必然的である運動にほかならない。しばしば説教壇から、この世の事物の不安定、はかなさ、無常について説かれるのを聞く。だが誰もがそのさい、いかに感動させられたとしても、私は自分のものをもちつづけるだろうと考えている。しかし、この不安定が、抜き身のサーベルをかざした軽騎兵の姿でほんとうの話になり、真剣な問題となれば、そのときには、すべてを予言した先の感動的な説教は一転して、侵略者に呪いを浴びせかける。だが、それにもかかわらず、戦争は、それがことがらの本性に含まれている場合には、勃発する。種子はふたたび芽をふき、そして饒舌は歴史の厳粛な繰り返しのまえに沈黙するのである。(141)〈グリースハイムより〉

三二五

国家の個体性のために犠牲になることは、国家へのすべてのひとの実体的関係であり、したがって普遍的義務でありながらも、この関係は、同時に、特殊的な生存の実在性に対抗する観念性のひとつの面として、それ自身ひとつの特殊的関係となり、そしてこの関係にはそれ自身の一職業身分、すなわち勇気を本分とする身分が専念する。

三二六

国家相互間の紛争は、国家間の関係の何かある特殊的な面を対象とすることがある。このような紛争に対しては、また、国家の防衛に専念する、特殊的な部分が主要な使命をもっている。しかし、国家そのものが、すなわちその独立が危機に瀕するかぎり、義務がすべての市民を国家防衛へと召集する。(142) 国家全体が強力になり、その国内における内的な生活から国外へと駆りたてられるならば、これによって防衛戦争は侵略戦争に変わる。

国家の軍事力が常備軍となり、国防上の特殊的任務のための使命が一身分となる必然性は、他の特殊的諸契機、利益、職務が婚姻関係をもたらし、産業身分、国家的身分、職務上の身分等々になる必然性と同じである。いろいろな根拠をあれこれ挙げる屁理屈は、常備軍設置の得失の大小についての考察にふけり、そして、臆見は、好んで、それを損だと決めつける。なぜなら、ことがらの概念は個々の外的側面に比べれば、より捉えがたいし、また特殊性の利益と目的（常備軍の費用とその結果としてのより大きな税負担等々）が市民社会の意識においては、即自的かつ対自的に必然的なものよりも高く評価され、必然的なものはこうしてただ特殊的利益や目的のための手段として認められるにすぎないからである。

三二七

勇気はそれだけでは形式的な徳である。なぜなら、勇気はあらゆる特殊的な目的、占有、享楽、生命からの自由という最高の抽象化で［ある］が、しかし、外面的に－現実的な仕方での否定であるからであり、勇気の発揮としての放棄は、それ自身では精神的な本性のものではなく、その内的な志操があれこれの根拠をなし、その現実的な結果もまた対自的ではなく、ただ対他的でありうるにすぎない［から］である(143)。

補遺《勇気》　軍人身分は普遍性の身分であり、そこに国家の防衛が帰属し、またこの身分は即自的にある観念性を現存在にもたらすという義務、すなわちみずからを犠牲にするという義務をもつ。勇気はたしかにさまざまである。動物および盗賊の大胆さ、名誉のための勇気、騎士の勇気などはまだ真実の形式ではない。陶冶された諸国民の真実の勇気は、国家への奉仕において犠牲となる準備ができていることであり、その結果、個人は多数者のなかのひとりでしかないのである。この場合重要なのは、個人的大胆さではなく、普遍的なものへ秩序よく参入することである。インドでは五〇〇人の兵士が二万人の大軍に勝利した。後者は臆病であったのではないが、ただ他のひとびとと一致団結して働くという志操をもっていなかったのである。(144)〈グリースハイムより〉

三二八

志操としての勇気の内容は、真実の絶対的な究極目的、すなわち国家の主権のうちに存している。——この究極目的の現実性は勇気の所産として、個人的現実性の犠牲を媒介としている。したがって、この形態は最高度の諸対立の厳しさを含んでいる。すなわち、この勇気は、自由の放棄そのものでありながら、しかし、自由の現存在としての放棄であり、——対自存在の最高度の自立性でありながら、その自立性の現存在は同時に外的秩序と奉仕という機械的なものに存するのであり、——まったき服従、および自分自身の臆見と屁理屈の断念、したがって自分自身の精神の不在でありながら、精神のもっとも集中した、包括的な瞬間的現在と決断であり、——諸個人に対してもっとも敵対的で、この場合もっとも個人的な行為でありながら、諸個人としての諸個人に対しては完全に無関心的な、否、好意的ですらある志操のもとでの行為である。

命を賭けることは、たしかにひたすら死を恐れる以上のことではあるが、〔命の否定の〕ゆえに、単に否定的なものであり、したがってそれだけではいかなる規定も価値ももたない。――肯定的なもの、すなわち目的と内容とがこの大胆さにはじめて意義をあたえる。犯罪という目的をもった盗賊や殺人者も、また自分の考えでつくりだした目的をもった冒険家等々も、命を賭けるという大胆さをもっている。――現代世界の原理である思想と普遍的なものが、勇気にいっそう高い形態をあたえたのである。すなわち、勇気の発現は、いっそう機械的であるようにみえ、そしてこの特殊的人格のおこないとしてではなく、ひとつの全体の分肢〔のおこない〕としてのみみえるのである。――同様に、勇気は個人的人格に向けられたものとしてではなく、敵対する全体一般に向けられたものとして現れ、したがって個人的大胆さは非個人的なものとして現れる。それゆえ、この原理が火器を発明したのであって、この武器のたまたまの発明が勇気の単なる人格的形態をいっそう抽象的な形態に変化させたのではない(145)。

三二九

国家が対外的方向をもつのは、それが個体的主体であることにもとづいている。したがって、国家の他国への関係は、君主権に帰するのであり、それゆえ、軍事力を統帥し、外交使節等々を通じて他国との関係を維持し、宣戦を布告し、講和を結び、またその他の条約を締結することが、直接的に君主権にのみ帰属することになる。

補遺《主権者》 ほとんどすべてのヨーロッパ諸国において、個体的頂点は君主権であり、これが対外関係を司らなければならない。憲法の支柱である議会制度があるところでは、宣戦と講和が議会によって決定されるべきではないかという問題が生じうるのであり、いずれにせよ、議会は影響力を、とりわけ資金面に関しては保持するだろう。イギリスではたとえば、不人気な戦争は遂行されえない。しかし、君主と内閣は両院よりももっと情念に支配されていると考えられ、それゆえに、宣戦と講和に関する決定を両院が掌中に収めるべく図られるならば、全国民がしばしば彼らの君主よりもなおいっそう熱狂して、情念の虜になることもありうるといわなくてはならない。イギリスでは、たびたび全国民が戦争を迫って、戦争を開始することをほとんど大臣たちに強いたのである。ピットの人気は、彼が、国民が当時欲していたことがらを的確に捉えることができたからであった。のちに冷静になってはじめて、この戦争が無益で、不必要であったこと、またそれが戦費の計算なしにはじめられたという意識が頭をもたげたのである。(146)さらに、国家はただ一他国と関係するだけではなく、多数の国家と関係する。関係の錯綜はきわめて微妙であるために、それはただ〔君主という〕頂点によってのみ処理されうるのである。〈グリースハイムより〉

B　国際法(147)

三三〇

国際法は独立諸国家間の関係にもとづいている。それゆえに、国際法において即自的かつ対自的であるものは、当為の形式をもつことになる。なぜなら、それが現実的であるかどうか〕ということは、諸国家の異なった主権的意志に依存しているからである。

補遺《国際法》　国家は私的人格ではなく、完全に独立した総体性それ自体である。したがって、国際関係は単なる道徳的関係や私法的関係とは別様に規定される。しばしば国家は私法的、道徳的であることが望まれたが、しかし私的人格の地位は、即自的に法であるものを実現する法廷の支配に服するものである。そこで、国家間の関係もたしかに即自的には法的であるべきだが、しかし、現世的世界においては、この即自的に存在するものはまた権力をもたなければならない。ところが、国家に対して何が即自的に法であるかを決定し、この決定を現実化する権力は存在しないから、即自的な法は、この関係においては、つねに当為にとどまらざるをえない。国家間の関係は、相互に協定し合いながら、しかし同時にこの協定を越えてしまう独立者間の関係なのである。〈ホトーより〉

三三一

国家というあり方をする国民は、実体的な理性的性格と直接的現実性を具える精神であり、したがって、地上における絶対的な力である。こうして、一国家は他の諸国家に対して主権的独立性を具えている。このような国家として、他の国家に対して存在すること、すなわち、他の国家によって承認されていることが、国家の最初の絶対的権限である。しかし、この権限は同時に単に形式的であるにすぎず、単に国家が国家であるという理由だけで、国家のこのような承認を要求することは抽象的である。国家が事実においてそのように即自的かつ対自的に存在するものであるかどうかは、国家の内容、国内体制、状勢によるのであり、そして、形式と事実上の内容の両者の同一性を含むものとしての承認も、同様に他の国家の見解と意志に依存している。

　個人が他の諸人格との関係なしには現実の人格ではないように（七一およびその他の箇所）、国家も他の諸国家との関係なしには現実の個体ではない（三二二）。国家の正当性、くわしくいえば、国家が国外に向かっているかぎり、その君主権の正当性は、一面では、まったく国家内部に関わる関係であるが（国家は他国の内政に干渉すべきではない）、――他面では、それは同様に本質的に他の諸国家による承認を通じて完全にされなければならない。しかし、この承認は、他の諸国家に自国を承認することを要求する国家が、その当の他の諸国家を同様に承認するという保証、すなわち、他の諸国家をその独立性において尊重するであろうという保証を必要とする。したがって一国家の内部で生じることは、他の諸国家にとってどうでもよいことではありえないのである。——たとえば、遊牧民族、すなわち一般に文化の低い段階にある民族においては、これがどの程度まで国家とみなされうるかという問題さえ生じる。〈かつてユダヤ民族、イスラム諸民族においてあったような〉宗教的見地は、承認に要する普遍的同一性を許容しない、もっと高次の対立をなお含むことがある。

補遺《現存在の強さ》 ナポレオンは、カンポフォルミオの和約[148]に先だって、「フランス共和国が承認を必要としないのは、太陽が承認される必要がないのと同様である」と語った。このことばにはまさに、承認のことが語られなくても、すでに承認の保証をともなっている国家の現存在の強さ以外の何ものも含まれていない。〈グリースハイムより〉

三三二

諸国家が相対しているという直接的現実は、多様な諸関係に特殊化されるが、その諸関係の規定は、それぞれの独立した恣意から発出するものであり、したがって、契約一般の形式的本性を具えている。けれども、この契約の素材は、市民社会におけるよりも、はるかに少ない多様性しかもってはいない。市民社会においては、個々人がきわめて多様な関心にしたがって相互に依存し合っているが、それに対して、独立諸国家は何よりもまず、みずからのうちで自足している全体であるからである。

三三三

諸国家間において即自的かつ対自的に妥当すべき普遍的な法としての国際法の原則は、実定的諸条約の特殊的内容とは異なり、条約は、諸国家相互間の拘束性がもとづくものとして、遵守されなければならないということである。しかし、諸国家間の関係はそれぞれの国家の主権を原理とするがゆえに、そのかぎり、諸国家は自然状態において相対峙しており、また諸国家の権利はその現実性を、超国家的な力にまで構成された普遍的意志においてではなく、諸国家の特殊的意志においてもっている。先の普遍的規定は、したがって、当為にとどまり、そして実状は、条約にしたがった関係の成立とこの関係の破棄との繰り返しとなる。

諸国家間には大法官は存在せず、せいぜい仲裁者と調停者が存在するだけであり、この仲裁者と調停者もまたただ偶然に、すなわち特殊的意志にしたがっているだけである。国際連盟による永遠の平和というカントの考え(149)は、この国際連盟が、あらゆる争いを仲裁し、各国によって承認された力として、あらゆる不和を片づけて、戦争による決定を不可能にするというものであるが、この考えは諸国家の同意を前提としている。ところが、この同意は、道徳的、宗教的、あるいはまたどのような根拠および考慮によるにせよ、そもそもつねに特殊的な主権的意志にもとづいていて、そのために偶然性にまつわりつかれているのである。

三三四

諸国家間の争いは、それゆえに、特殊的意志が一致をみいださないかぎり、ただ戦争によってのみ解決されうる。しかし、諸国家ははるかに包括的な勢力範囲をもち、またその諸国民による関係も多面的であるので、容易にまた大量に侵害が生じうるが、それらのうち、いずれの侵害が条約の明確な違反、あるいは承認と名誉の侵害とみなされなければならないかは、それ自体としては規定されえないままである。というのは、国家は、そのいかなる個別的なことがらのうちにも、みずからの無限性や名誉との関わりをみいだすことができるのであり、そして、力強い個体として国家が永い国内の安静を経て、国外に向かって活動の素材をもとめ、調達するように駆りたてられればられるほど、国家はますます侵害を受けやすくなるからである。

三三五

かつまた、そもそも精神的なものとして国家は、単に侵害の現実を顧慮しようとすることにとどまっているわけにはいかず、他国から迫りくる危険という侵害の表象が、他国の意図等々の蓋然性の大小についてあれこれ推察したり、憶測をたくましくしたりすることをともなって、紛争の原因としてつけ加わってくる。

三三六

独立している関係にある諸国家は、特殊的意志として対峙し合い、そして条約の効力そのものもこれにもとづいているが、しかし、一国家全体の特殊的意志は、その内容からすればその国家の利福一般であるから、この利福が、ある国家の他の諸国家に対する態度における最高の法則となる。このことは、国家の理念がまさに、この理念において抽象的自由としての法と、これを充足させる特殊的内容すなわち利福との対立が廃棄されているということであるだけに、また諸国家の最初の承認(三三一)が具体的全体としての諸国家に関わる問題であるだけに、なおさらそうなのである。

三三七

国家の実体的利福は、一定の利害関係や一定の状態のうちにあるとともに、また特殊的な条約-関係ならびに同様に固有な外的事情のうちにある特殊的国家のものとしての利福である。したがって、統治とはひとつの特殊的知恵であって、普遍的摂理ではない(三二四注解参照)。——同様にまた、他の国家との関係における目的と、戦争や条約の正当化のための原理は、普遍的(博愛的)思想ではなく、国家の一定の特殊性における、現実に害されたり、脅かされたりする利福である。

一時期、道徳と政治との対立について、そして政治は道徳に適合すべきであるという要求について、多くが語られた(150)。ここでは単に、それについて一般的につぎのことを指摘するにとどめておこう。すなわち、一国家の利福は個人の利福とはまったく別の権限をもっているということ、人倫的実体である国家は、その定在、すなわちその法を、抽象的ではなく具体的な現存在において直接にもっているという［こと］、そしてこの具体的現存在のみが人倫的実体の行為と動作挙動の原理でありうるのであって、道徳的命令とみなされる多くの普遍的思想のうちのひとつがそうでありうるのではないということである。この誤って考えられた対立においては、つねに、政治に、誤って、不正が帰せられるのであるが、そのような見解は、むしろまだ、道徳についての、国家の本性や国家と道徳的観点との関係についての表象の浅薄さにもとづいているのである。

三三八

諸国家が諸国家として相互に承認し合うという点で、戦争、すなわち無法、暴力、偶然の状態においても、諸国家が相互に対して即自的かつ対自的に存在するものとみなされる紐帯は存続している。そこで、交戦中においてさえ、戦争は一過的であるべきものとして規定されている。したがって、戦争は、戦争のうちには平和の可能性が含まれており(151)、それゆえ、たとえば使節が敬意を払われるという、また一般に、戦争行為は国内の諸施設、平和な家庭生活や私的生活、および私的人格に対してはなされないという国

際法上の規定を含んでいる。(152)

補遺《近年の戦争行為》　近年の戦争は、それゆえに、人道的におこなわれるのであり、個的人格が憎悪をもって個的人格に対抗するのではない。せいぜい前哨において個人的敵意が生じるとしても、軍隊としての軍隊にあっては、敵意は曖昧なものであって、各人が尊重する他人の義務に比べれば後退したものである。〈グリースハイムより〉

三三九

そのほかに、戦時における国家相互の関係（たとえば捕虜となる場合）、ならびに平和時において、ある国家が別の国家の国民に私的交易の権利に関して許可をあたえる等々のことは、とりわけ、国民の習俗に、すなわちあらゆる関係のもとで保持されている、ふるまいの内的普遍性にもとづいている。

補遺《ヨーロッパの国際法》　ヨーロッパ諸国民は彼らの立法、習俗、教養の普遍的原理にしたがって一家族を形成している。したがって、それとはちがって、相互に害悪を加え合うことが支配的であるような状態においては、この原理にしたがって国際法上のふるまいは変更される。国家と国家との関係は不安定である。ここには調停を司る大法官は存在しない。より高次の大法官は、唯一、即自的かつ対自的に存在する普遍的精神、すなわち世界精神である。〈グリースハイムより〉

三四〇

国家相互の関係においては、諸国家が特殊的なものとして存在するから、ここには、情念、利益、目的、才能や徳、暴力、不法や悪習という内的特殊性と、同様に外的偶然性が現象のほとんどの場面にわたって跋扈《ばっこ》している。――これらが跋扈する場面では、人倫的全体そのもの、すなわち国家の独立性が偶然性にさらされることになる。諸民族精神の諸原理は、それぞれの特殊性において、現存在する個体としてその客観的現実性と自己意識とをもつのであるが、その特殊性のために一般に制限されたものであり、そしてそれら相互の関係における運命と行果は、これらの民族精神の有限性が現象する弁証法である。この弁証法から、普遍的精神、すなわち世界精神が無制限なものとして出現するとともに、みずからの法を――そしてこの法は最高の法である――世界法廷としての世界史[153]において諸民族精神に対して行使するのが、この世界精神なのである。[154]

C　世界史

三四一

普遍的精神が定在する境位は、芸術においては直観と像、宗教においては感情と表象、哲学においては純粋で自由な思想であるが、世界史においてはその内面と外面の全範囲にわたる精神的現実性である。世界史はひとつの法廷である。なぜなら、この法廷の即自的かつ対自的に存在する普遍性のうちでは、多彩な現実性を具えた特殊的なもの、ペナーテース神、市民社会、諸民族〔国民〕精神がただ観念的なもの[155]として存在しており、そしてこの境位における精神の運動は、この観念的なものを表現することであるからである。

三四二

世界史は、さらに、普遍的精神の力による単なる法廷、すなわちある盲目的運命の抽象的で、理性を欠いた必然性ではない。精神は即自的かつ対自的には理性であり、精神における理性の対自存在〔自覚しているあり方〕は知であるから、世界史とは、ただ、精神の自由の概念にもとづく、理性の諸契機の必然的な展開、したがって精神の自己意識と精神の自由との必然的展開であり、——普遍的精神の開陳と現実化である。

三四三

精神はただ自分がなすものにほかならないから、精神の歴史は精神の行果であり、この精神の行果は、自分を、しかもここでは精神としての自分をみずからの意識の対象となし、自分を自分自身に対して開陳しつつ把握することである。この把握が精神の存在と原理であり、把握の完成は同時に精神の外化と移行である。形式的にいえば、改めてこの把握を把握する精神、同じことであるが、外化から自分のうちへとたち帰る精神は、先の最初の把握のさいの自分と比べていっそう高い段階の精神である。[156]

人類の完全志向性[157]と教育に関する問題はこの点に関わっている。[158] この完全志向性を主張したひとびとは、精神の本性についてのある予感をもっていたのであり、それは、「汝自身を知れ」(Γνῶθι σεαυτόν)を精神の存在の法則となし、[159] そして精神は自分が何であるかを把握するがゆえに、みずからの存在が形成していた形態よりもいっそう高い形態となるということである。しかし、この思想を斥けるひとびとにとっては、精神とは虚しいことばでありつづけたし、同様に歴史は偶然的な、いわゆる単に人間的な懸命さと情念の皮相な戯れでありつづけた。たとえ、彼らが、この場合、摂理や摂理の計画といった表現で、より高きものの支配への信仰を表明したとしても、彼らが摂理の計画を彼らには認識不可能なもの、理解不可能なものとして明確に言明してもいる以上、これはどこまでも充足されない表象にとどまるのである。[160]

三四四

諸国家、諸民族、諸個人は、世界精神のこの大業において、それらの特殊的に規定された原理にもとづいて現れるが、この原理は、それらの体制や状態の全範囲にわたって開陳され、現実化されている。それらの国家、民族、個人は、この原理の開陳と現実化とを意識し、これらの利益に没頭するが、同時に、世界精神の〔それらに〕内的な大業の無意識的な道具であり、分肢であって、その諸形態はこの大業において消滅してゆく。しかし、即自的かつ対自的な精神は、そのつぎのより高次な段階への移行を準備し、なし遂げるのである。

三四五

正義と徳、不法、暴力と悪習、才能とその行果、卑小な情念と偉大な情念、罪過と無垢、個人生活や国民生活の栄光、国家や個人の独立と幸福と不幸は、意識的な現実性の圏域において、それぞれの規定された意義と価値とをもっているのであり、そしてここにおいて、それぞれの判定と、それぞれの、不完全ではあるが正義とをみいだすのである。世界史はこれらの観点のそとに属している。世界史においては、世界精神の理念の必然的契機であって、現在、この精神の段階をなしている契機が、その絶対的権利をえるのであり、そして、その段階において生存する民族とその行果が完成され、幸福と名誉とをえるのである。(161)

三四六

歴史は、生起の形式、すなわち直接的で自然的な現実性の形式における精神の形態化であるから、その展開の諸段階は直接的で自然的な諸原理として現存し、そしてこれらの諸原理は自然的なものであるから、多数性として相互に外在的に存在する。したがってさらに、一民族にはこれらの諸原理のひとつが帰属する。――これが、精神の地理学的および人類学的な現存在である(162)。

三四七

自然的原理としてのこのような契機が帰属する民族には、世界精神の展開されてゆく自己意識の歩みにおいて、この自然的原理を完遂することがまかされている。この民族は、世界史において、この時代にとっての支配的民族である――そしてこの民族は世界史においてただ一度だけ時代を画することができる(三四六)――。世界精神の現在の展開段階の担い手であるという、この民族の絶対的権利に比すれば、他の諸民族の精神には権利がないのであり、そしてその精神は、自分の時代が過ぎ去ってしまった民族精神と同様に、もはや世界史のうちで重きをなすことはないのである。

ある世界史的民族の特殊的な歴史は、一方では、その民族の原理が、無邪気な揺籃状態から全盛期に、すなわち、そこで民族が自由な人倫的自己意識に達し、普遍史に進み入る時期にいたるまでの展開を含むとともに、他方では、また衰退して、滅亡する時期をも含んでいる。――というのも、世界史的民族においては、より高次の原理の出現は、その民族自身の原理を否定するものの出現としてのみ示されるからである。(163) これによって、より高次の原理への精神の移行、したがって世界史の他の民族への移行の前兆が示される。――この時期以降は、かつての世界史的民族は、絶対的な重要性を失ってしまい、なるほどその場合も、またより高次の原理を積極的に自分のうちに取り込み、自分を鍛え上げはするのだが、しかし、他から受け取ったものとしてのその原理にあっては、内在的な生動性と新鮮さとをもってふるまうということはない。――この民族は、おそらく自分の独立性を失うか、おそらくはまた特殊的な国家あるいは諸国家の集まりとして存続するか、生きながらえて、多様な内政的試みと対外的闘争のうちになりゆきまかせに巻き込まれてゆくかなのである。

三四八

すべての行為の、したがってまた、世界史的行為の尖端には、実体的なものを現実化する主観性としての諸個人がたっている[164](二七九注解)。世界精神の実体的行果の生動性であり、したがって、この行果と直接的に同一的なものである諸個人自身には、世界精神の行果は隠されており、それは彼らの対象でも目的でもない(三四四)。諸個人は、〔実体的なものを現実化した〕名誉と感謝をその同時代からも(同)、また後代の世論からも受けることはなく、ただこの世論において、形式的主観性としてだけ、不滅の名声という自分の分けまえにあずかるにすぎない[165]。

三四九

民族は、最初はまだ国家ではない。そして家族、遊牧民の群れ、種族、群衆等々の一国家の状態への移行が、民族において理念一般の形式的実現をなし遂げるのである。この形式なくしては、民族は、即自的に人倫的実体としてあるだけであって、思惟された諸規定としての法律において普遍的でかつ普遍妥当的な定在を自分および他民族に対してもつという客観性を欠くことになり、したがって、このような民族は承認されることがない。この民族の独立性は、客観的合法性と対自的に確固とした理性的性格を欠いた、単に形式的なものとして、主権ではない。

通常の考え方においても、家父長的状態を、憲法を具えた国内体制とはよばないし、この状態の民族を国家とはよばないし、その独立性を主権とよぶこともない。したがって、一方で、利害関係をもたない漠然とした無垢、他方で、承認や復讐をめぐる形式的闘争の勇敢さは、現実の歴史がはじまる以前のことである（**三三一**および**五七**注解参照）。

三五〇

婚姻と農業から出発して（**二〇三**注解をみよ）、法律的諸規定と客観的諸制度へと歩みでることは、理念の絶対的法である。そのさい、この理念の現実化の形式が神の立法や慈悲として現れようと、あるいは権力や不法として現れようと、そうである。――この法は、国家創設に向けての英雄の法である[166]。

三五一

前節の規定から生じるのは、文明化された諸国民が、国家の実体的契機において自分たちにおよばない他の国民を（牧畜民族が狩猟民族を、農耕民族がこれら両者を、等々）、不平等な権利意識をもって、野蛮人と、そして、彼らの独立性を形式的なものとみなし、また取り扱うことである。

したがって、このような諸関係のもとに生じる戦争や争いにおいては、これらが一定の実質に関する承認をめぐる闘争であるという契機が、これらに、ある世界史的意義をあたえる特徴をつくりなす。

三五二

それぞれの具体的理念、すなわちそれぞれの民族精神は、その真理と規定を、絶対的普遍性である具体的理念——世界精神においてもっている。世界精神の王座を取りまいて、それらの民族精神は世界精神の現実化の遂行者として、また世界精神の尊厳の証人および装飾として存在する。世界精神は精神として、みずからを絶対的に知り、したがって、みずからの意識を自然的直接性の形式から解放して、自分自身へといたるという、みずからの働きの運動であるから、この自己意識の形態化の原理には、その解放の歩みにおいて、すなわち、世界史的な領野において、四つのものがある。

三五三

第一の、直接的なものとしての顕現においては、世界精神は、同一性としての実体的精神の形態を原理としており、この形態においては、個別性はその本質のうちに埋没していて、それ自身としては権限をもたないものにとどまっている。

第二の原理は、この実体的精神の知である。こうして、この精神は、肯定的な内容と実現、この内容の生ける形式としての対自存在であり、美わしき人倫的個体性である。

第三の原理は、知る対自存在が抽象的普遍性にいたるまで自分のうちに沈潜することであり、したがって、これによって同じく精神を失った客観性と無限に対立するようになることである。

第四の形態化の原理は、精神のこの対立が転換すること、すなわち、精神がその内面性において、みずからの真理と具体的本質を受け入れ、そして客観性において安らい、和解していることであり、また、最初の実体性にたち戻ったこの精神は無限の対立から還帰した精神であるがゆえに、この精神の真理を、思想として、また法律的現実性の世界として生みだし、知ることである。

三五四

この四つの原理にしたがって、世界史的領野には四つの領野がある。1 東洋、2 ギリシア、3 ローマ、4 ゲルマン。

三五五

1 東洋の世界

この第一の領野は、家父長的な自然的全体から出発していて、内部で分化してはいない実体的世界観である。この世界観においては、現世的統治は神政政治であり、支配者は高位の神官あるいは神であり、国家体制と立法は同時に宗教であり、同様に、宗教的および道徳的命令、あるいはむしろ慣習が国法および法律である。この全体の壮麗さのなかで、個人の人格は権利のないものとして消え去り、外的自然は直接的に神的であるか、あるいは神の装飾であり、そして現実の歴史は詩である。習俗、統治、国家のさまざまな側面へと発展する諸区別が、法律に代わって、単純な習俗のもとで、重々しく、冗長な迷信的儀式となり、――個人的権力や恣意的支配の偶然性となり、身分の分化がカーストとしての自然的な固定化となる。したがって、東洋的国家はみずからの運動のうちでただ生きているにすぎない。この運動は、国家それ自身のうちにはゆるぎないものが何もなく、確固としたものといえば石化しているために、そとに向かっていって、原始的な狂騒や破壊となる運動である。またその内的平穏は私的生活であり、また弱さと倦怠への埋没である。(167)

国家形成におけるなお実体的で、自然的な精神性の契機は、形式としてはいずれの国家の歴史においても絶対的出発点をなすものであるが、この契機は、『自然的国家の没落』（シュトゥール博士著、ベルリン、一八一二年）という著書において、特殊的な諸国家に即して、歴史的に、そして同時に深い感受性と博識とをもって強調され、かつ確証されており、これによって、国内体制の歴史と歴史一般の理性的考察に道が開かれた。主観性および自己意識的自由の原理は、この書においても同じく、ゲルマン民族において示されているが、しかし、同書はただ自然的国家の没落までを論じているにすぎないから、この原理もまた、一方では、落ち着きのない運動性、人間的恣意や堕落として現れ、他方では、その特殊的形態において心情として現れるところまでしか扱われておらず、自己意識的実体性の客観性、すなわち有機的合法性にまでは展開されていない。

三五六

2　ギリシアの世界

この領野は、有限なものと無限なものとの先の実体的統一をもってはいるが、しかしそれを、ただ、ぼんやりとした記憶や洞窟や伝説的心像のうちへと押し込められた神秘的基礎としてもっているにすぎない[169]。この基礎は、みずからを区別する精神から個人的精神性として知の白日のもとへと生みだされ、美と自由で明朗な人倫へと抑制されて、神々しいものとなっている。したがって、この規定においては、人格的個体性の原理が現れてくるが、それはまだ、自分自身に囚われてはおらず、その観念的統一のうちに保持されたものとしてである。——それゆえに、全体がもろもろの特殊的な民族精神の集団〔ポリス〕に分散する一方で、他方では、一面で、最終的意志決定が、対自的に存在する自己意識の主観性にはまだゆだねられずに、自己意識より高い、かつ自己意識の外部に存する力にゆだねられており（**二七九**注解参照）、また他面で、欲求に属する特殊性がまだ自由へと取り入れられずに、奴隷身分に押しつけられている。

三五七

3　ローマの世界

この領野においては、人倫的生活を、人格的な私的自己意識の極と抽象的普遍性の極へと無限に引き裂く区別が完成される。民主政的形式における自由な人格性の原理に対抗する貴族政体の実体的直観から生じた対立が発展して、貴族政体の側では、迷信と冷酷で貪欲な権力の主張へといたり、民主政体の側では、浮浪者の堕落へといたる。そして全体の解体は、一般的な不幸と人倫的生活の死におわる。ここでは、諸民族の個体性はパンテオンの統一のもとで死に絶え、個々人はすべて私的人格となり、形式的権利をもった同等のものになり果てる[170]。したがって、途方もないものにまで駆りたてられた抽象的恣意[171]のみがこれらの私的人格を結びつけるにすぎない[172]。

三五八

4　ゲルマンの世界

精神自身とその世界とのこのような喪失とその無限の苦痛、かつてそのような苦痛の民族とみなされていたのはイスラエル民族であるが、この苦痛のゆえに、自分のうちへと押し込められた精神が、みずからの絶対的否定性の極点、すなわち即自的かつ対自的に存在する転換点において、把握するのは、このみずからの内的なものの無限な肯定性である。これは、神性と人性との統一の原理であり、自己意識ないし主観性の内部に現象する客観的真理と自由との和解にほかならないが、この和解を遂行することは、ゲルマン諸民族の北方的原理にゆだねられる[173]。

三五九

この北方的原理[174]の内面性は、すべての対立の、まだ抽象的で、感情においては信仰、愛、希望として存在するような和解と解消であるが、この内面性はその内容を展開して、それを現実性と自己意識的な理性的性格へ、すなわち自由人の心情、信頼、協力関係から出発する現世的な世界へと高める。この世界は、それのこのような主観性においては、同様に、それだけで存在する粗野な恣意と野蛮な習俗の世界であって、――彼岸的世界、叡智的な世界と対立する。この叡智的な世界の内容は、たしかに、現世的な世界の精神の真理ではあるが、しかしまだ思惟されてはいないものとして、表象の野蛮性に覆われていて、現実的な心情に優越する精神的な力として、この心情に対して不自由で、恐ろしい暴力のようにふるまう(175)。

三六〇

ここで絶対的対立となるほどまでに区別されると同時に、ひとつの統一と理念に根ざしてもいる現世的な世界と叡智的な世界との激しい闘争において、精神的なものは、みずからの天上の現存在を、現実においても表象においても、地上的此岸および日常の現世性へと引き降ろし(176)、それに対して、現世的なものは、みずからの抽象的な対自存在を思想や、理性的な存在と知との原理へと、また法および法律の理性的性格へとつくり上げる。それゆえに、この対立は即自的には跡形もなく消え失せている。現存世界はその野蛮さと不法な恣意を脱却し、真理はその彼岸性と偶然的暴力を脱却し、こうして、真実の和解が客観的となっているのであって、この和解が、国家を理性の形象と現実性へと展開するのである。このような国家において、自己意識は、みずからの実体的知と意欲との現実性を有機的展開のうちにみいだし、また宗教において、観念的本質性としての、このみずからの真理の感情と表象をみいだすが、学問において、この真理が、相互に補い合っているその顕現である国家、自然、観念的世界において一個同一のものであるという自由で概念的な認識をみいだすのである。[177]

訳注

第三部　人倫

（1）自由は、意志の概念とその定在（現存在あるいは実在性）との統一においてなりたつ。そして、この統一が理念にほかならない。**一**および**三二**、序言注（32）（33）、『大論理学』stw VI, 290 参照。

（2）これは、アリストテレスのいわゆる「不動の動者」の考えを暗に示唆している。アリストテレスによれば、宇宙の永遠の円運動の目的因として、「他から動かされもせず、みずから動きもしないで、他を動かすものがあり、これは永遠的なものであり、実体であり、現実性である。それは、あたかも欲求の対象や思惟の対象が、欲求者や思惟者を動かすような仕方で」すなわち、「愛されるものが愛するものを動かす」ように、動かすものである（『形而上学』第一二巻第七章1072a25, b3 参照）。人倫的存在は、自己意識の実体として、自己意識を「動かす目的」なのであるが、アリストテレスの「不動の動者」とむろんパラレルではない。ヘーゲルの解する「実体」は同時に「主体」なのである。ヘーゲルのアリストテレス思想の受容とそれとの差異については、山田忠彰『ヘーゲル論——理性と他性』（批評社、一九八六年）一四五頁以下参照。なお、**一五二**、

二五八参照。

（3）自由の理念である人倫としての「この統一」は、即自的存在であるだけではなく、同時に知の側面、すなわち主観・客観の区別にもとづく対自的存在を含んでいる（**三四二**参照）。したがって、理念の両契機は、統一されていると同時に区別されているのであり、これは、各々が、みずからのうちに他の契機を含むことによって、理念の総体性であることによるのである。

（4）**一四**、**一〇八**、**一〇九**参照。

（5）『哲学的諸学のエンチュクロペディー』四八五節参照（以下、訳注で表示する同書の節数は第三版による）。

（6）**一五七**参照。

（7）これは、アンティゴネーが、「神々の掟」に訴えることによって、クレオンに対するみずからの反抗を正当化するときのことばである（ソポクレース『アンティゴネー』四五三―四五七行参照）。なお、『精神の現象学』stw III, 322,『歴史哲学』stw XII, 56 参照。

（8）ここにおける実体（人倫的諸力＝家族・市民社会・国家）と偶有性（諸個人）との関係については、『哲学的諸学のエンチュクロペディー』一五一節参照。

（9）このことば（「うたかたの」）は、ゲーテの詩「人間の限界」のおわりから二番目の連を暗に示唆している（*Werke* I, Christian Wegner Verlag, 1966, 147 参照）が、このことばはホトー自身のノートにはみあたらない（*Vorlesungen über Rechtsphilosophie*, hrsg. von K.-H. Ilting, Stuttgart, Fromman Verlag, 1974（以下 VPR）, III, 485）。おそらくは、編集者ガンスによる挿入であろう。

（10）『宗教哲学』stw XVI, 50, および『新約聖書』「ヨハネの第一の手紙」第五章六節、一〇節、本書上巻一五、三九頁、**二七〇**注解参照。

（11）『精神の現象学』stw III, 321, 406 参照。

（12）ヘーゲルは手書きで、「倫理的(*Ethisch*)――道徳的(moralisch)の代わり――人倫的(sittlich)」と書き入れている。一般の義務論と区別して、ヘーゲル固有の人倫(Sittlichkeit)の立場での義務論を倫理的義務論とよんでいるのである。

（13）**一三五**参照。

（14）ヘーゲルは手書きで、「義務――法、人間の意志の定在である」と書き入れている。

（15）**五**、**一一**、**二二**、**二五七**参照。

（16）否定的自由の帰結としての、フランス革命が陥ったテロリズムに対する批判が込められているとみることができよう。**五**注解参照。

（17）**二〇七**、**二五三**、および『哲学入門』stw IV, 267 参照。

（18）『哲学入門』stw IV, 263f. 参照。ヘーゲルは、人倫的諸関係のなかでそれぞれの立場に応じて個人に根づいた心のあり方を「誠実さ」(Rechtschaffenheit)とよんでいる。それは個人の職業によって異なったものとなるが、それこそが「徳」(Tugend)とよぶにふさわしいものと、ヘーゲルは考えているのである。

（19）『美学』stw XIII, 243f. 参照。

（20）この教説が、生得的、ないし自然的卓越さの変遷の叙述となるということであろう。

(21) アリストテレス『ニコマコス倫理学』第一巻第一三章1102a–1103a, 第二巻第六—九章1106a–1109b参照。なお、『哲学史講義』stw XIX, 222f. も参照。

(22) 原語はdie sittliche Virtuositätである。これは、徳の巨匠ないし名人(手)たることである。

(23) ヘーゲルの「覚え書き」によれば、習俗(Sitte)と人倫的であることとの関係は、ἦθος(習俗)とἠθικός(倫理的な)とのそれである。古代ギリシア人にとっては、ひとをἠθικόςにするためには、ἦθοςの遵守で十分であった。というのも、「古代人は良心について何も知らなかった」からである。それに対して、人倫の最高の形態は、諸個人が、理性的な諸制度と習俗に良心的にしたがうものである。なお、習慣(Gewohnheit)が第二の自然であるという見解は、たとえば、モンテーニュ(Michel Eyquem de Montaigne, 一五三三—九二)やパスカルにもみられる(モンテーニュ『随想録』(*Essais*)第三巻第一〇章、パスカル『パンセ』(*Pensées*)一二六(*Œuvres Complètes*, 1963)参照)。

(24)『哲学的諸学のエンチュクロペディー』四一〇節参照。

(25) 注(2)参照。

(26) **一四二**、**一四四**参照。

(27) ヘーゲルの「覚え書き」によれば、「ここで人間はみずからの規定を——人間は何であるべきか、という人間一般の規定を——個人の特殊的規定を——獲得する」。

(28) アリストクセノスの書物のなかに、クセノピロスがこのように答えたという話が記されている(ディオゲネス・ラエルティオス『ギリシア哲学者列伝』第八巻第一章一六参照)。ヘーゲルは手書きで、「ほかのひと」としてソクラテスの名を書き入れているが、これは、クセノポンにもとづいているであろう（*Memorabilia* I, 3. 1, VPR II, 568 参照）。なお、「自然法論文」にも同様の記述がある（stw II, 508 参照）。

(29) ルソーは、エミールを、近代社会のもつひとを堕落させる影響から切りはなして、「人間として」教育することを提案する。そのさい、彼は、この教育を、古代世界では可能であったような、良き国家の法律にしたがって「市民として」教育することと区別している（『エミール』（*Emile*）第一編参照）。

(30) 原語は Volk である。このことばは「民族」と訳されることが多いが、「国民」という意味もある。コンテクストに応じて訳し分けたが、民族と国民および国家との連関ないしこのことばの使い方に関して、ヘーゲル自身に曖昧な点がないわけではない。**三四九**に一応の規定が挙げられてはいる。

(31) 社会契約論的考え方。

(32) 原語は bürgerliche Gesellschaft である。この「市民社会」のヘーゲルによる位置づけは、政治学的な概念形成の歴史において体系的な転換をもたらした。それまでは、国家と市民社会とは同一視されていたが（ヘーゲルによれば「外面的国家」）、ヘーゲルは、国家の政治的圏域と市民的圏域（市民社会）とを区別するのである。

(33) **一八二**参照。

(34) **一八三**参照。

(35)「国家体制」の原語は Staatsverfassung である。Verfassung は本訳書では「国内体制」としたが、「憲法」の意味もある。ヘーゲルにあっては、国家は、家族と市民社会の真の基盤であり、具体的全体であって、両者はここから抽象されたものである。しかし『法の哲学』において、国家ではなく、「抽象的なもの」から出発することについては、『哲学的諸学のエンチュクロペディー』四〇八節補遺参照。

第一章　家　族

(1) 第二部注(50)、および『哲学的諸学のエンチュクロペディー』五一五節参照。
(2) **四**補遺参照。
(3) **一七一**参照。
(4) 第三版では、二二〇節以下、および三六六節以下。
(5) これはおそらく、プーフェンドルフ(Samuel Pufendorf, 一六三二—九四)の『自然法・国際法論』(*De jure naturae et gentium libri octo*, 1672, XVI, c. 1)を暗に示唆しているであろう。
(6) 第一部注(71)参照。
(7)『美学』stw XV, 535f. 参照。
(8) 第三版では、一五〇節であるが、一五一節も参照。
(9) 原語は Penaten であるが、古代ローマ人におけるペナーテース(penates(複))のこと。これは、ローマ人の宗教において、食糧(penus)棚の神霊であり、炉の神霊であるウェスタ(vesta)や畑地の守り神であるラレース(lares)とともに、家庭の守り神として、家庭の食事時の儀式において崇拝された。ここでは、これが、家族精神を表象するものとみなされている。なおローマの守護神とみなされた国家の penates もあり、官公吏はこれに対して宣誓しなければならなかった。

(10) 原語は Pietät であるが、ローマ人における pietas のこと。これは、神々、両親、親族、恩人や保護者そして国家に対する忠順な態度である。

(11) 『新約聖書』「マタイ伝」第一九章八節、および「マルコ伝」第一〇章五節参照。

(12) **七八**も参照。

(13) **二七〇**注解参照。なお、ここからすれば、婚姻の締結に、教会が必ずしも介入する必要はないと、ヘーゲルはみているといえよう。

(14) フリードリヒ・フォン・シュレーゲルの『ルツィンデ』(*Lucinde*, 1799)は、その文学理論の実践化であり、結婚制度を批判して、自由で平等な男女の自由恋愛による結合を称讃することによって市民道徳を挑発した作品である。世の酷評を浴びたこの作品を、しかし、シュライエルマッヒャーは書簡(*Vertraute Briefe über Schlegels Lucinde*)を著して擁護した。この小説では、宇宙全体に生命を付与する愛が媒介者を果たしており、この愛は、シュライエルマッヒャーが唱えるロマン主義の宗教と相通じているものである。

(15) 『精神の現象学』stw III, 337 参照。

(16) 『精神の現象学』stw III, 328ff., 351ff.　なお『美学』stw XIV, 60, XV, 549f. 参照。一八一八―一九年の講義ではつぎのようにいわれている。「アンティゴネーは女性であることのもっとも美しい叙述である。彼女は、掟に対抗して家族の絆を固く保持したのである」(VPR I, 301)。

(17) 一八二二―二三年の講義ではつぎのようにいわれている。「男性の領分は、学問的な普遍的認識であり、したがってまた、芸術も男性の対象である。というのも、これは、個別性において表現されるにもかかわらず、普遍的なもの、普遍的な理念であり、理性、理念、普遍的なものによって鼓吹された構想力だからである。これらは男性のための分野である。個々の女性にとってのの例外はありうるが、しかし例外は規則ではない。女性がこれらの分野にたち入ると、これらの分野そのものを危険に曝してしまう」(VPR III, 525)。

(18) 一八一八―一九年の講義ではつぎのようにいわれている。「女性は、男性と同様に、みずからの法〔権利〕にいたらなければならない。一夫多妻制のあるところでは、女性の奴隷化がある」(VPR I, 301)。

(19) いわゆる所有は抽象的な一人格の物件に対する関係(**四四**―**四六**参照)であるが、資産は「共同の所有物」(**一七一**参照)として、共同体ないしその成員を前提としている。

(20) **一九九**以下、および**二五三**参照。

(21) 原語は die Frau der laxen Ehe である。これは、夫権(手権)に帰入することのない婚姻関係における妻であり、マトローナ(matrona)か、内縁(concubinatus)関係にある女性である。両者は生家との宗族関係を維持している。注(32)参照。

(22) **一六一**参照。

(23) 緒論注(28)、および**一七五**注解、**一八〇**参照。

（24）理由を教える（理を説く）ことによって子どもを教育することは、ロックによって提唱された（『教育に関する考察』*Some Thoughts Concerning Education*, 1693, §84 参照）。ここでのヘーゲルの言及は、ルソーによるロックのこの考えに対する批判を踏まえているであろう（ルソー『エミール』第二編参照）。

（25）**四八**注解参照。

（26）**一八〇**注解、および『歴史哲学』stw XII, 351f. 参照。

（27）遊戯的教育法のドイツにおける主な提唱者は、バゼドウ（Johann Bernhard Basedow, 一七二四—九〇）とカンペ（Joachim Heinrich Campe, 一七四六—一八一八）である。両者を、ヘーゲルは名前を挙げて批判している。『初期著作集』stw I, 26, 『ベルリン著作集』XI, 283, 『美学』XIII, 384, VPR I, 306, および『哲学的諸学のエンチュクロペディー』三九六節補遺参照。カントは、バゼドウの方法を、バゼドウが開設した汎愛学院 Philanthropinum についての論文で支持している（『汎愛学院論』*Aufsätze, das Philanthropin betreffend*, *Kants Gesammelte Schriften*, Berlin, Ausgabe der königlich preußischen Akademie der Wissenschaften, 1910–（以下 GS）, II, 445–452, 『教育学』*Immanuel Kant über Pädagogik*, GS IX, 437–499）。

（28）これは、ブラックストーン卿（Sir William Blackstone, 一七二三—八〇）にみられる考えである（『イギリス法釈義』*Commentaries on the Laws of England* II, 1765–69, 11–12）。なお、**五一**参照。

（29）これは、フィヒテの見解である。それによれば、遺言による贈与の有効性は、国家による許可次第である(『自然法の基礎』一九節K(*Fichtes Werke*, hrsg. von Immanuel Hermann Fichte, Berlin, Walter de Gruyter & Co., 1971(以下 FW), III, 256ff.)、同書(第一補論　家族法綱要)六〇節(FW III, 367 参照)。

(30) 十二表法(4. 2)によれば、父親は彼の子どもたちを奴隷として売る権利をもっていたのであり、もし彼らが奴隷であることから解放されたならば、彼はふたたび彼らを売ることができた。彼らは三度目に自由になったあとで、父権のもとに属さなくなったのである。なお、**二**、**三**、**四**、**三**の各注解参照。

(31) 父親は、息子がえた戦利品に対しては権利をもってはいなかった(ユスティニアヌス『法学提要』12. 36)。『歴史哲学』stw XII, 349 参照。

(32) 古代ローマにおいては妻が夫権(manus)に帰入する方式には三つのものがあった。第一は、confarreatio といわれ、一〇人の証人の参加のもとに氏族神に生け贄を捧げ、そして一種の食パンである far を新夫婦に分食させる儀式によるものであり、第二は、銅衡式売買(mancipium)、すなわち妻が自分を売るという形式売買(coemptio 売買結婚、仮結婚)によるものである。第三に、使用(usus)によるものがあり、これは、一年間の同棲によって、つまり占有によって、夫が妻を時効取得し、妻が夫の娘の地位を占めるものである。これら三つの方式による婚姻においては、妻は夫の手権に、所有権に帰入して、奴隷と同様にみずからの所有権をもたないのである。十二表法の頃(前四五〇年頃)までは、もし妻が一年に三夜夫のもとにいなかったならば、彼女は、法的にみて、生家の一部でありつづけ、依然として彼女の父親の夫権に属していることになり、それによって、夫権（手権）における妻（uxor in manu）となることを避けることができたのであり、その場合、夫は彼女の所有物に対して権利をもたなかった。彼女は、夫権に属する家母（mater familias）ではなく、マトローナ（matrona（単））とよばれた（ゲッリウス『アッティカの夜』18. 6参照）。これらは合法的なものと考えられ、後期ローマ法の時代まで共存していたのである（ガイウス『法学提要』1. 136参照）。家母と同様、マトローナの子どもはその父親の父権に属していた（ユスティニアヌス『学説彙纂』1. 16. 195. 5参照）。『歴史哲学』stw XII, 348参照。

(33) 緒論注(28)参照。

(34) 歴史的にみて、ローマ共和制後期には、家族よりも個人が重要視されはじめていた。ルキアノス（Lukianos, 一二〇頃—一八〇頃）は諷刺的な対話のギリシアの作家で、その『二度の勘当』（*Bis Abdicatus*）は、父親に二度廃嫡された息子による法廷演説である。同様なケースは、古代ローマの哲学者セネカの父親で、修辞家であった大セネカ（Lucius Annaeus Seneca, 前五四頃—後三九頃）の『模擬法廷弁論』（*Controversiae* I. 1, 8, II. 1, etc.）にみられる。

(35) ともにローマ法を継承したものである。正規の相続人の死その他によって相続が不可能になった場合の、その相続人の遺言における代理人の指名である substitutio（相続人補充指定）については、ユスティニアヌス『法学提要』2. 15, fideicommissariae hereditates（全遺産を包括する信託遺贈である遺産信託）については、同書2. 23, および第一部注(24)参照。

(36) **三五七**がふさわしい。

(37) 原語は Stammvermögen である。土地貴族の分割することのできない世襲財産をさす。

(38) 古代ローマの父親の父権(patria potestas)は、実際その子どもに対する生殺与奪の権利を含んでいた。十二表法で、この権利は確認されたが、のちのローマ法では変容されて、父親は適度な懲罰のみを加えることが許された。コンスタンティヌス帝の判断にしたがって、自分の子どもを殺した父親は近親殺しと同じ罰に処せられることさえあった。

(39) 「一般に……お似合いである」は、ホトーおよびグリースハイムのノートにはみあたらない(VPR III, 558-562, IV, 466-468)。ガンスによる挿入であろう。この遺言の優先が、シャーロック・ホームズやポアロの事件簿をにぎわせているのは周知の通りである。

(40) 第三版では、一一二節以下、一三一節以下。家族の統一においてはいまだ即自的である人倫的な理念の諸契機、すなわち特殊性と普遍性は、市民社会ではそれぞれ自立化する。市民社会は、この両契機が分裂、対立し、普遍性がいわば背後に退き、特殊性が前面に現れる「差異性の段階」である。にもかかわらず、そこでは私的な特殊的目的の追求は普遍的な諸法則によって条件づけられて可能となっているがゆえに、普遍性は現れてはいるが、しかし、それは「仮象」(Schein)としてであるにすぎない。このような反省関係では、普遍性と特殊性とが真に統一されてはおらず、人倫は「喪失」されているかの観を呈している。即自的かつ対自的な人倫的理念の「現実性」は国家であり、市民社会はその「現象」の段階である。

第二章　市民社会

(1) 市民社会(die bürgerliche Gesellschaft)は、英語の civil society の訳語として、一八世紀な

かばに用いられ、それをヘーゲルも踏襲しているというのがローゼンツヴァイクの説であるが、必ずしも信憑性があるわけではない。それ以外に、まず、当然、ラテン語のソキエタス・キウィリス(societas civilis)にも思いをいたさなくてはならない。ただし、キケロにさかのぼることができるラテン語のソキエタス・キウィリスということばが、国家(キウィタス(civitas))と同等なものという意味をひきずっているのに対して、ヘーゲルにおいては、国家と明瞭に異なる原理によって構成されているものと規定されていることで、この概念がまったく新たな次元におかれているということができる。カントも『判断力批判』(*Kritik der Urteilskraft*, GS V, 393)において、この市民社会ということばを使っているが、それによって、法治主義が確立された社会が指示されている。カントは、この市民社会が、近代西洋のみが確立しえた体制であって、それは、自然の隠された意図の実現という意味をもっていたという見解を示し、また、それが、Kultur(陶冶、文化)を条件として成立するという興味深い指摘をおこなっている。しかし、経済的原理によって動く市民社会——一九〇の注解では、市民(Bürger)ということばにつづけてわざわざ括弧をつけて「ブルジョワとしての」(als *bourgeois*)とつけ加えている——を、真の公共性を実現するものとしての国家とは異なるものとして設定したということ、そのようにして国家と社会の分離という近代社会のあり方を根底から把握しえたという功績は、ヘーゲルに帰せられる。

(2)　ここで市民社会の一方の原理とされている人格(Person)については、すでに第一部抽象法において主題的に論じられていた。しかし、そこでは、あくまでも所有の主体としての抽象的存在として扱われていた。それに対して、ここで、具体的な人格(konkrete Person)という規定で登場してくる人格は、具体的欲求の全体、およびそれにともなう必然的条件やそれを処理するにあたっての恣意をたずさえているというのである。この市民社会は、それぞれの個人が自分勝手な欲求と見解にしたがって活動している場であるとしても、これも分業化された場である以上、他の個人と普遍的関係を結ばなくてはならない。これが他方の原理をなすのであるが、しかし、それは、まだ実質的内容にまでおよぶ普遍性ではないので、「普遍性の形式」という限定が加えられているのである。

（3） 外面的国家(der äußere Staat)、必要国家(der Notstaat)、悟性国家(der Verstandesstaat)、とよばれるものは、現実の国家そのものを意味しているのではなく、社会のあるあり方を形容することばである。現実の国家が、ヘーゲルによって、現実における理性の顕現として捉えられているのに対して、市民社会は、そこに普遍的なものが構成契機として含まれていたとしても、個人にとっては、いわば必要悪として、外側からあたえられる社会システムであるという捉え方がなされている。必要国家(Notstaat)に近いことばを使った先行例としては、フリードリヒ・シラーが、『人間の美的教育に関する書簡』(*Über die ästhetische Erziehung des Menschen in einer Reihe von Briefen*, 1795, *Werke* IV, Frankfurt, Insel, 1966, 202)において、Staat der Not ということばを、もっぱら権力のもとにつくられた抑圧的国家という意味で使い、自由な理性にもとづく国家と対比しているのを挙げることができる。シラーによれば、現実の国家はこの必要国家にほかならないものとされる。フィヒテも『人倫論の体系』(*Das System der Sittenlehre*, FW IV, 238ff.)のなかでそれを踏襲している。また、ここで悟性国家という表現が使われるのは、ヘーゲルの、理性と悟性を峻別し、後者に対して真理の全体およびその把握にふさわしくないものという性格をあたえる発想に由来する（**一八九**参照）。

（４）　市民社会が、特殊と普遍の分裂のうちにあり、したがって、この体系は、「失われた人倫」（verlorene Sittlichkeit）であるという表現は、ヘーゲルの市民社会を定義することば、あるいは告発することばとしてよく知られている。しかし、同時に忘れてはならないことは、この、特殊的欲求が跋扈《ばっこ》しているかにみえる状態でもなお普遍性の契機は存在していること、特殊性は、自分の欲求を充足させるためにもこの普遍性の契機に媒介されざるをえないということ、また特殊性は、ただ自分の利益の追求に没頭しているようにみえながらも、その実、普遍性の促進をおこなっていることが指摘されていることである。したがって、この人倫の喪失状態の克服のために、特殊性の契機の抹殺を要求するなどということはまったくもとめられてはいない。そこで、近代社会（ヘーゲルにとっては現代社会）の状態と古代のプラトンの国家との鋭い対比がおこなわれることになるのである。そのことは、また、ヘーゲルの資本主義への告発のことばが、マルクスのそれを思わせるまでに激しいものを含む一方で、彼の立場が、共産主義、社会主義思想の立場と相容れないものとなっていることにつながる。

（５）　家父長的な原理によって構成される古代国家と比べて、近代の国家の特徴となるものが、みずからのうちに対立を生み、かつその対立に耐える力をもつところにあるというヘーゲルの指摘は、きわめて深淵なものであるということができよう。そのようにして個人の特殊性を掬《すく》い取りながら、社会的統合がいかにして可能となっているかの探求をおこなうことが、ヘーゲルの市民社会論や国家論の中心課題となっているのである。なお、いわゆる無限進行的な「悪しきないし否定的な無限」に対して、ここでいわれる統一に存する「真無限」は、「あるものが他のものへの移行において、ただ自分自身と合一すること」、「他のもののうちで、自分自身と関係すること」(『哲学的諸学のエンチュクロペディー』九三—九五節)ともいわれる。二二参照。

(6) プラトンの『国家』では、私的なもの(ヘーゲルの場合なら特殊性)こそ国家を危うくする元凶であるという理由から、国家の中枢をなす軍人階級は、私有財産をもつことも、家族をもつことも禁じられたが、それは、自分の師を殺したアテーナイの民主主義への彼の懐疑的ないしは否定的見解と結びついている。

(7) この、必然性として、個人の特殊性にあたえられる普遍性が、市場法則ということになろう。個人は、競争原理のもとで落伍者にならないためには、社会の要求する行動様式一般に自分をしたがわせるほかないのである。

(8) 容赦ない競争原理のうえになりたつ市民社会が、いかに人倫の退廃の観を呈しようとも、個人は、ここでのみ教養をつけ、陶冶され、鍛えられるのであり、ここでのみみずからを普遍性に高めるのである。しかもそれは、個人が意図してみずからを鍛え上げるということによるのではなく、自然的条件に支配され、諸個人の欲求、恣意のぶつかり合いのなかで、結果として達成されるのである。このようなあり方に対して、ヘーゲルは、理念がそれを意図しておこなっているという表現をする。

(9) ルソーが、『人間不平等起原論』(*Discours sur l'origine et les fondements de l'inégalité parmi*

les hommes, 1755）などで展開した理論がそれである。この自然に帰れという類いの思想のもつ自己欺瞞に対して、ヘーゲルは容赦ない批判を加えている。

（10）自然状態の無邪気さのなかでではなく、市民社会の手荒い試練を受けることによって、個人ははじめて個人としての自分についての自覚に到達する。それを対自的（für sich）になると表現しているのである。

（11）人間が、労働を通じて解放をえるという考え方は、『精神の現象学』にもみられるものであり、イエーナ期以来、ヘーゲルにお馴染みの考え方である。

（12）普遍性の形式が悟性的性格（Verständigkeit）をなすということは、これが、市場法則として現れるものであることを示している（**一八九**参照）。そこでは、特殊性の活動が対自存在として、すなわち自分の独自性を自覚したものとして基盤をなしているのである。

（13）このあたりには、ロマン主義との関連云々というよりは、常識人ヘーゲルの姿がよく示されているというべきであろう。

（14）すでに、**一四五**、**一八三**でも、「体系」にシステムというルビを加えているように、ヘーゲルのいう「体系」は、このシステムということばがかつて担っていた学術用語としての意味内容、すなわち有機的に関連づけられた全体という意味内容をもっている。人倫が失われた体系（**一八四**参照）としての市民社会に、とりわけこの欲求の体系に、システム展開のダイナミズムが如実に示されているといえるであろう。

（15）欲求の体系においては、まず、特殊性、主観性が前面にたつが、その主観的欲求充足において他者と関係せざるをえないというところから、他者とともにあるという普遍性の契機、理性的性格(Vernünftigkeit)を有するものが登場するにいたるという。この普遍性の契機は、市場法則として知的探求の対象となる。それが、悟性(Verstand)と表現されるのである。しかし、それは、理性的性格のものがその真の姿で、すなわち、自由なものとして、無限性の形式を具えて登場するわけではない。まずは特殊性が前面にたつ市民社会という有限性の圏域に、仮の姿をとって現れる(Scheinen)——単に「現れ」「映現」という類いの訳語を使うのでは十分ではないので、それを「仮象としての現れ」と訳す——という現れ方をする。それが、市場法則という強制力として現れるということにほかならない。

(16) アダム・スミス(Adam Smith, 一七二三—九〇)にあきらかなように、市場法則は、個人にとって必然性という性格をもつものの、他方で、「みえざる手」(invisible hand)として機能し、社会を調整する役割を果たす。「和解させるもの」(das Versöhnende)という表現は、そのような「みえざる手」の機能自身を意味するであろう。

(17) 国民経済学(Staatsökonomie)は、英語の political economy にあたる。politische Ökonomie というドイツ語訳もあるが、相違はない。ギリシア語の οἰκονομικά(家政学)(アリストテレスの本の題名でもある)に語源を有するが、一八世紀において国家、社会の規模での経済現象を研究の対象とする学問分野 political economy が確立された。ヘーゲルは、このできあがって間もない経済学の重要さをいち早く看取し、その研究をはじめている。一七九九年には、重商主義経済学者のジェームズ・スチュアート(James Steuart, 一七一二—八〇)の『経済学原理』(*An Inquiry*

into the Principles of Political Economy, 1767）の注釈を試みているが、ついで、古典派経済学の研究に移った。イエーナ期の草稿（一八〇四、一八〇五年）にはスミスの名への言及がみられるが、アダム・スミス研究はそれ以前の一八〇〇年にははじめられていたと考えられている。スミスに代表される、自由主義経済の理論化としての経済学が、ヘーゲルを惹きつけたことは、先の、Scheinen（仮象としての現れ）ということばにも、また**一八九**の国民経済学への論評にもあきらかである。乱脈で無秩序そのものにみえる市場に、経済原則が法則というかたちをとって認識される。しかも、それは市場に関与している当事者には最後まで決して洞見しえないものをのこしている（ヘーゲルは経済法則をギリシア悲劇の運命になぞらえている）。それがこの仮象ということばには秘められているのである。そのような学問の刺激的性格が、まずヘーゲルの心を捉えているのであり、またそこにこそ、彼は、近代国家、近代社会を支える秘密をかぎつけているのである。それに対して、彼による市民社会の矛盾の指摘をもちだして、その観点から、ヘーゲルと古典派経済学のつながりを軽視するような見解は、的外れだといわざるをえないであろう。こうして、彼は、経済学理論を哲学に取り込んだドイツ最初の哲学者となりえただけではなく、経済原則の哲学的意義に対して今日にいたるまで容易に乗り越えられえないほどに透徹した理解を示す哲学者となりえたといえるのである。

（18）アダム・スミスは『国富論』（*An Inquiry into the Nature and Causes of the Wealth of Nations*, 1776）の著者、ジャン＝バティスト・セイ（Jean-Baptiste Say, 一七六七―一八三二）は『経済学』（*Traité d'économie politique*, 1803）、デヴィッド・リカード（David Ricardo, 一七七二

—一八二三)は、『経済学および課税の原理』(*On the Principles of Political Economy and Taxation*, 1817)の著者である。

(19) イルティング版の、gebildetem(VPR II, 644)ないし eingebildetem(VPR IV, 492)にしたがう。

(20) 一九〇以降、人間の欲求の、抽象化、多様化について述べられているが、ヘーゲルは、これに対しては、一方ではこれが切りのない奢侈にほかならず、同時に必要(欠乏)を増大させるという、批判を含んだ捉え方をするとともに、他方では人間の解放をも意味するということで、容認する立場をとっている。いずれにせよ、これらの現象の今日性からしても、ヘーゲルの近代社会の基本的性格への優れた洞察力をここにもみることができよう。

(21) キュニコス派は、アテーナイで、ソクラテスの弟子でもあったアンティステネス(Antisthenes, 前四四五頃—前三六五頃)によって創始され、幸福は過度の欲求から解放されることだと説いたとされるが、この派のなかでもっとも有名な人物がシノペのディオゲネス(Diogenes, 前四一二?—前三二三)であり、ぼろ着ひとつをまとい、樽のなかに住んだといわれている。

(22) ヘーゲルは、市民社会と陶冶教養(形成)とを密接に結びつけている。すでにイエーナ期の草稿群のうちに、人間は、労働を通じて、客観的自然を生産物として形成すると同時に、みずからを形成するにいたるという思想が展開されていた。その点では、実践的陶冶教養(praktische Bildung)の方こそが、人間の労働が主軸となる市民社会にとってふさわしいものとなっているといえよう。しかし、理論的陶冶教養(theoretische Bildung)もまた、ここで発展させられるという指摘には、近代文化全体の発展が市民社会を基盤にしているという考え方が示されているとみることができる。

（23）ここでの陶冶教養は、一代かぎりのものではなく、多くの世代を経たうえでの歴史的産物でもあるはずである。市民社会における労働のあり方、さらには市場そのものの成立が、決して単なる個人の欲求の延長線上にあるだけのものというのでは済まされないのであり、利己心と利他心との複雑に絡み合わされた関係を基盤にしていることがここで指摘されているのである。

（24）市民社会において、労働が分業という形態をとることは、ヘーゲルの有機体論的発想からみても、興味ある現象であったに相違ない。しかも、それが労働過程の機械化を展望するものともなっているところに、洞察の深さがみてとられる。ところで、ヘーゲル自身は、この労働の機械化に対して単に楽観的な予測をもっていたわけではない。本書には収録されていない講義ノート（VPR IV, 625）では、技術革新の結果、仕事が減ってしまうと、そこで失職した労働者の救済は、レッセフェール（自由放任主義）によっては困難であるという指摘がなされている。また、『イエーナ体系構想』（*Jenaer Systementwürfe* I, hrsg. von K. Düsing und H. Kimmerle, Hamburg, Felix Meiner Verlag, 1986, 228）では、機械の導入によって労働自体が、抽象化され、味けのないものとなってゆき、それが、労働の価値低下を招くと指摘されている。一九八〇年の記述からも、機械化による失業の危機、労働自体の価値低下の危機が感じられないわけではない。それが、のちの行政による介入や職業団体の必要性を説くことにつながってゆくのであるが、しかしそれでも注意しなければならないことは、この事実が、決して、市場原理そのものの否定という主張におよんでいるわけではないということである。

(25) この資産は、個人の財産という意味ではなく、社会的資本という意味である。このように、富を分業化された社会全体のものとみなす捉え方は、すでにアダム・スミスにみられる。

(26) ここでヘーゲルは、分配の不平等を、全体の契機として肯定しており、平等をもとめる主張を、空虚な悟性のものとして扱っている。ただし、その根拠として挙げられる見解は、弱肉強食を無邪気に肯定することではなく、個人の特殊性を尊重したうえで社会的統合を実現するということがまずもって考えられ、それに比べれば、分配の不平等は(契機としての実際のあり様は問題としてのこる)派生的なものにすぎないということである。それゆえに、つぎに、分節化された「区別を具えた有機的な全体」(das organische Ganze von Unterschieden)としての社会への言及がつづくことになるのである。なお、**四九**注解参照。

(27) 原語 Stand は、普通、ただ「身分」と訳されるが、それだと、封建的な世襲身分を連想させかねないので、あえて「職業身分」と訳した(ただ、文脈によっては、「身分」と訳しているところもある)。ヘーゲルにおいて Stand は、もっぱら社会的分業の単位という意味があたえられており、上下関係の意味はもたない。

(28) ヘーゲルは、職業身分の区分をおこなうにあたっても、彼が体系構成をおこなう場合の原則である、直接的なものから媒介されたものへという方向づけ、それも、正・反・合という三段階からなるいわゆる弁証法的構成をともなった方向づけにしたがっている(それが、「概念にしたがって」おこなわれる身分の区別ということである)。「実体的身分」(der substantielle Stand)に関してみれば、実体(Substanz)という、ギリシア語のウーシア(οὐσία)に由来する哲学用語を使って、ヘーゲルは、自然的なものにもっとも近いところにある職業身分、すなわち農業労働者および土地所有者の性格づけをおこなっている。この自然への近さから「直接的身分」(der unmittelbare Stand)ともいわれる。

(29) クロイツァー(Georg Friedrich Creuzer, 一七七一—一八五八)は、『古代民族、とくにギリシア民族における象徴と神話』(*Symbolik und Mythologie der alten Völker, besonders der Griechen*, 1810-12)の著者である。

(30) 「反省的ないしは形式的身分」(der reflektierende oder formelle Stand)(二〇二)の内容が、「産業身分」(der Stand des Gewerbes)である。自然に反逆し、自分の意志と才覚をもって自然をつくりかえていくことを本来の使命としている職業身分のことである。

(31) 「普遍的身分」(der allgemeine Stand)は、官僚、軍人の身分であるが、その活動の詳細は第三部第三章国家で説明されている。普遍を完全に体現しているという点では、実体的身分の即自的性格と反省的身分の対自的性格を統一したものという意味ももっている。

(32) 三職業身分の区別は、客観的必然性をもつものであるがゆえに、「概念にしたがった」ものといわれる。しかし、どの身分に属するかは、恣意と偶然的事情にまかされる。ここに職業選択の自由が確保されているのをみることができる。「恣意」(Willkür)は「自由」(Freiheit)に比べて劣位のものという定義が通常はなされる。それは、ヘーゲルにおいても同様である。しかし、両者の連続性もまたあるはずであり、それが、このようなかたちで示されているといえよう。なお、この職業選択の自由は、プロイセンでは、一八〇八年のハインリヒ・フォン・シュタインの経済改革がおこなわれるまでは、必ずしも法的に保障されたものとはいえなかったのであり、ここにも、職業選択の自由をこのように明示したヘーゲルの近代性はあきらかであろう。

(33) 理性的なものが、恣意というような理性的ならざるもの(否定的なもの)によって媒介されて顕現するというのが、ヘーゲルの基本的な了解である。

(34) ヘーゲルが、道徳に対して、その空虚な形式性については批判的観点を示していることはよく知られているが、しかし、それは、このような内面的なものの自立の意義を無視していることを意味してはいない。彼は、それらの内面的なものも、現実社会のなかでは、誠実さ(Rechtschaffenheit)や職業上の誇り(Standesehre)というかたちをとるということを洞察しているのである。

(35) 「しかるべきもの」(etwas)とは、ひとかどのものとしての一定の限定を受けたもののことである。注(83)参照。

(36) 司法(Rechtspflege)というと、普通は、国家に属するものとみなされるだろう。モンテスキューの三権分立の思想にしてもそのように考えられているというべきであろうし、おしらすの上で奉行からお裁きを受けるという日本の伝統的司法観からすれば、なおさらである。しかし、ヘーゲルは、あえて、これを市民社会においているのである。それは、以下にあきらかなように、法律というものが市民社会での個人、人格としての個人を基礎単位としていて、司法は、その相互関係の調整という役割を負わされているからである。また、このことには、市民社会が実権を握るにいたったヨーロッパの司法の歴史的成果を受け継いでいる一面もあるといえるだろう。

(37) 人種、信条、国籍の相違を越えて、普遍的人格、人間一般として個人を扱うという観点を、ヘーゲルも認めないわけではない。しかし、それは、コスモポリタン的立場が実効性をもつという見解とは相容れないということなのである。

(38) 定立〔制定〕される(gesetzt)ことと法律(Gesetz)が重ねられている。法が本来、実定法として制定されたもの(法律)でなければならないことについては、三ですでに説明されている。この司法で語られていることは、抽象法の内容が、それの本来の存立基盤である市民社会という具体的な場では、どのように適用され、運用されるかということである。法の実定性に関する見解は、近代の産物である。

(39) 慣習法(Gewohnheitsrecht)に対するヘーゲルの批判的見解は、すでに、緒論注(13)に記したように、サヴィニーに代表される歴史法学派に対する彼の批判と一致するものである。慣習法は、法律の抽象的性格に対抗させて、現実に根ざした習慣を重んずるという点で、また歴史的成果を重視するという点でも、一見ヘーゲルの立場に近いものを感じさせるかもしれないが、ヘーゲルはこれにきっぱりと批判を加える。ヘーゲルはあくまでも、法典を編み、整備し、公布するという法の主知的性格を堅持する立場にたつのである。このあたりに、ヘーゲルが、一方で、ロマン主義的思想に近いところまで歩み寄りながらも、最終的には啓蒙的な立場にたちつづけた思想家であったことが看取されるだろう。

(40) これに関しては、ブラックストーン卿の『イギリス法釈義』等が知られている。第三部第一章注(28)参照。

(41) 西ローマ皇帝ヴァレンティニアヌス三世(Valentinianus, 在位四二五—四五五)によって四四六年に公布された法律で、テオドシウス法典に編入されている。それによれば、パピニアヌス、パウルス、ガイウス、ウルピアヌス、モデスティヌスの五人の法学者の見解を引用し、多数決によって判決を下すということになっている。それでも決着がえられない場合は、パピニアヌスの見解が優先された。

(42) 実定法というかたちをとらないかぎり、法は法として通用しないのであり、そのかぎり、制定されてあることこそ何が合法的となるかのしるしである。しかし実定法として制定された法は、必ずしも本来の正しい法(即自的に法であるもの)とつねに一致するとはかぎらない。ここには、深刻なディレンマが、また解消しがたい循環が、潜んでいるはずである。それに対してのヘーゲルの解答は、この循環をどちらか一方に解消してしまうのではなしに、その解決は、歴史にゆだねるほかないというものになっている。これは、『精神の現象学』緒論(Einleitung)の、真理を計る尺度をめぐる弁証法に対応するものであり、ヘーゲル哲学の根幹に触れる発想といえよう。

(43) 司法が関与する圏域と道徳が関与する圏域とが截然と区分できないという側面があることが認められたうえで、なお、両者の相違が示される。ここに、内面的自由と外面的自由との区分、そのうえでの両圏域の多次元的把握という近代西洋の根本原理(それはカント倫理学にも対応する)を看取することができよう。

(44) 実定法は、特殊な事例に関わるがゆえに、司法においては、どうしても偶然的なものに関わらざるをえないという事情がある。それが、量刑が、犯罪の本質とは異なる、恣意的とみなされざるをえないような数量関係にもとづいて決定されるところに示されるというのである。この数量化ということは、『法の哲学』では、疎外の側面と解放（ないしは合理化の追求）の側面の二側面を抱えているといえるであろう。

(45)　ディオニュシオス一世（Dionysios, 前四三一—前三六七）は、シラクーザ（シュラクサイ）の僭主。カルタゴとの戦いで功績をあげ、シラクーザの支配者となる。その息子、ディオニュシオス二世のもとにプラトンが招かれたが、やがて決別したことは、よく知られている。

(46)　ユスティニアヌス（Justinianus）とローマ法については、緒論注（11）を参照。

(47)　ゲーテは、ニュートン（Isaac Newton, 一六四二—一七二七）の、白色光を原色の混合（スペクトルによる光の分解を手がかりとした）と説明する光学的色彩論に対して、われわれの視覚経験に即して、対抗関係にある色彩の相互作用として色彩現象を説明しようとした。これは、いわゆる近代科学からは、科学以前のものとして斥けられがちのものであったが、近代科学への根底的批判という性格を含んでおり、機械論的自然観への反論が登場するごとに、象徴的存在として顧みられるものとなっている。ヘーゲルは、ニュートンの色彩論よりも、ゲーテの色彩論の方に共感を示した。『哲学的諸学のエンチュクロペディー』三二〇節参照。

(48)　法典に関しての、完結性の要求と、特殊的事例への適用の必要からくる完結の不可能とのあいだのアンチノミー、根源的アポリアをあきらかにし、その両極のあいだでことがらが揺れ動くというあり方を指摘するのは、市民社会の現実に対するヘーゲルの明察のひとつだといえるであろう。

(49) 第一部抽象法の段階で、所有に関して、単なる占有取得の段階が契約へと進むことで、承認されたものとなるという説明がおこなわれていたが、それが、現実に制度として、すなわち正規の形式(Förmlichkeit)を整えたものとして可能となるのは、市民社会の司法の場であるということが、ここであきらかとなる。

(50) 市民社会が安定化すると、犯罪はもはや被害者としての個人(主観的無限性)に対するものではなくなり、社会秩序にとって危険か否かの問題となってくる。それが、刑罰についても、その概念――犯罪者はみずからの不法の責任を取らなければならないという――とは異なり、予防理論、懲戒理論、矯正理論に道を開くことにもなり、結果として、それが刑罰を軽くする可能性があるということである。

(51) 『精神の現象学』(stw III, 535ff.)の芸術宗教を扱う場面で、ヘーゲルは、観客(市民)の代弁者である合唱隊を、英雄たちの犯罪行為に対し無力な存在でありながら、またその所行を最後までみとどけるものとして描いている。

(52) 法律は、即自的な法が顕在化されたものであるとともに、独立してそれだけで存在するものであるという意味で、対自的(für sich)である。

(53) フォン・ハラー(Karl Ludwig von Haller, 一七六八―一八五四)は、スイス生まれの反動的国家学者で、『国家学の復興』(*Restauration der Staats-Wissenschaft oder Theorie des natürlich-geselligen Zustands; der Chimäre des künstlich-bürgerlichen entgegengesetzt*, 6 Bde., 1816–34)の

著者。序言注(17)で言及されているヴァルトブルク祭で彼の著書も焼かれた。ヘーゲルは、二五八の注解でもフォン・ハラーへの批判をおこなっている。

(54) すでに、一〇〇でも同様のことが述べられている。そこにおいては、法の原理として語られていることが、ここでは、具体的裁判という次元で語られているのである。

(55) 衡平(Billigkeit)あるいは衡平裁判は、イギリスの慣習法のうちにあった制度で、英語ではequity(別名chancery)あるいはequity courtという。法令の厳格さを和らげ、公平さを図るという目的のために、裁判官に自由裁量の権限をあたえるもの。形式を重視するドイツ法の立場からは、斥けられたものであった。

(56) 古代ローマでは、ひとつの審理に関し、二つの職務が関与していた。一方は政務官(magistratus)であり、他方は審判人(iudex)である。政務官は、法の専門家であり、法的問題についての正規の手つづきを整え、審判人は、判決のために選ばれた私人が務めた。

(57) 裁判となるような事件について、その直接的個別性における法的性質の決定という事実審理の面への参加は、すべての教養ある人間(jeder gebildete Mensch)——特別な教養というのではなく、一般市民として通用する程度の教養をもった人間ということである——に可能であるという了解が、ヘーゲルの場合、陪審裁判(Geschworenengericht)に道を開くのである。

(58) 事件の事実認定において、証人の証言のほかに、証拠を挙げることがもとめられる。しかし、証拠といっても、しょせんは、現場にのこされた足跡とか遺留品、せいぜい指紋や血液型の類いである。そのようなものは、それだけ取りだせば、理性にふさわしいものなどではないが、重大な意味をもっている。というのも、それがもちだされるのには、主観的確信(Gewißheit)、信念(Überzeugung)、良心(Gewissen)という契機が介在するからである。より正確にいえば、主観的確信、信念を尊重するという前提のもとで、それらが事実を支えるものとなるからというのである。ここでのヘーゲルの主張は、個人の良心、自供を最重視するということで、一見すると自供より物的証拠を重んずる現代の裁判のあり方に逆らうもののように思われるかもしれないが、そうではない。証拠物件が証拠物件として効力をもちうるのも、宣誓によってその客観性が保証された法廷というものが信じられてのうえのことである。裁判官や裁判当事者の発言が良心によって保証されないということになれば、裁判を支えるすべてが崩壊することになるであろう。

(59) 幾何学の定理の証明とは異なり、裁判で争われる事実は、経験的なものであり、感性的、主観的なものを含んでいる。ということは、そこに、――何かの不都合があった場合――誤った立証をしてしまう、あるいは不当な刑罰を下してしまう可能性が存在するということである。審理は慎重を期しておこなわれなければならないであろうし、誤審はあってはならないものである。しかし、あってはならないという要求は、誤審が原理的に可能であるということを否定するところにまでは進みえない。逆に、そのような要求があることは、誤審が不可避であることを物語っているであろう。

(60) 事実についての決定は、それを受ける者が、あたえる者と同列にたつ人間であるということの認識によって正当化されるのであって、それ以外ではない。陪審制を正当化するものは、何よりも当事者の自己意識の権利(Recht des Selbstbewußtseins)の尊重である。ここで、自己意識の権利という概念を登場させるところにも、ヘーゲルの近代の哲学者たる一面が示されているといえるだろう。

(61)　本節で、市民社会の三段階が要約されている。すなわち欲求の体系、司法、そして「特殊性にあって現実的な法」すなわち行政と職業団体である。市民社会の真理(理念)は、特殊性と普遍性との一致である。それは、司法においては、ようやくその概念に到達しているだけである。つまり、純形式的に、所有権その他が守られているというところにとどまる。その先の、内容面、すなわち個人の生計、利福(Wohl)の具体的保障という側面が課題としてのこされていて、それが、行政と職業団体に託されることになる。この形式と内容の両側面の関係、とりわけ、どちらに重きをおくべきであるかは、民主主義の根本的論争課題でありつづけている。

(62)　「行政」はPolizeiの訳語である。ギリシアのポリスに由来することのことばは、今日のドイツ語では、社会秩序の安寧を保持するという役割があたえられた警察という意味でほぼ使われている。しかし、ヘーゲルの時代においては、それよりは広い意味があたえられていたようである。とくにフィヒテにおいては、これは、経済に干渉を加え、国民の生活に深くたち入り、何によって生計をたてているかをはじめとして国民の多くの行動を監視するとともに保護を加えるような役割をあたえられた機構を意味しており、したがって、フィヒテにとっては、Polizeistaat(「警察国家」と訳すことができる)ということばは、決して悪い意味をもってはいなかった。それに対して、ヘーゲルの『法の哲学』では、この機構の活動は、市民生活の前面からは退いたものとなっている。その働きとしては、**二三六**の補遺において、街頭の照明、橋梁の建設のような公共事業や住民の健康管理が、二三九では義務教育が、二四〇では禁治産者への後見が、二四二では救貧活動が挙げられているが、最重要な活動は、何といっても市民社会の経済活動に関わるものであり、今日ならば、公正取引委員会による監視活動、経済産業省や地方自治体等の経済行政活動等といえるものがここには含まれている。しかし、やがてあきらかになるように、経済へのこのような関与は、市場原理を抑止するものではなく、むしろそれを円滑に作動させるものであると捉えられていることが特徴的である。したがって、ここでは、治安維持活動には言及されていないので警察は不適切であり、また、福祉は、その主要な部分がむしろ次の職業団体に託されているので、福祉行政も適切ではない。そこで、「行政」と訳したが、これにも問題がないわけではない。というのも、一般には、行政というと、いわゆる三権分立した国家権力の一角としての行政とみなされる可能性があるからである。しかし、その意味での行政は、第三部第三章国家における統治権(Regierungsgewalt)(二八七以下)が担っている(今日、行政にあたるドイツ語としては、ほかにVerwaltungということばも使われるが、Polizeiは使われない)。ところでヘーゲルの場合、行政が、国家にではなく、市民社会に属していることが重要である。それは、一方では国家に接しながらも、他方では市民社会の事情から生みだされてきたという性格をまとっているのである。それゆえ、市民社会とは異質の原理によって存在する国家権力が市民社会を規制、抑圧するといった捉え方は禁物だといえるだろう。

(63) ここに公的権力(öffentliche Macht)の介入の必要が説かれているが、それは、あくまでも、市場原理を公平で円滑なものにするためであって、それを抑止するものではない。

(64) 日常的な生活必需品の価格に関する統制が言及されてはいるが、それでも、このために公的権力に託された権限、使命は、結局のところ、消費者に市場に関する適切な情報を提供するというあたりにとどめられている。

(65) 行政の使命に、雇用の確保のための公共事業が入っていることがわかる。ピラミッドの建設も、そのような経済効果の観点から捉えられることが示されている。

(66) うえからの統制も、結局は、市場が結果として生みだす事態以外のことをおこなえるわけではない。ただ、それによって、完全に市場法則の必然性にまかせていたのでは防ぐことができない社会的危機を和らげ、市場原理による調整期間の短縮ができるということにすぎない。

(67) **一九九、二〇〇**参照。

(68) 「承認する」(anerkennen)という概念は、個人を自立した個人として扱う(自立には媒介が必要である)ということであるが、市民社会の場面では、同時にこのことが、個人を偶然性にも支配された経済的原理のもとにおくことになるという、承認関係の具体的なあり様に注意する必要がある。

(69) ここで、義務教育での段階の平等実現のために、行政が個人に配慮し、干渉することが語られている。これは、個人の自由なり、競争原理なりに対抗する措置のようにみえるかもしれないが、スミスの『国富論』にも、同様の主張がみられないわけではない(第五編第一章三節二項)。公的権力が貧困層の子弟にも教育を授けることは、彼らに、人生のはじまりのところで、なるべく公平に出発点にたたせてやるということであり、これは、自由競争の原理に抵触しはしないのである。

(70) 救貧活動のようなものが心情に関わるものであるがゆえに、道徳の圏域にあるという側面を認めつつ、それも制度化される必要があるとするところにも、ヘーゲルの人倫の立場の基本性格が表明されているといえるだろう。

(71) この「多数のひとびと」は、困窮に陥った(前節における)階級(職業身分と階級の区別については『哲学入門』stw IV, 63 参照)であり、そこから「浮浪者」が出現することになる。原語 Pöbel は、これまで「賤民」と訳されていたが、「浮浪者」と訳す。ただ前者が一般的に差別用語と解される可能性があるというだけではなく、ヘーゲルの発想にもそのような意図はないからである。

(72) 経済的に困窮した者を救うという社会福祉の原理がどこまで正当性をもつか、その限界を、市民社会の前提となる競争原理にみるだけではなく、個人の「自立と誇り」にもみいだすということは、ヘーゲルの市民社会論の根幹に関わることである。

(73) 新たな技術開発は、新たな需要を生みだすこともともなっているということを考えれば、ヘーゲルのいうほど事態は単純ではないが、しかし原理的に、市民社会(資本主義社会)が、富の過剰にもかかわらず(供給過剰→需要減少→労賃引き下げ(失職)→)貧困(購買力低下)を克服できない状況にあるという認識は、今日でも基本的には古くなっているわけではない。市民社会の貧困問題を、ヘーゲルが深刻に受けとめていたことは、彼のいう現実性が単に形式的な論理学的カテゴリーに終止してはいない証左であろう。

(74)　市民社会が、富の過剰のなかで、かえって豊かではないという二律背反的事態のゆえに、みずからを越えでてしまうという運動の把握に、カントの弁証論(Dialektik)を踏まえつつも、それを越えてゆくヘーゲル弁証法(Dialektik)の特質をみるべきであろう。ヘーゲルによる「論理的なもの」の規定については、『哲学的諸学のエンチュクロペディー』七九―八二節参照。

(75)　市民社会の矛盾が市民社会の内部では最終的解決をみることができず、それを越えたところに解決をもとめなければならないということ、このことによって世界市場の必然性が説かれているともいえようし、一九世紀も後半になって登場する帝国主義段階の資本主義が展望されているともいえなくはない。ただ、それのもつ暗部をヘーゲルはほとんどみておらず、肯定的に扱っているのではあるが。

(76)　ホラティウス(Quintus Horatius Flaccus, 前六五―前八)は古代ローマの詩人。『頌歌』(*Carmina*)は、一〇四篇からなる詩集。

(77)　南イタリアおよびシチリア島の古代ギリシア人による植民地一帯。「大ギリシア」の意。

(78)　アメリカ合衆国のイギリスからの独立が一七七六年。そののち、新大陸の植民地のスペイン、ポルトガルからの独立がつづいた。コロンビアが一八一〇年、ベネズエラが一八一一年、メキシコが一八一三年に独立宣言、ブラジルが一八一五年にポルトガルと同格の王国となり、アルゼンチンが一八一六年、チリが一八一八年に独立となっている。ヘーゲルの『法の哲学』の成立期に植民地の解放が実現したことも、ヘーゲルの植民政策へのあかるい展望を支える根拠となっているであろう。

(79) 行政が、普遍から出発して特殊へ向かうものとして、あくまでも普遍を基盤にしているのに対して、職業団体の方は、特殊から出発して、普遍にゆき着くというのであるから、諸個人の特殊的利益へのきめ細かい配慮をおこなうものであることが、すでにあきらかであろう。

(80) 原語 Korporation を「職業団体」と訳す。職業団体がいかなるものであるかについては、さまざまな議論がある。この Korporation という名を冠した団体は、この時代、またそれより以前のドイツにも、イギリスにも存在した。しかし、それらは、いずれも封建的共同体の遺風を濃厚にのこしたものであった。たとえば、コーポレーションは、アダム・スミスによって、その閉鎖性を厳しく批判されている。ヘーゲルも、また、職業団体が、前近代的で閉鎖的な同業組合(Zunft)に堕することをきつく戒めている(二五五補遺を参照)。そのかぎり、『法の哲学』でヘーゲルが描いている職業団体には、それとそっくりのモデルが現在していたということはなく、そこで、ヘーゲルの考えている職業団体に、さまざまな可能性、さまざまな願望を導入しようとする試みがおこなわれることになる。一方の極は、ここに資本主義を否定する社会主義の主題をみようとするものである。また、他方の極は、修正された資本主義の枠のなかでの団体的組織をみようとするものである。そうなれば、公的な社会保障制度と並んで、企業もまた職業団体の性格を帯びることになるだろう。いずれにせよ、ここでヘーゲルが考えていることが、砂粒のように孤立した個人のあいだでの競争原理に対抗する何らかの組織の必要性であるといえるであろうが、しかし、これは経済原則の支配を否定するような主張に結びついてはいないことにも注意すべきである。ヘーゲル以降現在にいたるまで、このような役割は、いくつかの組織、団体、制度によって分担されているとみることもできるだろう。

(81)　団体(Genossenschaft)は、個人が、孤立した個人であることを越えてつくりだす団体一般をさす。

(82)　職業団体がどこまで公的なものであるか、またどこまで市民社会に属する私的なものをのこしているのか、は微妙である。職業団体が、その成員の人数を制限することは、職業選択の自由に抵触するものではない。各種職務に関する今日の国家試験は、結果として、同一業種への就業人員の数を制限しているが、同様に今日の企業も、採用試験によって、社員の人数制限をおこなっている。また同時に、社員教育も、今日の企業に必要不可欠なものとなっている。そして、民間企業といえども、何らかのかたちで監督官庁の監督下におかれ、社会保障制度の一部を担っている。したがって、その出自からみれば市民社会に属する職業団体が公的なものにどのように関わるかは、一義的には決定できないとみなすあたりが、ヘーゲルの意図を生かす道でもあろう。

(83)　「しかるべきもの」(etwas)という表現は、**二〇七**の補遺にすでに登場し、注(35)で説明されている。いずれかの職業身分に属することが、個人にとって一人前になる条件ということであるが、その具体的なあり方が、職業団体の成員として認められることだというのである。このしかるべきものの内容に、技能の点だけではなく、内面的、志操の点においてもということが加えられているのが注目される。

(84)　慈善にともなう高慢も偽善も、また嫉妬も卑屈さも、制度化されることで克服される。これも、ヘーゲルの人倫概念に根ざした考え方である。なお、**二四二**注解参照。

(85)市民社会は、さしあたりは個人の特殊的欲求が渦巻く場として、基本的には非有機(無秩序)性ということで特徴づけられるが、家族の次元で婚姻が共同性(人倫性)の実現の契機とされるのと同じく、市民社会では、職業団体において、より高次の段階での人倫的有機性が実現される。

(86) この「みるも哀れな同業組合」(ein elendes Zunftwesen)といういい方のうちに、ヘーゲルの職業組合への簡単には割りきれない立場が現れているといえよう。プロイセンでは、一八一〇年一一月二日および一八一二年九月七日の勅令(ハインリヒ・フォン・シュタインが提起して、ハルデンベルク(Karl August Fürst von Hardenberg, 一七五〇—一八二二)が実行した)以来、ギルド(ドイツ語ではツンフト(Zunft))の独占に対抗して、企業活動の自由化が推し進められていた。その意味では、職業団体的なものはむしろ時代遅れのものになりつつあったのであり、自由化こそ時代の新しい趨勢であったはずである。それでも、ヘーゲルがこれに託した使命——純粋な自由放任主義に対抗する原理にしたがう制度の確立という使命——を実現したいとなれば、ギルド的共同体とのちがいをあきらかにし、まったく面目を一新したものを構想しなければならなかったはずである。

(87) 市民社会における自立した個人も家族も、国家という人倫の現実化された全体に比べれば、その構成契機でしかないというあり方を、まだ「観念的」(ideell)な契機でしかないと表現している。

(88) 学問的認識においては、結果として最後に到達されるものこそ真理であり、それが実ははじめから全過程の根拠であったのである。そのように隠されていた真理が最終点においてあかされるという捉え方は、ヘーゲルの体系構想の基本的性格をなすものである。

第三章　国　家

（1）　人倫的理念の現実性(die Wirklichkeit der sittlichen Idee)ということばは、すでに、かなり錯綜した内容を含んでいるといえよう。一般には、理念と現実性は対立した関係におかれるものであるが、ヘーゲルにおいては、理念はその真実、すなわち、全体の全体としての把握を達成したとき、すでに現実の対立物ではなくなっている。また、現実性は、その真の定義にしたがえば、内的なもの、本質が顕現したものという意味があたえられている。国家がこのようなものであると定義されることによって、国家を貫くものとして、意志の実体性、直接的な共同性(ここでは習俗(Sitte)とよばれる)が存在するという側面と並んで、その実体性が個人の意識において自覚化されるという側面が強調されることになる。

（2）　ここでの「法」(Recht)は、狭義の法ではなく、「正しいあり方」という意味である。国家という実体的統一の本来の目的は、そこにおいて、自由がその最高に正しいあり方に到達するということであり、また、このような目的こそ、個人にとって最高に正しいあり方であるということである。

（3）　国家と市民社会の分離については、すでに第三部第二章の注(1)で説明されている。ヘーゲルが、人倫の立場から国家を市民社会のうえにおいているのに対して、スミスのような自由放任主義の立場からみれば、それゆえに、社会(経済)に国家はみだりに干渉すべきではないということが強調されることになるであろう。ただ、行政に関するヘーゲルの扱いを仔細に検討すれば、実質的にはスミスとそう遠くない場所にいるといえるかもしれない。

(4) 国家を暴力や不正に満ちた歴史的起源から説明し、その道徳的質について云々する議論に対して、国家の理念はそれを超越しているという捉え方は、単にヘーゲルの国家至上主義的立場を示しているというだけではなく、事態を通時的に説明するのではなく、あるいは少なくともそれだけではなく、共時的にも説明するという方法論的立場(構造主義的立場)を示しているともみられよう。

(5) ルソーの『社会契約論』によれば、国家建設の前提となる契約を成立させる意志として、特殊的意志(la volonté particulière)、全体的意志(la volonté de tous)、普遍的意志(la volonté générale)の三つが考えられるが、真にそれが可能なのは普遍的意志のみであるという。そのさい、普遍を単なる部分の総和である全体から区別したことで、ヘーゲルはルソーを評価する(たとえば、『哲学的諸学のエンチュクロペディー』一六三節)のであるが、しかし、またルソーが、この普遍を、個別的意志から共通の部分を引きだしてくるというかたちでしか考えていないということで批判するのである。

(6) フィヒテ『自然法の基礎』一七節(FW III, 191–209)。

(7) フランス革命をさす。

(8) フォン・ハラーについては、**二一九**に登場している。

(9) シボーレトについては、序言注(24)参照。試金石という意味。

（10）　ドイツ帝国等族(die deutsche Reichsstände)は、一八〇六年まで、神聖ローマ帝国のドイツ帝国議会を構成していた諸身分のことをさす。諸領邦の君主、都市代表、高位聖職者がそれにあたる。

（11）　マグナ・カルタ(Magna Carta)は、一二一五年、イギリス国王のジョンが、貴族たちの圧力のもとで署名させられた、王室に対抗する貴族たちの特権を認める文書。イギリス議会主義の歴史の最初のできごととして有名である。

（12）　権利章典(the Bill of Rights)は、イギリスにおいて、名誉革命によってステュアート(Stuart)王朝が追放されたのち、一六八九年に、ウィリアム三世とその妻メアリー二世によって発布されたものであり、市民の政治的権利を大幅に認めたものとなっている。

（13）　ヘーゲルは『プロイセン一般法典』(das preußische allgemeine Gesetzbuch)と記している。第一部注(42)参照。自然法の体裁のもとで、ローマ法に対抗する内容をもったものとして知られる。

（14）　国家を有機体として把握するのがヘーゲルの基本姿勢であるが、ここでは、有機体の特徴は、「自分が自分に関係する」というところに認められている。

（15）　「国内体制」は Verfassung の訳。第三部注(35)参照。

（16）　神聖同盟(die Heilige Allianz)は、ナポレオン没落後の一八一五年、オーストリア、ロシア、プロイセンを中心に結ばれた同盟。自分たちを、伝統的キリスト教的価値の擁護者と任じ、フランス革命以前の、旧体制の復活、維持を図った。

(17) 国内法(das innere Staatsrecht)は、あくまでも国家体制に関わる法のことである。

(18) 近代国家における普遍性の実現を、特殊性を最大限に認め、活動させる(これが同時に陶冶教養となる)ことを介して把握するところに、ヘーゲルの考え方の、近代を踏まえたものでありつつも、特有な性格が示されている。これは、スミスにおける「みえざる手」――『国富論』と『道徳感情論』の双方を貫く概念としての――と重なるところがないわけではないが、国家の位置づけなどにおいてはさらにヘーゲル独特のものがある。

(19) このあたり、義務と権利との関係が錯綜している。ヘーゲルのいっていることは、以下のようなことである。国家の段階では、義務と権利は、大きな見地からみて統合されていなければならない。しかし、両者は、本来は同一であるという形式をもっていたとしても、実際には異なる内容をもっている。それに対して、抽象法や道徳の段階では、個人は孤立した個として具体的現実的社会関係から切りはなされて扱われており、権利と義務は、ただ人格的自由という抽象的内容のみをあたえられ、したがって、これもまた同じものになってしまう。しかし、同じものになるといっても、二つの段階で、異なる意味をもっていることはあきらかである。このさい忘れてはならないことは、ヘーゲルがこの両段階を、(近代国家という)人倫にとって不可欠の契機とみなしていることである。

(20) 精神(Geist)は、この場合、人倫すなわち共同的存在としての人間の精神をさす。それが現実的理念(wirkliche Idee)となるということは、共同性の本来的なあり方が顕在化されるということである。それに対して、家族と市民社会が観念性(Idealität)としてあるということは(この共同性をそれぞれの仕方で予感させてはいるが）、顕在化された全体の一契機としてあるというあり方をさす。

（21）制度（Institution）については、すでに、職業団体について論じられている**二五六**の注解に登場している。制度は自由を抑圧するのではなく、自由を保障するものであるというのがヘーゲルの主張である。

（22）国家の有機的組織（der Organismus des Staats）という表現によって、分節化された統一体として国家が捉えられている。いわゆる有機体的国家論であるが、それは、国家という全体に個人が抑圧されることを意味するのでもなく、また情念的なものを前面に押しだすことを意味するのでもなく、あくまでも、個人の自由の真の意味での確立と国家の合理的な形成を可能とする使命をもつというのが、ヘーゲルの主張である。

（23）**二七〇**の本文が国家の有機体論についての定式化をおこなっているのに、注解において、国家と宗教の関係に関する長大な論述がされているのは、いかにもバランスを欠き、奇妙である。あえて解釈すれば、国家を有機体としてそれ自身の内部で完結しているものと捉えることによって、国家の宗教からの自立があきらかだとされる。そのことによって、本文と注解とのつながりがつけられるということであろう。いずれにせよ、注解のなかでしか国家と宗教の問題が扱われていないということは、それだけこの問題の微妙さとこれを扱うことの危険性をヘーゲルが察知していたということを意味しているであろう。

（24）宗教を、表象的認識（vorstellende Erkenntnis）とヘーゲルはよんでいる。その点で、宗教は、芸術と共通の次元にある。そこで、同じく絶対者をその内容とするにしても、思惟によってそれを把握する学問(哲学)の世界から区別される。

(25) 第一版の『哲学的諸学のエンチュクロペディー』では四五三節から「絶対的精神」がはじまる(第三版では五五三節から)。ここからあきらかなように、国家、法律、義務は、その次元だけで完結することはできず、芸術、宗教、哲学からなる絶対的精神の次元で捉え直されなければならないということである。

(26) イエスの説く教えを、ユダヤ教の戒律主義と比較して地上的拘束を越えたものと捉える考え方は、すでに初期のフランクフルト時代の草稿にみることができる。これによって、ヘーゲルはカントの義務論の立場を越える道を模索しつつも、原始キリスト教団の限界もまた指摘していたのである。

(27) **三五九**がふさわしい。

(28) ジョルダーノ・ブルーノ(Giordano Bruno, 一五四八―一六〇〇)はイタリアの人文主義者。彼の、宇宙即神とし、この無限なる宇宙をモナドが満たしているとする汎神論は、ローマ教会から異端とみなされ、一六〇〇年に、ローマで火刑に処せられた。

(29) ガリレオ・ガリレイ(Galileo Galilei, 一五六四―一六四二)は、一六一五年に、彼自身の改竄された手紙の写しをもとに異端審問所に告発され、翌年、地動説を破棄するという条件のもとに許された。しかし、一六三二年に出版された『宇宙の二大システム、プトレマイオスとコペルニクスのシステムについての四日間にわたる対話』(通称『天文対話』)において、暗にコペルニクス

(Nicolaus Copernicus, 一四七三—一五四三)の地動説を支持する見解を示したかどで、ふたたび告発され、一六三三年三回にわたる訊問の末、裁判にかけられ、異端誓絶の判決を受けたあと、幽閉された。一九九二年、ローマ教皇ヨハネ・パウロ二世は、この裁判の誤りを認め、ガリレイに謝罪した。

(30)　ここでは、一方で、宗教との比較において、ともに「客観的真理」と「理性的性格」に属するものとして、学問と国家を同列にあるものと捉えて、宗教の支配からの自由を説く文脈と、他方で、学問がそれ自体の自立を目ざして、国家からの分離を主張するにいたることへの警告という文脈の二つが入り交じっている。

(31)　七原色は、ニュートンの光学理論にある。ヘーゲルはニュートンに敵意をもっていた。第三部第二章注(47)参照。

(32)　クエーカー(Quäker, Quaker)は、一七世紀にジョージ・フォックスを教祖とし、設立された「フレンド会」(The Society of Friends)に属するピューリタンの俗称。信者が神の霊感を受け震える(quake)というところからその名がつけられた。平和主義の立場から兵役拒否をおこなうことで知られている。

(33)　再洗礼派(Wiedertäufer)の起源は、一六世紀前半の宗教改革の時代に遡ることができる。成人したあとの洗礼、徹底した政教の分離を説いた。ドイツ農民戦争において弾圧されてからは、オランダでメノー派として再興され、やがてプロイセンにも浸透していった。これも教義上、兵役の拒否をおこない、プロイセンでは一八六八年までそれが認められていた。

(34) 一八一五年以来ドイツにおいて反セム(反ユダヤ人)運動が起こったことがこの叙述の背景となっている。ヘーゲルの、ユダヤ人迫害への毅然とした批判の姿勢は、すでに二〇九にも示されていることである。プロイセンでは、一八一二年三月一一日の布告(ハルデンベルクによる)以来、ユダヤ人に対して市民権が全面的にあたえられていた。

(35) ピエール・シモン・ドゥ・ラプラス(Pierre-Simon de Laplace, 一七四九―一八二七)はフランスの天文学者。機械論的決定論を定式化した「ラプラスの魔」で知られる。

(36) フリードリヒ・フォン・シュレーゲルをはじめとする同時代のロマン主義者のあいだで、国家を教会の権威のうえに基礎づけようとするような復古主義的動きがあった。

(37) ヘーゲルの意図が、ロマン主義者のカトリックへの改宗を念頭におきつつ、政教分離を主張することにあることはあきらかである。前注および第二部注(87)参照。

(38) 政治的国内体制(die politische Verfassung)の政治的(politisch)ということばは、家族、市民社会の水準とは異なる国家の水準でのということをさしている。

(39) ここに、国家有機体論の基本規定が示されている。有機体であることは、組織が自分自身に関係する過程であり、その諸契機を区分し展開させながら、それらをあくまでも全体の構成契機の位置におくこと(観念性(Idealität))であり、そのようにして排他的統一を保つということである。

(40) プロイセンにおいては、一八〇六年のナポレオン軍に対する敗北以降、ハインリヒ・フォン・シュタインによっておこなわれた改革の一環として軍隊の改革もなされた。それは、傭兵を国民兵に代え、軍隊内部の貴族的特権を排そうとするものであった。それとの連関で、徴兵制度の設立も図られたが、保守層の抵抗に遭い、ヘーゲルの時代にはまだ実現をみてはいなかった。しかし、いずれにせよ、ここで、帝政ローマにおける近衛兵との比較において、国民皆兵が、軍事的独裁や貴族的特権に抗して、文民権力の確立と結びつくとヘーゲルは明言している。常備軍の設置（カント『永遠平和のために』予備条項三批判を含意する）については、三二五、三二六参照。

(41)　国家がその活動を「概念の本性にしたがって」区別するというような表現が、ヘーゲルの観念論をあきらかにするものとして取りざたされる（たとえば、マルクスの「ヘーゲル国法論批判」Kritik des Hegelschen Staatsrechts（§§ 261-313）, 1843（1927）参照）。しかし、そう簡単にはいかない。ヘーゲルにとって、「概念」の意味するものは単に頭のなかにある真理といった類いのものではないのであり、有機的統一（分節化された諸契機の統一）というかたちをとる真理のことである。そして、因みにいえば、この観点、有機的に分節化された国家組織こそ、ヘーゲル以降も生き延びられる唯一の国家体制であることが、マルクス主義の名を冠する、権力の一元化された社会主義国家の崩壊のあと、あきらかになったのは、一個の歴史の皮肉であろう。

(42)　区別項自身がまたそれぞれに総体性であるということは、『論理学』概念論の「目的論」から「理念」への移行段階で現れてくる。有機的組織においては、区別項それぞれが全体の一部をなすというだけではない。それぞれが、それぞれの場で、全体を反映させるような一個の有機的総体をなすということである（『哲学的諸学のエンチュクロペディー』二〇四―二一二節、『大論

理学』stw VI, 451ff. 参照)。

(43) モンテスキューの三権分立の理論。国家権力の一点への集中を防ぎ、国民の権利を守るものとして、その後、近代国家の憲法に取り入れられたものである。これに対して、ヘーゲルは、国家権力の分節化という側面を支持しつつも、三つの権力が別々に独立するという捉え方を批判する。現実の近代国家のあり方をみれば、三権分立の建前のもとで、ヘーゲル的な国家権力の分節化がおこなわれているというあたりが妥当なところであろう。

(44) ヘーゲルの『論理学』の概念論では、普遍、特殊、個別の三項間での推論関係が主題となるが、この三項はスタティックに対立しているのではなく、それぞれが弁証法的運動のなかで役割を交替し合い、最終的には、それぞれの項が全体の一契機であることがあきらかにされるという結果(それが理念の段階)をもたらすように構想されている(『哲学的諸学のエンチュクロペディー』一六三—一六五節、一八三—一九二節、一九八節とその注解、『大論理学』stw VI, 351ff. 参照)。

(45) 古くはイギリスのピューリタン革命の時代、また新しくはフランス革命の時代に、統治権力をもつ王権と立法府としての議会のあいだに抗争が起きたことが踏まえられている。

(46) もとより、モンテスキューにはじまる三権分立は、立法権、執行権、司法権のあいだでの分立である(exekutive Gewalt を「執行権」と訳す)。それに対して、ヘーゲルにおいては、司法権は、市民社会に基盤をおくものとされ、国家の次元では統治権のうちに包含され、代わりに君主権がおかれている。

(47) 立法権(die gesetzgebende Gewalt)は国家のもっとも基本的正義に関わるものとして、まず「普遍」の性格をあたえられる。

(48) 統治権(die Regierungsgewalt)は、法を特殊的事例に適応させるものとして、まず「特殊」の性格をあたえられる。

(49) 君主権(die fürstliche Gewalt)は国家の個体としての統一に関わるものとして「個別」の性格をあたえられる。これは、モンテスキューの三権には入っていない。

(50) ヘーゲルは、君主権の設定が君主の独裁などには結びつかず、立憲君主政体(die konstitutionelle Monarchie)の憲法の制約下での権限しかもちえないことを明言している。

(51) プラトンにおいてもアリストテレスにおいても、政体の区別が支配者の数の問題として記述されている。

(52) 第一版の『哲学的諸学のエンチュクロペディー』八二節は本質論であるから、誤り。五二節以下で量は扱われる。第三版では、九九節以下、および一〇八節補遺参照。

(53) 監視職(Ephorat)は、フィヒテが、スパルタの監視職(Ephor)を念頭において構想したものであることは容易に推測されるが、これには、国家権力の濫用から国民の権利を守るという役割もあたえられていて、その点でローマの護民官(tribuni plebis)に近い。

(54) モンテスキュー『法の精神』第三編。

(55) 同書、第三編第三章。

(56) 同書、第三編第五章。ヘーゲルは、国家体制を支えるものとして、一方では、志操――マックス・ウェーバーならエートス――を挙げつつ、他方では、実定法にもとづく法秩序を挙げる。そのうえで、双方の相補的関係を指摘するのである。

(57) 同書、第三編第四章。

(58) 同書、第三編第七章。

(59) 有機的に分節化された国家の成立ということこそ枢要な要件であって、そのままでは、君主政体と民主政体のどちらがよいかといった問いは二次的意味しかもたないというヘーゲルの指摘は、この国家論をいまなお有効なものとしている点であろう。

(60) ここに、マルクスによる政治的上部構造が経済的下部構造のうえに乗っているという見解に対応するものをみてとることもできるが、ヘーゲルの場合、後者が前者を規定するという方向はみられない。

(61) ヘーゲルの『論理学』の概念論が示しているように、ヘーゲルにとって有機的全体は、普遍、特殊、個別の三契機から構成されている。そして、その三契機の各々がまた、普遍、特殊、個別の三契機を具えていて、それぞれが総体であることが解明されるという弁証法的運動が展開され、その結果、全体の統一性が実現されるという機制になっている。そこで国家も、有機体にたとえられるかぎり、普遍、特殊、個別の三契機から構成されるように構想されており、そのなかで君主権は、さしあたりは、個別性の契機を担うようにみえるが、しかしそこにも普遍、特殊の契機が含まれていて、そのようなものとして、総体をなすというのである。

(62) 有機体としての国家においては、それぞれの権力はあくまでも全体の契機という位置をあたえられているということが、契機の観念性(Idealität)の意味である。

(63) 国家機関で働く成員の条件が、それぞれの職務にふさわしい資質によって決定されるがゆえに、その職務内容がその成員の人格とは外面的、偶然的に結合しているという指摘は、社会的関係性を重視するマルクスが嘲笑したものであるが、ここには、公的なもの(ないし社会的なもの)に関する、またそれと個人の自由意志との関係に関する熟慮されるべき洞察が示されているといえよう。

(64) 第三版では、三七一節。無機物を構成する単位が「諸部分」(Teile)であるのに対して、有機体を構成する単位は「諸分肢」(Glieder)であるということを通じて、全体からの分離しがたさの定義をおこなっているのである。

(65) 国家が個体的なものとして、主観性、人格性という性格を具えていても、そのような性格があるという次元にとどまっているだけでは不十分であって、それに対応する実在物をもっていなくてはならない。それが、君主という一個人の存在の必然性をなすというのである。

(66) 個体的なものである国家が人格性と主観性を具えているということにもとづいて、それの真理、すなわちそれが具体化され、現実化されたものを導出すると、君主の誕生という帰結をみることになる。ここからもあきらかなように、ヘーゲルの君主観は「象徴君主制」というべきものである。

(67) ここでヘーゲルが神的なものに関説するのは、王権神授説をとなえることとは別であり、(精神の現実化と)国家の有機的組織化にともなう必然性に関わることである。

(68)『ソクラテスの弁明』においても、ソクラテスがみずからのふるまい、身の処し方に関して、ダイモーンに聞いていたことが語られているが、その文脈を正しく把握すれば、ソクラテスにおいてすでにそれは伝統的な神話的威力の類いではなくなっており、内面の声に転化されていることがわかるというのである。

(69) ここでヘーゲルは、君主が世襲制のもとになければならないということを説くにあたって、次の注解で「思弁的性質」と語っているような論法を駆使している。それによれば、国家の最終的意志を体現する個人(君主)は、それだけを取りだしてみれば、直接的個別性として規定される。その直接的ということが自然的といい直されるのであり、そこから君主の地位が自然によって規定されたものであるという結論が導きだされている。いささか苦しい論法であるが、目ざすところは、君主の世襲制という危うい内容——少なくとも、国王の処刑にまで進んだフランス革命の精神にたてば全否定されるはずの内容——を理性の名のもとに擁護するにあたり、概念と定在の統一(=理念)というヘーゲル論理学の基本テーゼを用いて論証するということにあるのである。

(70) 神の存在の存在論的証明(der ontologische Beweis vom Dasein Gottes)は、神が無限大であり完全無欠なものであるという定義から、神の存在可能性を証明する類いの神の存在証明法である。中世のアンセルムス(Anselmus, 一〇三三—一一〇九)に遡ることができる証明法であるが、デカルトもまた、神の存在証明のひとつとして用いている。

(71) カントが『純粋理性批判』の弁証論の合理的神学(GS III, B 620ff.)において、この存在論的証明が神の存在証明とはならない(神の非存在の証明にもならないが)、としていることへのヘーゲルにおける批判的観点が踏まえられている（序論注（41）参照）。これと同じ内容の主張は、ヘーゲルの『論理学』で展開されている（『哲学的諸学のエンチュクロペディー』五一節注解）。このことと、国家が有機的統合を実現するには、その象徴としての君主が自然的定在としても規定されていなければならないということ、それゆえに世襲制をとらなければならないということとが重ね合わされているのである。

（72）自分のまえに提出された決定がいかなるものであるにせよ、ただ「よし」というのが君主の仕事である。ということは、君主は、「否」とはいえないということでもある。ここにも、君主の位置が一種の虚焦点として設定されていることがあきらかであろう。なお、「君主としては、……必要である」は、［君主はただ「よし」といって、最後の仕上げをおこないさえすればよいのである］となっている。［　］内は、ガンス第二版（一八四〇年）からの付加である。

（73）王位継承が、血縁という自然によって支えられていることの根拠として、それによって市民社会の利害対立を越えたところに君主がおかれるからだという理由を挙げているのだが、注解にあきらかな通り、これは結果としての利点であって、君主権の第一義的根拠づけではない。根拠づけを要しない（grundlos）国家意志というあり方こそが、王位を正当化するというのが、ヘーゲルの見解である。

（74）君主を処刑し、国民議会に最高の権力をあたえたあげく、恐怖政治の道を突っ走ったフランス革命へのあてこすり。

（75）相続君主国に対して、君主が選挙によって選定される君主国。神聖ローマ帝国とポーランド王国がその例である。前者では、一三五六年以来、皇帝は世襲の七人の選挙侯(Kurfürst)から選出された。一八〇六年神聖ローマ帝国は解消され、ポーランド王国は、一七九五年に滅亡している。

(76) フリードリヒ大王(Friedrich II, 一七一二—八六)の、君主を国家の第一の公僕とする見解が想起される。

(77) プロイセン、オーストリア、ロシアを敗退させたナポレオンが、一八〇八年一〇月、エルフルトに、ロシア皇帝アレクサンドル一世およびドイツ諸侯をよびだし、みずからへの忠誠を誓わせたときに語ったことばとして知られている。

(78) この論旨は少々わかりにくいが、つぎのように解釈されよう。恩赦は、法を超越する格別のものであるのだから、君主のような特別の高位の地位からしかおこなわれえない。ということは、この特別のものである君主の主権を損ねることはむろん、その尊厳性や人格を毀損することも、つねにもまして重罪となるということであろう。

(79) oberste beratende Stellen を「最高審議〔輔弼〕職」と訳す(なお、Beratung を「審議〔輔弼〕機関」と訳す。**二七五**ほか参照)。君主の側近として君主に助言をする職責のことであり、特殊的要件を君主に伝え、何らかの合議を経て君主の名のもとでの決定を図ることによって、普遍的なものに結びつける働きをなす。

(80) 前近代社会においては、諸部分(Teile)の単なる寄せ集めが社会を構成しているだけであり、各部分はそれぞれに社会全体の全契機をみずからのうちに含んでいなければならないのに対して、近代社会では、諸分肢(Glieder)の有機的結合によって社会が構成されている。各分肢が機能分化されており、それぞれにあたえられた契機を担うことになっているというのは、今日の社会システム論がまた追認していることである。

(81)　**二七九―二八一**の各注解参照。ヘーゲルによる君主制の擁護は、あくまでも、それが国家体制の有機的組織を保障するものであるという理由による。そして、この国家の有機的構成こそが、自由を、実質的内容があたえられたものとして実現すると考えられているのである。このようなヘーゲルの考え方が、今日の国家のあり様をすでに根底から展望しているものであることはいうまでもない。それは、君主を象徴的存在とする立憲君主国にあてはまるだけではない。大統領制が採用されている国家においても、実質的に政治的権限を握っている首相とは異なり、大統領職を象徴的存在としている国家は珍しくないし、逆に大統領が実権を握っている場合、独裁権力に陥ることへの懸念もぬぐい去れないというのが実状なのである。

(82)　**二〇九―二二九**参照。

(83)　**二三一―二四九**参照。

(84)　これらの集団(Kreis[e])とは、(地方・地域)共同体(Gemeinde)および職業身分の団体をさす。

(85)　ここでは、ヘーゲルは、一八〇七―〇八年のハインリヒ・フォン・シュタインの改革にしたがっている。これは、地方議会による地方自治を創設したものであるが、地方区域の現存する行政組織にもとづいていた。行政監督者は、素封家階級から選ばれた、その代表者であると同時に国王の任命による国家官吏であった。

(86) ここでも、ヘーゲルは、ハインリヒ・フォン・シュタインの改革案路線に沿って、統治組織の構造化を図っている。シュタインは、国家全体にゆきわたるそれぞれの管轄事項に責任を負う、内務、財政、外務、軍事、司法の各大臣からなる合議体を導入しようとした。これは、国王と直接結びつくものとされていた。なお**二八三**参照。

(87) これは、自然状態を「万人の、万人に対する戦い」としたホッブズのことばを示唆している(『リヴァイアサン』*Leviathan* I, Ch. 13,『哲学原本』*Elementa Philosophiae* III, De cive, Preface)。

(88) **二五五**参照。

(89) **一八七**参照。

(90) **二八八**から**二九〇**までに述べられていることによれば、国家の統治はつぎのような階層秩序をなす。〔君主〕—〔最高審議〔輔弼〕職〕—〔合議体(上級諸機関=各大臣)〕—〔各官庁〕—〔各団体の長〕—〔各団体(職業団体、(地方・地域)共同体ほか)〕。それ自身、分業化され、階層秩序をなしている各官庁の職務は、上部に向かって、最高統治権(君主に属す)のもとに収斂してゆくとともに、各官庁のもとに分業化された統治職務も、市民社会の個々の具体的事例に向けて下部に収斂してゆくのである。

(91) 他のところでも、ヘーゲルは、地方の公務員が中央政府によって任命されるフランスの統治機構を批判している(たとえば、『歴史哲学』stw XII, 537 参照)。ナポレオンは一七九九年の憲法にもとづいて、終身統領を頂点として地方行政の末端にまでおよぶ徹底した中央集権を完成した。

(92) ここは、グリースハイム自身のノートでは、「普遍的目的の遂行を頑強に妨害した」となっている(VPR IV, 691)。

(93) これについては、ヘーゲルは、いわゆるバンベルク時代に、バイエルン王国において体験している。

(94) ヘーゲルの時代には、大臣や行政機関の上級職、軍職は、貴族にのみ開かれていた。ヘーゲルも初期にはこのような状況を受け入れていたように思われる(『自然法論文』stw II, 489参照)。ハインリヒ・フォン・シュタインは、すべての行政機関の職に誰でもが選ばれる資格をもつようにすることによって、この制度を改革しようとしたが、貴族の抵抗にあってしまった。ここでヘーゲルはあきらかにシュタインの改革案を支持している。ハイデルベルク講義では、客観的な資格付与は試験によって確定されるべきであることが述べられている(*Die Philosophie des Rechts: Die Mitschriften Wannenmann (Heidelberg 1817–1818) und Homeyer (Berlin 1818–1819)*, hrsg. von K.-H. Ilting, Stuttgart, Klett-Cotta Verlag, 1983(以下 VPR *17–18*), 171参照)。

(95) これは、公務員の権利と義務に関する『プロイセン一般ラント法』の条項にしたがっている(同法第二部第一〇章参照)。

(96) 第一部注(94)(96)(100)参照。

(97) ポンメルン地方の水車屋アルノルトは、上流につくられた溜池のために損害を受けたという理由で、領主シュメッタウ伯爵への借地料の支払いを拒否した。一七七九年に高等裁判所はアルノルトに有罪の判決を下したが、フリードリヒ大王(二世)はこれを徒党的だとして破棄し、アルノルトに不利な判決を下した三人の判事を罷免し投獄して、損害賠償を命じた。

(98) 中間的身分(Mittelstand)は、君主と一般民衆との中間に位置する身分であって、この身分の「教養ある知性と法的意識」が国家の安定的存続にとって重要な契機をなすのである。

(99) **二一五**参照。

(100) これは、『プロイセン一般ラント法』第二部第一四章一一節にもとづいておこなわれた。

(101) 一四九五年以前は、神聖ローマ皇帝は帝国宮内法院(Reichshofrat)を通じて、みずから直接裁判をおこなった。この年、マインツの大司教ベルトルト・フォン・ヘンネベルク(Berthold von Henneberg, 在位一四八四―一五〇四)に率いられた帝国改革運動によって、帝国最高法院(Reichskammergericht)がつくられ、これは、神聖ローマ皇帝マクシミリアン一世(在位一四九三―一五一九)によってではなく、帝国諸身分によって管理された。長官は、伯爵(Graf)ないし男爵(Freiherr)身分の貴族から皇帝が任命したが、一六人の陪席判事は、皇帝と帝国諸身分双方からの推挙にもとづいて、帝国議会によって任名された。一六四八年までには、陪席判事は五〇人以上になった。

(102) **四二**以下参照。税を貨幣で支払うことが、租、庸、調のような現物による支払い方に勝る近代性を具えていることへの指摘にも、量化へのヘーゲル独特の洞察が認められる。

(103) このような規定が、『プロイセン一般ラント法』にはまだ含まれていた(同法第一部第一八章一四三節参照)。

(104)　一七九一年のフランス革命憲法の第四章三節によれば、行政府の構成員は、すべての立法機能から排除されていた。このことの理論的根拠は、法律を特殊的事例に適用する政府ないし行政権は、法律をつくる主権者-人民とは異なっているべきだというルソーの主張であった(『社会契約論』第三編第一章参照)。ヘーゲルの意図は、行政府が立法に参加するということであるが、それは、(イギリスのように)議会の構成員ということによるのではなく、助言したり、法律を提案したりすることによるのである。なお、「一八一五年および一八一六年におけるヴュルテンベルク王国地方民会の討論。一八一五年―一六年の議事録、三三節」[Beurteilung der] Verhandlungen in der Versammlung der Landstände des Königreichs Württenberg im Jahr 1815 und 1816. XXXIII Abteilungen., stw IV, 470, および、フンボルト(Wilhelm von Humboldt, 一七六七―一八三五)による、一八一九年のプロイセン王国のための憲法草案(*Denkschrift über Preußens ständische Verfassung* (1819), *Gesammelte Schriften* XII, 1, hrsg. von Bruno Gebhardt, Berlin, Behr, 1904, §§ 23-42)参照。

(105)　**二七二**注解参照。

(106)　ヘーゲルの時代、選挙権は、(そもそもそれが存在していた)ヨーロッパの国々では、男性にかぎられていただけではなく、さらに財産あるいは職業上の資格によって制限されていた。代議制の導入を主張したひとびとのなかでは、もっとも急進的な者を除いて、このような制限選挙が支持されていた。たとえば、ヴュルテンベルク王国における王による憲法原案では、有権者は二五歳以上でなければならず、そして少なくとも二〇〇ギルダーの所得がなければならなかった。ヘーゲルは、財産制限を「無意味なこと」とみなしながらも、この条項を支持している(「一八一五年および一八一六年におけるヴュルテンベルク王国地方民会の討論。一八一五年―一六年の議事録、三三節」stw IV, 470, 481 参照)。なお、カント『人倫の形而上学』GS IV, 313-315 参照。

(107) ハイデルベルク講義でヘーゲルは、統治機関は議会における多数派の支持をつねにえなければならず、反対派もまた存在しなければならないと述べている(VPR *17–18*, 187)。

(108) 『哲学的諸学のエンチュクロペディー』五四四節参照。

(109) 『哲学的諸学のエンチュクロペディー』の論理学の概念論で、概念の諸契機(普遍性、特殊性、個別性)を媒介する運動である「推論」の展開において「どの契機も媒辞および両極の位置を経たことによって、それら相互の規定された区別は揚棄されている」といわれている(一八八―一九二節参照)。

(110) イギリスの代表方式、とりわけ一八三一年の改革法案に対するヘーゲルの批判点のひとつは、議会の構成員が地理的区域から選出されるということである。この場合、投票者が、彼らの代表者と社会的あるいは経済的連帯をもつことを保証するものは何もない。こういう事情では、選挙権の拡張は、個々の投票をはるかに意味のないものとすることによって、投票者を政治のプロセスから疎外してしまうことになる(『イギリス選挙法改正法案について』stw XI, 113 参照)。なお、ハインリヒ・フォン・シュタインの憲法草案においても、のちのフンボルトのそれにおいても、代表者は職業団体の代表であって、地理的区域の代表とはされていない。また、ハルデンベルクの草案では、代表者は地方議会議員から、彼ら自身によって選ばれるようになっているが、彼らも職業団体の代表である。

(111)　中世以降のヨーロッパにおける等族議会は、貴族、聖職者、市民の身分代表議会として、シュテンデ(Stände)とよばれていた。

(112)　**三〇一**参照。

(113)　『哲学的諸学のエンチュクロペディー』一八一節参照。

(114)　これは、実体的身分、すなわち土地所有者の身分のなかで貴族としての教養を身につけた部分(土地貴族)である。

(115)　君主の世襲制(**二八〇**—**二八一**)と同様に、この身分では長子相続がおこなわれる。

(116)　**一八〇**注解参照。

(117)　最後の文は、ホトーないしグリースハイムのノートにはみあたらない。

(118)　君主と市民社会の産業身分。

(119)　**三〇五**も参照。

(120)　産業身分。

(121)　**一八五**注解参照。

(122)　ヴュルテンベルク王国での憲法草案では、議員に対する財産資格はないが、被選挙資格は、年齢(三〇歳以上)と宗教(カトリック、ルター派あるいはカルヴァン派のいずれかに属していること)によって制限されていた。さらに、王国官吏、聖職者、医者、法律家はすべて除外されていた。ヘーゲルは、年齢ないし宗教的資格については言及していないが、職業上の制限、とりわけ法律家に対する禁止を支持している(「一八一五年および一八一六年におけるヴュルテンベルク王国地方民会の討論。一八一五年—一六年の議事録、三三節」stw IV, 469ff. 参照)。これらの制限や財産資格のヘーゲルによる弁護には、議員は国民(すなわち職業団体等の構成員)の純粋な代表であるべきであり、職業的政治家であるべきではないという考えが反映されているであろう。

(123) 第一身分(土地貴族)。

(124) 君主と市民社会の産業身分。三〇七参照。

(125) 因みにいえば、ここでのヘーゲルの代議制論におけるのと同じように、ハルデンベルクとフンボルトの憲法草案でも、世襲貴族からなる(イギリスの上院と類似した)上院をもつ二院制議会が考えられている。

(126) これは、アルクイン(Alcuin, 七三五頃—八〇四)の書簡集におけることばである。アルクインはイギリスの神学者・著作家であり、西ローマ帝国皇帝となったフランク王国のカール大帝(シャルルマーニュ)の顧問であった。

(127) アリオスト(Ariosto, 一四七四—一五三三)の『狂乱のオルランド』(*Orlando furioso*, 1516) 28. 1 参照。

(128) ゲーテの詩「ことわざふうに」(Sprichwörtliches, *Goethes poetische Werke* I, Stuttgart, Cotta, 1959, 441)参照。

(129) フリードリヒ大王は、一七七八年にベルリン・アカデミーを通じて、「国民をだますことは有利でありうるか」という懸賞問題をだした。なお、『精神の現象学』stw III, 408 参照。

(130) 直接ホトーのノートにしたがう(VPR III, 821 参照)。

(131) ヘーゲル『歴史における理性』(*Die Vernunft in der Geschichte*, hrsg. von J. Hoffmeister, Hamburg, 1955, 97)参照。

(132) ローマ軍の勝利のあとでは、征服を祝い、将軍に栄誉をあたえる勝利の凱旋行進をとりおこなうことが慣例化していた。ヘーゲルが言及していることをもっともよく示す例は、ガリア征服ののちの凱旋におけるシーザーの兵士たちの行動についてのスエトニウス(一世紀頃のローマの政治家)による記述である。その性的な贔屓からニコメデスという男を昇進させたシーザーの凱旋行進のあいだ、兵士たちは、シーザーによる輝かしい征服とニコメデスによるむしろ輝かしくないシーザー自身の征服とをコミカルに並置した不敬な詩を歌いながら、彼の二輪馬車につきしたがったという(Suetonius, Gaius Julius Caesar, 49, in *De vita Caesarum*)。

(133) 国家全体の諸契機へと揚棄されて、その全体の分肢として存立しているあり方が、対内主権の観念性である。注(39)参照。

(134) 『哲学的諸学のエンチュクロペディー』九五節、九六節と各補遺参照。

(135) 文化的統一には肯定的であったにせよ、ここからあきらかなように、ヘーゲルは、彼の故国であるヴュルテンベルクも含めてドイツ諸小国がプロイセンによって吸収されること——これは一九世紀ももっとのちに起きたのであるが——を好意的にみてはいなかったといえよう。フリースとは異なって、ヘーゲルは、多数のドイツ諸小国が政治的統一を形成すべきだとは主張しなかった。実際、ヘーゲルは総じてこれに反対していたように思われる。とはいえ、文化的領域と政治的なそれとの関係に関するヘーゲルの見解はそれほど確固としたものであったわけではない。彼は、「諸小国は、もしそれらからなるより大きな国家が十全に有機的組織化を果たしているならば、これに統合されることができる」(VPR IV, 732)とも述べている。

(136) **三二四**注解参照。

(137) ヘーゲル「自然法論文」stw II, 481 参照。なお、「永遠の平和」への言及は、カントの『永遠平和のために』(GS VIII, 341ff.)を暗に示唆している。

(138) **三三四―三三七**参照。

(139) シェイクスピア『ヘンリー四世 第二部』(*King Henry IV, Part Two*, 1596–99)第四幕第五場参照。

(140) **二五九**補遺参照。

(141) この文は、グリースハイム自身のノートにはみあたらない(VPR IV, 733ff.)。

(142) **二七一**補遺参照。

(143) **三二八**注解参照。

(144) 一七五一年、インドで、イギリスのクライヴ卿(Lord R. Clive, 一七二五―七四)と五〇〇の兵は、カルナティックの太守が率いる一万八〇〇〇の兵に包囲され、急襲されながらも、アルコットの要塞を守り抜き、勝利した。

(145) 戦争と、兵士の態度への火器の導入の影響については、ヘーゲル『人倫の体系』(*System der*

Sittlichkeit（1802), hrsg. von G. Lasson, Hamburg, Felix Meiner Verlag, 1967, 59f.）、および『イエーナ実在哲学』（*Jenaer Realphilosophie*（1805–1806), hrsg. von J. Hoffmeister, Hamburg, Felix Meiner Verlag, 1969, 261f.）も参照。火器の発明が、戦争における勇気を個人の特殊的なものから国家という集団的なものに変えたというだけではなく、普遍的なものの原理こそが火器の発明を促したというのである。

(146)　一七八三年イギリスの首相になった小ピット（William Pitt the Younger, 一七五九―一八〇六）は、一七九三年にルイ一六世が処刑されると、国民感情やフランス革命の反対者に屈し、オランダ、スペイン、ポルトガルを含む諸国家同盟を組織して、革命共和国を倒そうとした。同盟はすぐ解体し、戦争は一七九七年四月のフランスとオーストリア間でのカンポフォルミオの平和条約締結によって終結したが、イギリスはこの条約の当事者ではなかった。一七九八年にピットは、ロシアとオーストリアを同盟国とする新しい同盟をつくろうとしたが、この努力も不成功におわり、この頃までにピットの戦争政策はイギリスでまったく不人気なものとなった。

(147)「国際法」は das äußere Staatsrecht の訳語である。普通、国際法にあたるドイツ語としては、Völkerrecht あるいは Internationales Recht が使われており、ヘーゲルも、Völkerrecht を、三三三で使っているが、das äußere Staatsrecht と同義のことばとしてである。

(148)　注(146)参照。

(149)　カントは、『永遠平和のために』において、国際連盟を構想していた。それに対してヘーゲルの立場は、国家と国家のあいだの関係は自然状態であるから、このような国際機関には実効性がないというものである。

(150) カントの『永遠平和のために』のなかでも、ことに同書の付録においてこのことが主題的に論じられている。第二部注(33)参照。

(151) ここで、ヘーゲルは、戦争が正規の外交手段のひとつであるという見解を示している。したがって、戦争は、国家と国家との相互承認をむしろ前提とするものであるという興味深い指摘がなされる。また、この見解は、カントの『永遠平和のために』に示された見解からそう遠いものではない。カントはそこで、戦時においても、将来の平和時における国家相互の信頼関係を危うくするような、謀殺や、条約破棄、大衆煽動があってはならないと説いている(GS, VIII, 346)。

(152) ここでの、騎士道精神を投影したかにみえるヘーゲルの戦争観は楽天的すぎるものであろう。ことに、二〇世紀の二つの世界大戦を通じ、非武装の一般市民の大量殺戮を含む戦争の悲劇を経験した目からみるならば。しかし、では、ヘーゲルのここでの記述が無意味になるかというと、そうともいえない。二〇世紀において、戦争の方式に関する条約が定められ、それにもとづいて戦争犯罪を裁く国際法廷が開かれたという事実は、ヘーゲルのここでの記述に対応しうるものである。しかし、同時に、これは、国家間が自然状態であるという彼の原則に抵触する面をもってもいる。このアポリアが、世界法廷としての世界史というような構想が、ほかならぬ、戦時における国家間正義が論じられるこの箇所において登場してくることの理由ともなっているはずである。

(153) 世界法廷(Weltgericht)としての世界史(Weltgeschichte)ということばは、ヘーゲルの歴史哲学の構想を要約するものとして有名であるが、もとは、シラーの詩、「諦観」(Resignation)にでてくることばである(*Werke* III, Frankfurt, Insel, 1966, 61f.)。

(154) **三三**参照。

(155) 世界史において観念的なもの(Ideelles)として存在するということは、普遍的なもの(普遍的精神)の諸契機として存在することである。

(156) この、精神はみずからの活動の成果を対象とするという考え方のうちに、かつてヴィーコ(Giambattista Vico, 一六六八—一七四四)によって打ちだされた人文科学の使命についての見解が、よりいっそう、力強く拡大され、定式化されているのをみることができるだろう(『新しい学』*La scienza nuova 1744*, Roma, Edizioni di Storia e Letteratura, 2013(1744), 87 参照)。

(157) 完全志向性(Perfektivität)。中世スコラ哲学のなかで、神の存在証明と結びついて使用された完全性(perfectio)という概念は、一八世紀では、人間のあり方を表現することばとして、啓蒙主義の時代に使用された。ルソーも『人間不平等起原論』で使っているが、しかしこの場合は、完全志向をもつがゆえに、人間は幸福な自然状態を離脱せざるをえなかったという意味である。

(158) レッシング(Gotthold Ephraim Lessing, 一七二九—八一)の著作『人類の教育』(*Die Erziehung des Menschengeschlechts*, 1780)が挙げられる。

(159) もとは、古代ギリシアのデルポイの神殿に掲げられていたことばといわれるが、ここでのヘーゲルのこのことばの解釈の仕方は、ソクラテスの思想態度に帰せられるべきものであろう。**二七九**注解参照。

(160) ここには、カントが『判断力批判』『永遠平和のために』のような著作、また「世界市民的意図における一般史のための理念」のような論文において示している歴史哲学的構想を思わせるところもある。カント倫理学においては、歴史の目的(摂理)は、現実では充足されない理想にとどまることが、むしろ不可欠の要件である。

(161) 世界精神が、個人の意図を越えたところで歴史を決定するという図式は、多くの反発を引き起こしてきた教説ではあるが、世界精神といった刺激的なことばを抜きにすれば、一九世紀の、マルクスの、あるいは、『戦争と平和』におけるトルストイの歴史観と共通するものであるといえるだろう。

(162) 『歴史哲学』序論においても「世界史の地理的基礎」という表題のもとで、この問題が論じられている(stw XII, 105ff.)。そこには、和辻哲郎の『風土』を先取りする内容が含まれている。

(163) 国家間の自然状態に由来する人倫問題の未解決性の問題は、このような歴史観のもとで決着があたえられる。

(164) 『歴史哲学』序論で世界史的個人が論じられているところを参照(stw XII, 45ff.)。

(165) 『歴史哲学』序論で、「理性の狡知」(List der Vernunft)の概念のもとで、世界史上の英雄(形式)が世界精神(内容)によって将棋の駒のように使われ、投げ捨てられてゆく様が描かれている(stw XII, 49ff.)。

(166) **九三**注解および補遺参照。国家創設の過程にいかなることがあろうとも、国家が創設されれば、すでに、それは、理性にふさわしいものとなっているという主張である。国家を至上の人倫性とみるヘーゲルの考え方が示されている箇所であるが、同時に、通時的因果性にしたがう変化と共時的構造化とをリンクさせるヘーゲルの哲学体系構想の原理につながる考え方でもある。
(167)『歴史哲学』第一部東洋の世界(stw XII, 142ff.)。
(168) Peter Feddersen Stuhr（一七八七―一八五一）。この著作は、彼がベルリン大学の私講師時代の、一八一二年に出版された。
(169)『歴史哲学』第二部ギリシアの世界(stw XII, 275ff.)。
(170) ローマ法のもとでの抽象的正義をさしている。ヘーゲルは、人格(persona)の概念をこのローマ法の世界と結びつけている。
(171) 帝政期に現れた専制政治をさす。
(172)『歴史哲学』第三部ローマの世界(stw XII, 339ff.)。
(173)『歴史哲学』第四部ゲルマンの世界(stw XII, 413ff.)。ここでヘーゲルがゲルマンとよんでいるのは、ドイツのみをさすのではないことはあきらかである。一般に西欧を代表するとみなされる北方ヨーロッパ全体をさすとみることができるだろう。
(174) 信仰、愛、希望はキリスト教の三元徳をさす。このキリスト教の徳目が、現実の国家の原理へとなっていく過程が、ゲルマン、すなわち西洋の歴史であるというのである。
(175) キリスト教教会の支配をさす。ヘーゲルの中世キリスト教に対する態度は、両義的である。一方では、啓蒙の時代の常識にしたがって、これを恐るべき蒙昧さの支配とみているのであるが、他方で、ゲルマン的世界の精神を陶冶したという歴史的役割を評価しもするのである。

(176) 『精神の現象学』(精神 B自己疎外的精神 教養 stw III, 359ff.)での啓蒙と迷信の戦いのあたりの叙述に対応する。ヘーゲルは、啓蒙とフランス革命の使命として、宗教的なものの現世化の側面を重要視している。

(177) ヘーゲルの哲学体系にしたがえば、論理学、自然哲学のあとにくる精神哲学は、主観的精神、客観的精神、絶対的精神の三つの部分からなる。これまでの『法の哲学』の記述が、客観的精神の内容と重なっている。その客観的精神の内容が完成されたところで、体系としての認識のつぎの対象は、絶対的精神に属する、芸術、宗教、学問(哲学)へと移ってゆくのである。

解説（下巻）

佐藤康邦
山田忠彰

第三部 人倫

ヘーゲルは、人倫の部をはじめるにあたって、「人倫は、自由の理念であり、生ける善として存在する」（**一四二**）と語っている。『法の哲学』の本来の主題である「自由」が、その真実のあり方を獲得するのがこの人倫の場であるということである。ということは、自由が、抽象法の孤立した人格による所有の自由の段階、また道徳の内面の自由の段階という限定されたあり方を越えて、完成されたもの、現実化されたものとなったということ、ヘーゲルの表現では、「概念と定在の統一」されたものとなったということを意味する。善は、もはや、単に抽象的なもの、あるいは現実に対立する当為ではなく、諸個人の生きた活動を通じて目にみえるものとなっており、諸個人の方も、家族、市民社会、国家という人倫的共同体を自分の活動の境位《エレメント》とし、かつそれをわきまえている段階に達しているということである。

この人倫という概念こそが、ヘーゲル『法の哲学』全体にとっての主要概念でもあることはいうまでもない。これをもって、ヘーゲルは、社会契約説の国家論とも、またカント倫理学とも異なる独自の国家論、独自の倫理学を打ちだしえているのである。それは、国家という全体を、その最小単位である個人と個人の契約に遡って説明しようとする契約説の原子論的方法とは異なって、人間を、家族の血縁関係、市民社会の経済関係、また国家体制を形成する官僚機構や議会制度のなかに、さらには国家という全体のなかに現実に生活している存在として把握しようとするものである。人倫という概念のもとでの自由とは、何の制約も条件も考慮しないで意志決定し活動する個人の自由を意味しているのではない。さまざまなレヴェルで構成される集団、組織、制度に帰属し、そのなかで、それぞれの役割を果たすようにもとめられた個人にとっての自由が想定されているのである。したがって、ここでは、さまざまな社会的組織や集団やシステムの機能原理が学問的研究の対象となる。『法の哲学』という本の表題通り、法(法律)および司法についての内在的な考察がなされていることも事実であるが、まさしくそれと並んで重要なことは、これらの考察を越えて、社会的組織や集団およびシステムの形成や機能に関する深い洞察を示す理論が展開されていることである。市民社会の理論として経済学理論が導入されていることもそのひとつである。また、個人の倫理的徳目として、「第二の自然」と化した伝統的習俗にしたがう志操や、職業上の誠実さや、国家の成員としての愛国心が着目されているのもそのまたひとつである。少なくとも、社会から逸脱した「例外者」や、コスモポリタンの見解がそれら以上のものと評価されることはない。だから、文明化された生活を嫌い、子どもを社会から切りはなして、田舎で育てることを理想としたルソーの考え方など批判の対象でしかなかったわけである。

このことからすれば、ヘーゲルの人倫は、自由とは反対の、個人を抑圧する類いのものであるかのような観を呈するかもしれない。事実、そのようなかたちのヘーゲル批判は繰り返しなされてきた。しかし、ヘーゲルは、あくまでも、彼の人倫の理論を自由の名のもとに展開することをやめない。では、その根拠となるものはということになると、それは、近代国家、近代社会を有機体論的に把握することを彼が自分の方法としたということに尽きるであろう。特殊性という契機が全体の統合を危うくするのではなく、逆にそれをよりよく実現するという構想がそれである。また、それは、『論理学』のような、ヘーゲルの体系の中心を占める作品において追求された論理でもあった。このことをみれば、ヘーゲルを自由の敵とみなすようなことがいかに不当なことであるかがあきらかとなるであろう。法的に個人の自立や自由な選択が承認されていながら、その実きわめて高度に個人が社会的に組織化されているということ、この高度に組織化されたシステムなしには、個人は片時も生きてゆけないということ、これは、いま現在の私たちの現実にほかならないのであるから。このような前提を無視して、今日、自由について語ることは、単なる空理空論、偽善の類いにおわるしかないであろう。

さて、人倫の叙述においても、ヘーゲルは、直接的なものから媒介されたものへという彼の体系構想の原則にしたがって、家族、市民社会、国家の順で論を展開している。

第一章　家　族

ヘーゲルは、家族を、直接的で、自然的な人倫的一体性と定義している。それは、「精神の感じられている統一」(**一五八**)すなわち「愛」をみずからの規定とするところに示されているという。家族における志操は、個人が自分を独立の人格としてことさら意識することなく、逆に家族全体の統一に溶け込んでいるという意識において育まれるのである。愛とは、私と他者との統一の意識であり、愛においては、私は、自分を捨てて、むしろ他者と一体となることのうちに自分についての自覚を獲得する。そして、男女の性愛がその愛のはじめのところにあるというのである。

A　婚　姻

家族の出発点にある婚姻は、人類を存続させる自然的生命活動の過程に属するという一面をもつが、しかし同時に、単なる自然の段階にとどまるのではなく、自然衝動によって結ばれた両性の性愛関係を「精神的で、自己意識的な愛」(一六一)へと転化させるという側面ももつといわれる。カントは、婚姻を、両性による生殖器および性的能力の相互使用に関する契約であると定義したが、ヘーゲルは、結婚をそのように契約にもとづかせる考え方を厳しく拒否している。あくまでも婚姻は、愛にもとづく関係なのだというのである。しかし、また同時に、同時代のロマン主義者(たとえばフリードリヒ・フォン・シュレーゲル)が高唱したような、婚姻の儀式に価値を認めない自由恋愛至上主義をも批判する。婚姻は「法的に人倫的な愛」なのであり、公的な場(教会とはかぎらない)での、ことばによる婚姻の宣言に依らなければならないというのである。

ここでの、ヘーゲルの結婚観、またそれにもとづく家族観が、近代的な核家族をモデルとして想定されたものであることはあきらかである。婚姻関係は、両性が自分の人格の独立を捨て、別の新たな「一人格」を形成するものであるから、一夫一婦制でなければならないという。近親婚も認められていない。このような婚姻によって形成された家族は家産制的な血縁共同体に従属することなく、独立性を保障されている。さらに、恋愛結婚より見合い結婚の方が推奨されているとはいえ、愛情に媒介されることなく、家の都合で決められるような婚姻は残酷であるとして批判されている。また、この婚姻関係は、即自的には、すなわち原則的には解消できないものであるとされながらも、主観的な感情の契機に媒介された関係であるという理由で、しかるべき人倫的手つづきのもとでの離婚も認められるとしている。この家族は、両親の死によって、あるいは、子どもが成人となることによって、また婚姻によってそれまでとは別の新しい家族が形成されることによって解体するまで存続する。

このように、ヘーゲルは近代的核家族をモデルにしているにもかかわらず(あるいはヘーゲルの場合、それゆえにというべきか)、家族内での男女両性の自然的相違にもとづく心情の相違を、またそれにもとづく役割分化の必然性を説く。男性は、家庭外で国家、社会の用に尽くすべきであり、女性は、家庭内のことに専心すべきである。また女性は哲学のような学問に向いていない等々。彼は、この男性的原理と女性的原理との相違をあきらかにするために、古代ギリシアのアンティゴネーの神話にまで遡る。そして、葬礼に対する女性の役割の重要さをはじめとした家族共同体内での女性の宗教的役割の重要さを指摘するのである。このような考察に対する評価にはさまざまありえようが、忘れてはならないことは、性や死というような人間のなかの自然、人為によってはいかんともなしえない自然に対して、婚姻や葬式の儀式をおこなうことをもって、それに人間的な意味をあたえ、それを通じて人倫関係の紐帯とするような人間の文化の特質にヘーゲルが着目し、それを『法の哲学』の支柱のひとつにしていることである。それは、啓蒙的近代の知性の立場からみれば、前近代的陋習《ろうしゅう》の類いのものとして切り捨てられかねないものであるのだが、あえて、ヘーゲルはそれを掬い取ろうとする、しかも彼が最終的には近代の立場にたっているにもかかわらず、そうしようとするところに独特の意義があるといえるであろう。

B　家族の資産

家族の存続のためには、資産という定在が必要である。それは、家族の全員が共同に所有し、共同に使用するものである。その場合、普通、父親には最終的な裁量権が託されているものであるが、しかし、他方、家族全員による資産の共有、共同使用の原理も存在しつづける。そこで、両者の原理が衝突することも起こりうるという状況にある。

C　子どもの教育と家族の解体／家族の市民社会への移行

資産は、結婚の統一が外的物件のうちにおき入れられたものと考えることができるのに対して、子どもは、その統一が精神的なものにおき入れられているものと考えることができる。夫婦は、子どもにおいて自分たちの合一を眼前にみることになる。そこで、親子のあいだの愛にも差があるという興味深いことが語られる。親は、衰えてゆくものとして、自分から独立してゆく子どもの姿をみることによる感動を経験する。それに反して、子どもは、自分の出現のもとである親が衰えてゆくのをみながら、親を越えて自立へと向かおうとしていることに感動する。したがって、親の子どもに対する愛は、いつも子どもの親に対する愛を上回るというのである。

またこの子どもは、さしあたりは親の庇護のもとにあっても、即自的には自由な存在なのだから、奴隷状態におくことなど許されないし、また、子どもに労働を要求する場合にも、教育の目的があってのことだとされる。教育を、ヘーゲルは、基本的には、人間があるべき姿を子どもが自分で獲得することだとしている。教育過程にみられる子どもの服従は、あくまでも、子どもに、普遍的なものを意識して、大人になりたいという憧憬を目覚めさせ、自然的なものへの囚われから解き放つためであるとされる。そこで、子どもっぽさそれ自体を価値あるものとみなして、いつまでも子どもを未熟な状態においておくような教育観が厳しく批判されるのである。

子どもの成長により子どもが親の家から独立することや親の死などによって、家族は解体し、別の新しい、しばしば複数の家族が形成される。そのさい、家族の資産の相続が問題となる。遺産相続に関しては、ヘーゲルは、遺産は、男子、女子を問わず、子どもたちに平等に分配されるべきであるとしている。したがって、ローマ法に遡ることができる、遺言による相続人の決定に関しては、これをむしろ非人倫的であるとみなしている。とはいえ、議会の上院の議員をだす土地貴族に関しては、長子相続が義務づけられるとしているので、遺産の平等な分配はおこなわれないことになる。

ともあれ、家族の解体は、愛や信頼のうちで子どもが生を送ることをもとめながら、しかし、自立性を獲得し、家族的一体化から抜けでることをもとめるという子どもの教育における矛盾によって生じる。この家族の解体および多数の家族への分裂を介して、特殊的、具体的人格としての個人が原理となる市民社会へと、つぎに視圏が拡げられることになる。

第二章　市民社会

ヘーゲルは、市民社会を、家族と国家とのあいだに登場してくる「差異性」(Differenz)

の段階と位置づけている。家族においては、人倫的理念を構成する特殊性の契機と普遍性の契機は、第三のものによって媒介されることなく直接的に結びついていた。個人の特殊的欲求、愛着、恣意は、即座に家族全体によって配慮されるものとなっていた。それに対して、のちにくる国家においては、特殊性の契機と普遍性の契機とは、有機的に分節化された体制のなかで、媒介されて統合されるにいたる。これら二つのものに対して、市民社会においては、特殊性の契機と普遍性の契機は、和解をえることなく差異を示したまま結びつけられている。それが、「差異性」ということの意味するところである。また、この市民社会が家族と国家とのあいだに位置するのは、市民社会は近代になって登場したものであるから、歴史的な順序からすれば、国家の成立を前提にしているものであるはずなのだが、『法の哲学』の体系的な叙述を特徴づける「概念の展開」という観点のしからしめるところであって、家族という直接的同一性のうちにある人倫的関係と、国家という媒介された同一性のうちにある人倫的関係とのあいだにおかれるということなのである。

しかし、それにしても、人倫を論ずるにあたって、ヘーゲルが国家と(市民)社会とを区別したことの意義は大きい。古代ギリシアの場合ならば、たとえば、ペリクレスの演説(トゥキュディデス『戦史』)にある通り、またアリストテレスの書名(『政治学』と

『家政学』）から推測される通り、家（オイコス）と国家（ポリス）の対抗関係がまずもってポリスにとっての要となるものであって、その中間にあるものについて語られることはまずなかった。そのことは、社会契約説にもとづく近代の国家論でもなお継承されていた。たとえば、ホッブズの社会契約説においては、個人と国家との二項対立関係がまず前面に登場して、そのうえで、自然状態の個人のあり方にもとづいて国家がいかに基礎づけられるのかという問題設定がなされたのであって、個人のレヴェルを越えたところに、国家とは別次元にあるものとして市民社会が設定されることなどなかった。それは、アダム・スミス等の、国家権力の規制をはずれたところで自立的に形成されるマーケット・メカニズムの理論を通じて、まずは取りだされたものにほかならない。そして、ヘーゲルは、この経済学の理論を手がかりにして、彼の市民社会の概念を形成していったのである。ただしその場合でも、ヘーゲルが、スミスのように、市場に神の「みえざる手」をみいだし、国家の介入を極力制限すればよいとする自由放任主義《レッセフェール》の立場に簡単にたつのではなく、経済社会の自律した法則を認めつつも、国家の倫理的により崇高な役割を認める立場にたってもいたために、事態は複雑なものになったのであり、ヘーゲルの真意をめぐって多くの論争がおこなわれることにもなったのである。

　この「差異性」ということばによって規定された市民社会は、つぎのような二面性をもっている(一八二)。すなわち、市民社会は、一方では、具体的人格としての個人の特殊性、特殊的欲求、恣意的活動が、またそれらと絡み合った自然的必然性が支配する場所である。しかし他方では、それらも、普遍性の契機によって媒介されているといわれる。つまり、個人の特殊的欲求に根ざす利己的目的でも、それが実現されるためには他者との全面的な依存関係に入らなくてはならず、分業化されたシステムに属さなければならない。そのことが普遍性の契機であるといわれるのであるが、それは、さしあたっては個人にとっては強制として現れてくるしかない。したがって、市民社会は、外面的国家、必要国家、悟性国家ともよばれ、そこでは人倫が喪失していると説かれるのである。では、市民社会の動的展開はどのように考察されているのであろうか。この市民社会は、A 欲求の体系《システム》、B 司法、C 行政と職業団体、の三段階に分けられる。

A 欲求の体系

すでにみた、特殊的欲求が跋扈する状態に対して、ヘーゲルは、欲求の体系という名をあたえている。ここにおいては、私利私欲が支配し、諸個人の特殊的欲求は量的にとめどもなく拡大するだけではなく、多様化し、直接的な生理的欲求から観念的欲求へと質的な変化を遂げる。また、それを充足しようとする活動は熾烈な競争を生みだし、生産形態は手工業から機械化された工場でのものへと変貌する。諸個人は、ただ自分の才覚と努力と決断を頼りにそこで生き抜いてゆくしかない。それにともない、貧富の差は拡大し、富が社会の一部へ集中するとともに、貧困が増大する。機械による生産形態の導入にともなって、労働自身の価値の低下も引き起こされる。社会全体をみれば、過剰な浪費がおこなわれる反面、最低限度の生活の維持もできない浮浪者(Pöbel)が出現するにいたる。

まさにそれは、放埒、退廃の名にふさわしい状態とみなされようが、しかし、決して、単なる混沌の状態ではない。欲求の体系というように、あえて体系というのには、それなりのわけがあるのであって、ここにも、依然として秩序あるいは普遍性の契機といえるものが存在するのである。分業化されて機能している世界においては、個人個人にはまったくの無秩序としかみえない現象のうちにも、厳然とした法則が貫いているのである。しかし、それは当事者には隠されているのであるから、「仮象としての現れ」(Scheinen)(**一八九**)という現れ方をするほかない。そこで、その普遍性は、理性的性格のものでありながらも、「悟性」であるというような微妙ないわれ方をすることにもなる。それを探求するのが、経済学——ヘーゲルの表現では「国民経済学」——である。

ヘーゲルによる、スミスをはじめとした国民経済学者への評価はきわめて高いが、それは、彼らの理論が社会の集合的な現象、しかも当事者にはみえていない現象を学問的な形態をもって捉えることによって、そこに、ヘーゲルの方法の根幹に触れるものがあったがゆえであると考えられよう。そしてこの、仮象としての普遍性は、この欲求の体系としての市民社会に和解をもたらす役割を担っているとされている。スミスの「みえざる手」の機能もまた想定されていることになる。

では、ヘーゲルは、このような欲求の体系に対してどのような立場をとっているのだろうか。批判の厳しさはあきらかであり、のちのマルクスによる資本主義への批判を先取りするものがあるといえるほどである。しかしまた、それは、決して全面的な市民社会の否定にまでおよぶものではないということも忘れてはならないだろう。市場原理を撤廃しなければならないといった言説が彼の口からでることはない。資産について論述されているところでは、資産が、市民社会では、すでに単なる個人資産として死蔵されるものではなく、社会的意味をもつものとなっているとしたうえで、その分配に関しては、格差のあることを当然視している。それも個人の自立的な活動が容認されていることの代償であって、それを無視して平等の要求をするのは「空虚な悟性」(二〇〇)のなせるわざにすぎないと解している。そのうえで、近代的な個人の自由も、文化も学問も市民社会でしかつくられなかったものであることに注意を促している。さらに諸個人の特殊的欲求の関係（絡まり合い）である市場原理そのものが、その個人自身を陶冶する（bilden）（一八七）機能を果たすこと、さらに市場そのものが、幾世代にもおよぶ陶冶の成果であることを認めている。そこで、古代のプラトンの描いた国家と近代の市民社会のあり方を対比させる。ヘーゲルは、近代世界がもちえ、古代世界がもちえなかったものは、「理性の対立」を、「ぎりぎりの強度にまで分裂させるとともに、この対立を圧倒してしまい、したがってこの対立のなかでみずからを保持し、みずからのなかでこの対立を結び合わせる」能力、まさにその、特殊性と普遍性を最大限の緊張のうちに統合することができる「無限な力」（一八五）であるとみているのである。

このように、市民社会に対するマルクス的洞察にもかかわらず、まったく非マルクス的結論がだされているのであるが、その主張の根拠となるものは何であろうか。するとそこに、この市民社会が有機的に分節化された組織であるという洞察が、答えとして登場してくるのである。その一例が、市民社会の成員が三つの職業身分に、すなわち実体的身分（農業）、産業身分（商工業）、普遍的身分（官僚）に分化していることである。これらの職業身分は、それぞれ、自然的、社会的条件にしたがって機能を異にするものになっているが、そのことによって、有機体がそうであるように、よく全体の統合を実現するものとなっているのである。しかし、また、個人がどの職業身分に属するかは、完全に個人の選択意志にまかされている。個人が、一人前の人間とみなされるのは、何ものにも囚われない自由人であることを主張することによるのではなく、一職業に従事する職業人であることによってなのだというのがヘーゲルの考え方である。そのようなものとして、市民社会の成員は、古代の奴隷とは異なって、職業上の誇りをもっているのであり、これこそ、市民社会を支える志操となっているものなのである。

B　司　法

さて、この欲求の体系も、その根底には、即自的かつ対自的な法の存在をみずからの存立の前提として潜ませている。所有が所有権として法的に確保されていなければならないということなどが、その例となるであろう。それは、すでに第一部抽象法に登場した問題であるが、市民社会こそ、この所有権を前提としてなりたつものであるし、またこの所有権をはじめとした契約その他の諸法を実効性あるものとして制定し、運用させる場であるという理由で、ここで改めて取り上げられるのである。

まず、この場面では、そもそも法というもの、すなわち即自的な法というものが何であるか、また制定された法である法律はそれとどのような関係にあるのかが検討される。

即自的には、法は、時空の別を越えて普遍妥当するものでなければならない。この法のまえでは、何びとといえども、公平に扱われなくてはならない。抽象法で示された法は、その原則にしたがったものである。しかし、他方で、法は実定法としてあり、法律として制定されたものでなければならない。となれば、時空の別によって影響されるという側面を抱えていることになる。この法の抱える両側面において差異があってはならないはずであるが、実際には、法律制定時の偶然的事情によって、必ずしもその原則が貫かれるわけではない。そこには深刻なディレンマがあるはずなのだが、このことに対して、ヘーゲルは、最終的な解決法を提示することはなく、ただその問題の所在をあきらかにする態度に終始している。それは、彼による司法の記述の多くの場面にみることができるものでもある。

つぎに、裁判について論じられる。ここでは、この裁判を成立させるものが、人間の知性と意志であるという原則が貫かれている。法律や裁判の審理手つづきが周知されていることの必要性の指摘、自白という契機の重要さの指摘、陪審員制度に対する支持等にそれをみることができる。

司法に関して、ヘーゲルが必ずしも専門家として精通しているとはいえないであろう。しかし、彼が発するアマチュア的な素朴な疑問や発想がそのまま法そのものへの哲学的深みをもった考察を引きだしているということが興味深いところであるといえよう。

C　行政と職業団体

個人にとっては、彼の所有権およびもろもろの法的権利が侵害されずに確保されるということが必要不可欠なことであるのと同様に、彼の特殊的な生計が維持され、利福をえることもまた必要不可欠なことである。前者は、司法によって達成される。後者は、欲求の体系によって充足されるべきものであるが、それはあくまでも可能性にとどまっている。競争原理が支配する社会のなかでは、逆にそれが不可能になる可能性も少なくはない。そこで、個人の生計と特殊的利福の確保とを権利にまで高め、実現することが必要となる。それをおこなうのが、行政(Polizei)と職業団体(Korporation)である。

行政によってなされる仕事には、橋梁の建設、衛生事業、義務教育の施行のような公益事業が挙げられるが、何よりも重要なことは、経済への公的な介入である。今日の公正取引委員会のような市場における不正を監視する仕事、また雇用拡大のための公共事業のような、経済関係の国家官庁および地方公共団体によってなされる経済活動への行政介入、さらに救貧活動、植民活動がそれに含まれている。そのさい忘れてはならないことは、この行政の活動が官と民とのあいだでの活動領分をめぐるせめぎ合いの微妙な接点でおこなわれるものであることが、ヘーゲルによって正しく洞察されていること、さらに、この活動が市場原理を抑圧するような役割をあたえられているのではなく、市場原理にまかせていても結局は達成される結果を、時間を早めて実現する役割を果たすことに限定されていることである。また、救貧活動についても、それがただの御恵みにおわれば、それは、ひとは自立して自分の生計をたてなくてはならないという市民社会の原則と矛盾するおそれがある一方で、それを不要にするために雇用を増やす事業を起こせば生産過剰を招くおそれがあるというように、根本的なディレンマを抱えているという指摘がおこなわれていることである。そこで、この国内市場の矛盾は国内市場の内部においてだけでは解決されず、植民活動によるような、海外市場への進出に解決の道をみいださなくてはならないという打開策が示されている。国内市場の矛盾を解決する場を海外市場にみいださざるをえないということは、(低コストの労働力の確保の問題ともども、貿易のあり方にも関わる)その形態をめぐって、今日なお深刻な問題でありつづけているのである。

一方、職業団体としては、個人の生計と利福への配慮をおこなう何らかの組織が想定されている。それは、なかばは、市民社会に根ざした組織であるが、なかばは、公的な監督下にある組織として描かれている。そのようなものとして、この団体には、ヘーゲルによって、市民社会に人倫性を回復させる「第二の家族」の役割があたえられている。しかし、その実態となると、不確定性を免れていない。

職業団体ということばがすぐに思い起こさせる前近代的ギルドは、ヘーゲル自身が強く批判する対象でしかない。かといって、市場原則の否定がなされていない以上、共産主義的組織を想定することなどは、むろん、不可能である。そこで、各種の社会保障制度を担う組織、また各種の同業者組合などが考えられるが、資本主義体制のもとで、一部は公共的役割までも負担するにいたっている民間企業もそこに含めて考えるべきであろう。いずれにせよ、ここで考えられている職業団体を、ヘーゲルの時代のドイツにも存在していた、未熟な資本主義段階の経済に対応したものであるがゆえにどうしても閉鎖的性格を脱しきれていなかった職業団体と同一視することは、かえって、ヘーゲルの意図の矮小化につながりかねない。したがって、ここには、市場原理そのものを否定しはしないという条件のもとで、市民社会における個人間の剝きだしの競争原理の支配に対抗して形成される組織一般が想定されているのであり、その内容は、歴史的現実としては、今日にいたるまで、官民にわたるいくつかの組織や団体によって担われていたものだというあたりが穏当な解釈であろう。

ところで、銘記しておかなければならないことは、市民社会論でヘーゲルがみせている姿勢は、広く市民社会が抱える問題点に関して、その解決策を軽々に説くのではなく、市民社会がそのあいだで揺さぶられつづけざるをえない対立の両極をあきらかにするにとどまっているということであり、それゆえにまた、彼の見解が、今日なお現実感のあるものとなりえているということである。

第三章　国　家

国家についての論述をはじめるにあたり、ヘーゲルは、国家を「人倫的理念の現実性」(二五七)とよび、かつ、この国家はその「現実性」を特殊的自己意識においてもっているという。何はともあれ、国家が人倫の最高段階に位置するものであって、それを越える倫理的基準は存在しない。それは、国民が、必ずそこに従属しなければならない権威あるいは権力なのであるが、しかし同時に、そこにおいて、国民がみずからの存在の可能性を獲得するための基盤を提供しているものでもある。この国家は、個人を超越するものという位置づけがなされる一方で、その実体的性格は、個人の特殊的活動においてはじめて顕在化するという捉え方がなされているのである。

ここに、ヘーゲルが国家主義者であるのか、リベラリストであるのか、の評価の分岐点がある。たしかに、ヘーゲルが、国家を論ずるにあたって無前提に個人の自由意志を出発点とはしないということに関しては、一般に近代的と考えられている英米型のリベラリズムとは一線を画する立場にたっているといわれることにもなるであろう。しかし、ヘーゲル自身は、国家は自由を真の姿で実現するものであるといいつづけているのであ る。この難問に答えるためにも、近代国家について改めて振り返ってみる必要があるであろう。

近代国家の現実が、個人の自由な意志を無邪気に出発点とするようなものではないということは一般的にもよく知られていることであろう。個人は、つねに高度に組織化された体制のなかに存在しているのである。翻《ひるがえ》って、国家を越える人倫的秩序に関してはどうであろう。今日グローバル化が語られ、国民国家が時代遅れのものとなってしまったということが声高に語られるのも稀ではない。たしかに、時代の変貌は著しく、二度の世界大戦を含めて、国民国家に暗い歴史がまつわりついていることも否定できない。しかし、その今日においてさえ、基本的には、国家間の係争に関しては、国家を超越する機関なり権力なりによって調整される態勢にはなっていないことは、国際連合の機関によっては何の解決もあたえられなかった地域紛争が決してひとつではなかったという事実があかしているところである。国際連合の存在にもかかわらず、あるいは国際連合の存在ゆえにかえって、現在の世界が、ヘーゲルが国家間の関係は自然状態にあり、それぞれの国家はその自然状態のなかで相互にその独立を承認し合っているだけだとみたあり様を越えていないというのが、誰もが納得のゆく見解であろう。国民国家の死について気楽に語りうるということ自体、実は、長期間にわたる国民国家をめぐる試行錯誤の歴史を経て、それの恩恵を享受できるにいたっている先進国の安定した社会状態の特権のうえで可能であるというべきであろう。

ところで、この国民国家ということばは、その語源のドイツ語に遡ってみればフォルクスシュタート(Volksstaat, 民治国)ということばになる。これは、オーブリヒカイツシュタート(Obrigkeitsstaat, 官治国)の反対語である。ヘーゲルの国家観は国民国家の立場にたつものに相違ないが、しかしそれは、国民国家に後者のような意味を読みとったうえでのものということになるであろう。

この国家については、A 国内法、B 国際法、C 世界史、の三項にわたって論じられている。

A　国内法

この国内法の部分は、主権国家としての国内体制を扱うⅠと、対外主権を扱うⅡに区別されている。またこのIが、a 君主権、b 統治権、c 立法権に分かれている。このようにして、包括的に国家について論じられているのであるが、繰り返し語られていることは、国家が自由を実現するものであるということと、そのために有機的組織体をなしているということである。それは、国内については、分節化された組織が構成され、それぞれの分肢が自立するとともに相互に支え合う形態をとるにいたっていることであきらかにされ、対外的には、排他的一者として存在することで示されるのである。

ヘーゲルは、国家と市民社会の相違について論じるにあたり、市民社会には、国家の果たす、真の普遍を支える力がないことを挙げる。そこで、もっぱら私的利益に関わる、その意味で市民社会に対応するものでしかない契約という概念によって国家の成立を説明する社会契約説への厳しい批判がなされることになる。そうなると、ヘーゲルのいい回しはともかくとして、市民社会を国家の下位に位置づけるにすぎないということになり、それでは、やはり、国家主義的見解とも受け取られかねないことになる。しかし、それだけではないはずである。国家と市民社会の分離の把握は、国家が市民社会を越えているというだけではなく、市民社会が国家から、相対的にではあっても、自立しているという側面の把握もともなっているはずだからである。近代国家においては、プラトンの国家におけるのとは異なって、国家が個人の職業選択に干渉することはなく、個人のその他の生活一般に干渉もせず、市場原理を抑圧するようなこともしない。さらに、国家の客観的必然性から構成された制度が、つねに、個人の恣意を媒介として、したがって、何がしかの偶然性を含むものとして機能するように配慮されていることが、ヘーゲルによって考えられていることもつけ加えなければならない。

そうであればこそ、近代国家の原理としてヘーゲルによって強調されるものが、主観性の原理に、それが「人格的特殊性の自立的極」にまで完成することを許しながら、それを「実体的統一」へと連れ戻し、主観性をその統一のうちに保持するという「驚嘆すべき強さと深さ」(二六〇)、であるのも不思議ではない。ヘーゲルにとって、国家の有機的組織とは、このことを実現する意味をもつものであった。ともすれば、国家有機体ということばが喚起する、ロマン主義的な前近代的共同体幻想などは、抑圧的な全体主義国家観と同様に、ヘーゲルとは無縁のものであるといわなくてはならないであろう。国家は、あくまでも合理化されて、明文化された法関係にもとづかなければならないとされたうえで、これもまた近代の体制である資本主義と官僚機構を、みずからを支える二本の柱として具えたものとされている。しかし、また、有機体とあえて語られうる根拠もなくはない。すなわち、啓蒙的悟性の原則を越える側面もまた存在するからである。

機能的に異なった分肢の結合体として国家の全体が構想されていることのほかにも、個人を国家に結びつけるさまざまな絆が、純然たる法関係以外に多元的に探求されている。志操というような、心情のレヴェルでの絆の探求がおこなわれているところにもそれをうかがうことができるであろう。家族における愛が家族を支える原理として取り上げられることはもとより、市民社会における職業身分上の独特の心情や志操、職務遂行上の誠実さ、職業団体の成員であるという誇りが、市民社会の秩序を支える主観的原理として採用されており、また国家においては、愛国心が強調されている。ただし、その愛国心は、非常時での愛国心というようなファナティックな類いのものではなく、日常の往来の安全を信じきって生きているといったレヴェルの心の習慣をさしている。

このように、国家が有機的に構成され、しかるべき志操、心情によって円滑に機能すると捉えられることは、宗教との関係にも反響することになる。国家の目的と有機的組織について論じた節（二七〇）の、難解かつ長大な注解で触れられた国家と宗教との関係についてのヘーゲルの見解は、国家はもはや宗教による支えを必要としないということ、すなわち政教分離の宣言にほかならない。

ところで、この国家については、君主権、統治権、立法権という、ヘーゲル流に改変された三権を通じて検討が加えられている。その三権も、それぞれ自立した権力などではなく、国家を構成する三つの契機と解するべきだというのであるが、それぞれ別個に論じられてもいるのである。

a　君主権

ヘーゲルは、君主が不可欠であることをつぎのように説明している。国家が主権をもつということは、一個の有機的結合体として「人格性」をもっていることを意味する。そして、この国家の人格性こそが、一個の人格をみずからの頂点に据えることをもとめる。それが君主だというのである。これが、ヘーゲルによって、立憲君主政体における君主とみなされているものであって、ほとんど象徴的機能しか果たさない君主の姿であるといってよいであろう。そこで、君主は、議会での審議等を経て国家が重要な決断を下すときに、その内容に署名することによって「われ意志する」というような形態をあたえる役割を演ずるだけであって、それ以上の存在ではないといわれる。このようなものとして、君主は、分節化された有機体の統一を可能とする支点の位置にあることとなり、それによって、実は、個人の自由の方もまた保障されることになる。このような象徴としての役割は、王位継承が世襲によってなされる方がよく果たされる。君主権が市民社会の直接的利害関係に巻き込まれずに済むからというのである。だから、分節化された有機体としての国家が形成されているか否かの問題に比べれば、政治体制が君主制か共和制かなどということは二の次の問題でしかなくなってしまうともいえる——ヘーゲル自身は、立憲君主制の支持者であったが——というのがヘーゲルの真意でもあったであろう。

さらに、この君主権には最高審議〔輔弼〕職が直属し、具体的国事を君主に伝達する役目を果たすとともに、君主による決定にさいしての法律的、客観的側面の細目の規定に関わる。そこで、君主の決定の実質的責任は、君主自身ではなく、この最高審議〔輔弼〕職が負うことになる。

b 統治権

君主権のもとで決定されたことを、実行し、適用する職務に携わるのが統治権であり、司法権および行政権がここに含まれるとされている。これは、市民社会の私的利益の要求に対応するものである一方で、より高次の国家的利益の観点にたってそれらに配慮し、それらを監督する使命ももっている。そのようなものとして、統治の職務は、分業化されているとともに、上級のものから下級のものへと階層をなす組織、すなわち官僚体制を通じて遂行される。ここでの、ヘーゲルの記述は、近代の官僚体制のあり方を、簡略ではあるが周到に描きだすものとなっている。すなわち、その職務が法規にしたがった客観性を要求されるものであること、この職務を果たす官僚(普遍的身分)は、能力に関する審査によってのみ役職に就く資格をえることができ、生計は国家によって保障されること、そこで要求される能力は、文官的能力であること、国家と被治者は、強力な権限をふるうこともできる官庁と官僚の職権の濫用に対しては、階層秩序と責任体制によって保護されていること等々が、簡便に触れられている。

c　立法権

ヘーゲルは、立法権を、法律の制定および国内の個々の要件(たとえば税の徴収)に関わるものと規定して、国内体制(Verfassung, 憲法とも訳すことができる)そのものとは区別している。立法権は国内体制の一部であり、それを前提としてなりたつというように従属的な位置におかれている(国内体制の方も立法権の活動を通して発展するという側面は認められているとしても)。この立法権には、最高決定をする機関としての君主的契機と、国家の具体的、特殊的要件に関わるという統治的契機も属しているが、議会的要素こそ、その本来の契機であることはいうまでもない。

議会においては、普遍的要件が、多くの議員の主観性がぶつかり合う審議を経て、多数決によって決定される。そのことによって、普遍的な要件が対自的なものとなる。そこに、ヘーゲルは、この議会の、統治機関と一般国民とを媒介する役割、また君主権と国民とを媒介する役割をみいだしている。したがって、議会が、国民の個人的、私的意見を汲み上げるというそれなりに重要な役割を担っていることを認めてはいるが、しかし、普遍性を体現する法律の制定をおこなう立法府という名にふさわしい役割を演じているかというと、必ずしもそうはなっていないとみるべきであろう。少なくとも、ヘーゲルが、普通選挙によって選出された議員からなる議会が国民の声を忠実に代弁しているとみなすような議会制民主主義の立場、あるいはこれを讃美する立場にたってはいないことはたしかである。極端にいえば、議会は、国家の統治の補助機関の位置づけがなされているともみなされよう。

それに対応するように、彼によって描かれる議会は、上院下院の両院に分けられており、上院は、その議席を世襲の特権をあたえられた土地貴族（実体的身分の上層部）によって占められており、下院は、市民社会に向かって開かれてはいるというものの、議員は普通選挙によって選出されるようにはなっていない。いわば「烏合の衆」から選出されるというのではなしに、（地域）共同体なり職業団体から選出されてくるようになっているのである。

ただ、そのさい、ヘーゲルは、この議会での審議を通じて、国民が国家的要件について知識をえることに関しては高い評価をあたえている。また、そこから形成される世論というものに真理と誤謬が混在していることを認めつつも、言論の自由に関しては保障する立場を堅持している。それは、ひとつには、そのことによって主観性の権利が守られなければならないという理由から、ほかには、どんな過激で無責任な主張も、国内体制が理性的な性格を保持し、統治が安定し、議会でまともな審議がなされ、情報が公開されていれば、一般国民の無関心と軽蔑に合うだけであるという理由からである。

以上、国家についてのヘーゲルの記述には、彼の時代の事情、とくにプロイセンの事情を映しだしている面があることは否定できない。たとえば、議会に従属的な役割しかあたえられていないところに、それが示されているともいえよう。とはいえしかし、現代の議会制民主主義体制下においても、議会が国民の声を忠実に体現するものであるといったことは、一種の神話でしかないのではなかろうか。国家の主な職務が、高度に専門化された官僚機構によって担われているというのは、むしろよく機能している近代国家の特徴なのである。とすれば、ヘーゲルの国家論を特徴づけるものは、近代国家の通常なあり方に関する、これまた通常の、しかしつねに高度な哲学的緊張をはらんだ識見であるといえよう。

B 国際法

国家間の関係について、ヘーゲルは、基本的にはこれを自然状態にあるものとみなしている。したがって、国家の独立は、この自然状態のなかでの相互の信頼――相互承認――によって保障されているものでしかないとみられている。そこで、戦争もまた、通常の外交手段の一部をなすという位置づけがなされる。また、文明の進歩にしたがって戦争が悲惨なものでなくなってくるという展望のもとであるが、戦争のもたらす利益、すなわち、国民に自分の私的な欲求の充足を越える使命を自覚させるという利益への言及もなされている。

C 世界史

この国家間の自然状態に対しては、原則的には人倫の立場からの解決はあたえられない。そこで、それをあたえる役割は、世界史に託されることになる。この世界史は、ヘーゲルによって、自由が人間によって自覚化されてゆく過程として捉えられている。その自由の自覚化の過程は、巨視的には、東洋、ギリシア、ローマを経てゲルマンによって担われてきた。その世界史が、最終的審判を歴史に対して下す(「世界法廷としての世界史」（三四〇））のであり、ゲルマン、すなわち、西洋が到達した立憲君主制の国家にこそ、その世界史の終着点がみいだせるというのである。

文庫版あとがき

本訳書は、ヘーゲル全集第九巻(a・b)『法の哲学』(二〇〇〇—〇一年)の改訳文庫版である。全集版の翻訳は、上妻精氏が岩波書店から依頼されて着手するも、氏は一九九七年に長逝され、そこで生前の氏の意向を受けて、佐藤康邦氏と山田が共同作業を通じて完成させたものである。その佐藤氏も二〇一八年に鬼籍に入られ、今回、山田がこの全集版に改めて手を入れ、文庫化の運びとなった。

ヘーゲル自身によって刊行された著作はそれほど多くはないが、そのなかでもこの『法の哲学』においてこそ、ヘーゲルの哲学的手法の真骨頂が表れているといえるであろう。ヘーゲル哲学における「概念」の奥行を読みとること、すなわちそれを立体的に把握することの不可欠性を(「客観的精神」の位置づけを越えて)明示しえているものは、この書を措いてほかにはないのであり、この「概念」(自由)と否定的に統一された「定在」(実現)、「現実性」(法)の社会意味論的考察の精緻さにおいて、この書は群を抜いているのである。むろんそれのみならず、過去の歴史の全重量に耐えつつ、近代国家の基本構造を解明し、具体的自由のひとつの方向性を説いた真に驚くべき国家論として、生死に関わる歴史的事件にいつ遭遇するかわからない人類にとって喫緊でありつつも、永遠の課題といってよい国家に関する考察において、この書は必須の手引きとなるはずなのである。

この仕事を上妻氏より託されてからかなりの時が流れ、また佐藤氏とも見《まみ》えられない寂しさのなかでの作業であったが、この改訳が刊行されることで、いい尽くせないほど多くの学恩をこうむった両先達に多少の恩返しができたことになれば、望外の幸せである。改めてお二人のご冥福をお祈りしたい。三人の共同作業の記憶と追憶に、本書は捧げられる。

末尾になるが、しかし最小にではなく、本書文庫化の編集を担当してくださった岩波書店編集部の小田野耕明氏に心から感謝の意を表したい。

二〇二一年三月

山田忠彦

索　引

数字は該当の節を示す．「序言」中の事項については（　）内にページ数を示した．

ア　行

カ　行

タ　行

ナ　行

マ　行

ヤ　行

ラ　行

法《ほう》の哲学《てつがく》（下）〔全２冊〕 ヘーゲル著
——自然法《しぜんほう》と国家学《こっかがく》の要綱《ようこう》

2021年4月15日 第1刷発行
2022年11月4日 第2刷発行

訳 者 上妻《こうづま》 精《ただし》 佐藤康邦《さとうやすくに》 山田忠彰《やまだただあき》

発行者 坂本政謙

発行所 株式会社 岩波書店
〒101-8002 東京都千代田区一ツ橋2-5-5
案内 03-5210-4000 営業部 03-5210-4111
文庫編集部 03-5210-4051
https://www.iwanami.co.jp/

印刷・理想社 カバー・精興社 製本・中永製本

ISBN 978-4-00-336303-4 Printed in Japan

読書子に寄す

——岩波文庫発刊に際して——

岩波茂雄

真理は万人によって求められることを自ら欲し、芸術は万人によって愛されることを自ら望む。かつては民を愚昧ならしめるために学芸が最も狭き堂宇に閉鎖されたことがあった。今や知識と美とを特権階級の独占より奪い返すことはつねに進取的なる民衆の切実なる要求である。岩波文庫はこの要求に応じそれに励まされて生まれた。それは生命ある不朽の書を少数者の書斎と研究室とより解放して街頭にくまなく立たしめ民衆に伍せしめるであろう。近時大量生産予約出版の流行を見る。その広告宣伝の狂態はしばらくおくも、後代にのこすと誇称する全集がその編集に万全の用意をなしたるか。千古の典籍の翻訳企図に敬虔の態度を欠かざりしか。さらに分売を許さず読者を繫縛して数十冊を強うるがごとき、はたしてその揚言する学芸解放のゆえんなりや。吾人は天下の名士の声に和してこれを推挙するに躊躇するものである。このときにあたって、岩波書店は自己の責務のいよいよ重大なるを思い、従来の方針の徹底を期するため、すでに十数年以前より志して来た計画を慎重審議この際断然実行することにした。吾人は範をかのレクラム文庫にとり、古今東西にわたって文芸・哲学・社会科学・自然科学等種類のいかんを問わず、いやしくも万人の必読すべき真に古典的価値ある書をきわめて簡易なる形式において逐次刊行し、あらゆる人間に須要なる生活向上の資料、生活批判の原理を提供せんと欲する。この文庫は予約出版の方法を排したるがゆえに、読者は自己の欲する時に自己の欲する書物を各個に自由に選択することができる。携帯に便にして価格の低きを最主とするがゆえに、外観を顧みざるも内容に至っては厳選最も力を尽くし、従来の岩波出版物の特色をますます発揮せしめようとする。この計画たるや世間の一時の投機的なるものと異なり、永遠の事業として吾人は微力を傾倒し、あらゆる犠牲を忍んで今後永久に継続発展せしめ、もって文庫の使命を遺憾なく果たさしめることを期する。芸術を愛し知識を求むる士の自ら進んでこの挙に参加し、希望と忠言とを寄せられることは吾人の熱望するところである。その性質上経済的には最も困難多きこの事業にあえて当たらんとする吾人の志を諒として、その達成のため世の読書子とのうるわしき共同を期待する。

昭和二年七月

《哲学・教育・宗教》〔青〕

ソクラテスの弁明・クリトン　プラトン　久保勉訳
ゴルギアス　プラトン　加来彰俊訳
饗宴　プラトン　久保勉訳
テアイテトス　プラトン　田中美知太郎訳
パイドロス　プラトン　藤沢令夫訳
メノン　プラトン　藤沢令夫訳
国家　全二冊　プラトン　藤沢令夫訳
プロタゴラス　—ソフィストたち　プラトン　藤沢令夫訳
パイドン　—魂の不死について　プラトン　岩田靖夫訳
アナバシス　—敵中横断六〇〇〇キロ　クセノポン　松平千秋訳
アリストテレス　ニコマコス倫理学　全二冊　高田三郎訳
アリストテレス　形而上学　全二冊　出隆訳
アリストテレス　弁論術　戸塚七郎訳
アリストテレース詩学・ホラーティウス詩論　松本仁助・岡道男訳
物の本質について　ルクレーティウス　樋口勝彦訳
エピクロス　—教説と手紙　出隆・岩崎允胤訳

生の短さについて　他二篇　セネカ　大西英文訳
怒りについて　他二篇　セネカ　兼利琢也訳
エピクテトス　人生談義　全二冊　國方栄二訳
マルクス・アウレーリウス　自省録　神谷美恵子訳
老年について　キケロー　中務哲郎訳
友情について　キケロー　中務哲郎訳
弁論家について　全二冊　キケロー　大西英文訳
キケロー書簡集　高橋宏幸編
エラスムス＝トマス・モア往復書簡　沓掛良彦・高田康成訳
方法序説　デカルト　谷川多佳子訳
哲学原理　デカルト　桂寿一訳
精神指導の規則　デカルト　野田又夫訳
情念論　デカルト　谷川多佳子訳
パンセ　全三冊　パスカル　塩川徹也訳
知性改善論　スピノザ　畠中尚志訳
スピノザ　エチカ（倫理学）　全二冊　畠中尚志訳
モナドロジー　他二篇　ライプニッツ　谷川多佳子・岡部英男訳

ハイラスとフィロナスの三つの対話　バークリ　戸田剛文訳
市民の国について　全二冊　ヒューム　小松茂夫訳
自然宗教をめぐる対話　ヒューム　犬塚元訳
人間機械論　ド・ラ・メトリ　杉捷夫訳
エミール　全三冊　ルソー　今野一雄訳
ルソー　告白　全三冊　桑原武夫訳
人間不平等起原論　ルソー　本田喜代治・平岡昇訳
ルソー　社会契約論　桑原武夫・前川貞次郎訳
政治経済論　ルソー　河野健二訳
学問芸術論　ルソー　前川貞次郎訳
演劇について　—ダランベールへの手紙　ルソー　今野一雄訳
言語起源論　—旋律と音楽的模倣について　ルソー　増田真訳
ディドロ、ダランベール編　百科全書　—序論および代表項目　桑原武夫訳編
ディドロ　絵画について　佐々木健一訳
道徳形而上学原論　カント　篠田英雄訳
啓蒙とは何か　他四篇　カント　篠田英雄訳
純粋理性批判　全三冊　カント　篠田英雄訳

カント 実践理性批判　波多野精一・宮本和吉・篠田英雄訳
判断力批判 全二冊　カント 篠田英雄訳
永遠平和のために　カント 宇都宮芳明訳
プロレゴメナ　カント 篠田英雄訳
学者の使命・学者の本質　フィヒテ 宮崎洋三訳
シュライエルマッハー 独白　木場深定訳
哲学史序論 —哲学と哲学史　ヘーゲル 武市健人訳
ヘーゲル 政治論文集 全二冊　金子武蔵訳
歴史哲学講義 全二冊　ヘーゲル 長谷川宏訳
法の哲学 —自然法と国家学の要綱　ヘーゲル 上妻精・佐藤康邦・山田忠彰訳
自殺について 他四篇　ショウペンハウエル 斎藤信治訳
読書について 他二篇　ショウペンハウエル 斎藤忍随訳
知性について 他四篇　ショーペンハウエル 細谷貞雄訳
将来の哲学の根本命題 他二篇　フォイエルバッハ 松村一人・和田楽訳
不安の概念　キェルケゴール 斎藤信治訳
死に至る病　キェルケゴール 斎藤信治訳
体験と創作 全二冊　ディルタイ 柴田治三郎・小牧健夫訳

眠られぬ夜のために 全二冊　ヒルティ 草間平作・大和邦太郎訳
幸福論 全三冊　ヒルティ 草間平作・大和邦太郎訳
悲劇の誕生　ニーチェ 秋山英夫訳
ツァラトゥストラはこう言った 全二冊　ニーチェ 氷上英廣訳
道徳の系譜　ニーチェ 木場深定訳
善悪の彼岸　ニーチェ 木場深定訳
この人を見よ　ニーチェ 手塚富雄訳
プラグマティズム　W・ジェイムズ 桝田啓三郎訳
宗教的経験の諸相 全二冊　W・ジェイムズ 桝田啓三郎訳
純粋経験の哲学　W・ジェイムズ 伊藤邦武編訳
純粋現象学及現象学的哲学考案 全二冊　フッセル 池上鎌三訳
デカルト的省察　フッサール 浜渦辰二訳
愛の断想・日々の断想　ジンメル 清水幾太郎訳
ジンメル宗教論集　深澤英隆編訳
笑い　ベルクソン 林達夫訳
道徳と宗教の二源泉　ベルクソン 平山高次訳
物質と記憶　ベルクソン 熊野純彦訳

時間と自由　ベルクソン 中村文郎訳
ラッセル教育論　安藤貞雄訳
ラッセル幸福論　安藤貞雄訳
存在と時間 全四冊　ハイデガー 熊野純彦訳
学校と社会　デューイ 宮原誠一訳
民主主義と教育 全二冊　デューイ 松野安男訳
歴史と自然科学・道徳の原理に就て・聖「プレルーディエン」より　ヴィンデルバント 篠田英雄訳
我と汝・対話　マルティン・ブーバー 植田重雄訳
アラン 幸福論　神谷幹夫訳
アラン 定義集　神谷幹夫訳
天才の心理学　E・クレッチュマー 内村祐之訳
英語発達小史　H・ブラッドリ 寺澤芳雄訳
日本の弓術　オイゲン・ヘリゲル述 柴田治三郎訳
饒舌について 他五篇　プルタルコス 柳沼重剛訳
ことばのロマンス —英語の語源　ウィークリー 寺澤芳雄・出淵博訳
人間 —シンボルを操るもの　カッシーラー 宮城音弥訳
国家と神話 全二冊　カッシーラー 熊野純彦訳

天才・悪 ブレンターノ 篠田英雄訳
人間の頭脳活動の本質 他一篇 ディーツゲン 小松摂郎訳
プラトン入門 R.S.ブラック 内山勝利訳
反啓蒙思想 他二篇 バーリン 松本礼二編
マキアヴェッリの独創性 他三篇 バーリン 川出良枝編
論理哲学論考 ウィトゲンシュタイン 野矢茂樹訳
自由と社会的抑圧 シモーヌ・ヴェイユ 冨原眞弓訳
根をもつこと 全二冊 シモーヌ・ヴェイユ 冨原眞弓訳
重力と恩寵 シモーヌ・ヴェイユ 冨原眞弓訳
全体性と無限 全二冊 レヴィナス 熊野純彦訳
啓蒙の弁証法 —哲学的断想 M・ホルクハイマー T・W・アドルノ 徳永恂訳
ヘーゲルからニーチェへ 十九世紀思想における革命的断絶 全二冊 レーヴィット 三島憲一訳
統辞構造論 付『言語理論の論理構造』序論 チョムスキー 福井直樹 辻子美保子訳
統辞理論の諸相 方法論序説 チョムスキー 福井直樹 辻子美保子訳
言語変化という問題 —共時態、通時態、歴史 E・コセリウ 田中克彦訳
快楽について ロレンツォ・ヴァッラ 近藤恒一訳
古代懐疑主義入門 判断保留の十の方式 J・アナス J・バーンズ 金山弥平訳

ニーチェ みずからの時代と闘う者 ルドルフ・シュタイナー 高橋巖訳
人間精神進歩史 全二冊 コンドルセ 渡辺誠訳
人間の教育 全二冊 フレーベル 荒井武訳
フレーベル自伝 長田新訳
旧約聖書 創世記 関根正雄訳
旧約聖書 出エジプト記 関根正雄訳
旧約聖書 ヨブ記 関根正雄訳
旧約聖書 詩篇 関根正雄訳
新約聖書 福音書 塚本虎二訳
文語訳 新約聖書 詩篇付
文語訳 旧約聖書 全四冊
キリストにならいて トマス・ア・ケンピス 大沢章 呉茂一訳
聖アウグスティヌス 告白 全二冊 服部英次郎訳
アウグスティヌス 神の国 全五冊 服部英次郎 藤本雄三訳
新訳 キリスト者の自由・聖書への序言 マルティン・ルター 石原謙訳
シュヴァイツェル イエスの生涯 メシアと受難の秘密 シュヴァイツェル 波木居齊二訳
キリスト教と世界宗教 シュヴァイツェル 鈴木俊郎訳

水と原生林のはざまで シュヴァイツェル 野村実訳
コーラン 全三冊 井筒俊彦訳
エックハルト説教集 田島照久編訳
ムハンマドのことば ハディース 小杉泰編訳
新約聖書外典 ナグ・ハマディ文書抄 荒井献 大貫隆 小林稔 筒井賢治 編訳
後期資本主義における正統化の問題 ハーバーマス 山田正行・金慧訳
シンボルの哲学 —理性、祭礼、芸術のシンボル試論 S.K.ランガー 塚本明子訳
ジャック・ラカン 精神分析の四基本概念 全二冊 ジャック＝アラン・ミレール編 小出浩之 新宮一成 鈴木國文 小川豊昭訳
精神と自然 生きた世界の認識論 グレゴリー・ベイトソン 佐藤良明訳

《東洋思想》〔青〕

- 易経 全二冊 高田真治・後藤基巳 訳
- 論語 金谷治 訳注
- 孔子家語 藤原正 校訳
- 孟子 全二冊 小林勝人 訳注
- 老子 蜂屋邦夫 訳注
- 荘子 全四冊 金谷治 訳注
- 新訂 孫子 金谷治 訳注
- 荀子 全二冊 金谷治 訳注
- 韓非子 全四冊 金谷治 訳注
- 史記列伝 全五冊 司馬遷／小川環樹・今鷹真・福島吉彦 訳
- 春秋左氏伝 全三冊 小倉芳彦 訳
- 塩鉄論 曾我部静雄 訳註
- 千字文 小川環樹・木田章義 注解
- 大学・中庸 金谷治 訳注
- 仁学 ―清末の社会変革論 譚嗣同／西順蔵・坂元ひろ子 訳注
- 章炳麟集 ―清末の民族革命思想 西順蔵・近藤邦康 編訳
- 梁啓超文集 岡本隆司・石川禎浩・高嶋航 編訳
- マヌの法典 田辺繁子 訳
- ガンディー 獄中からの手紙 森本達雄 訳
- ウパデーシャ・サーハスリー ―真実の自己の探求 シャンカラ／前田専学 訳

《仏教》〔青〕

- ブッダのことば ―スッタニパータ 中村元 訳
- ブッダの真理のことば・感興のことば 中村元 訳
- 般若心経・金剛般若経 中村元・紀野一義 訳註
- 法華経 全三冊 坂本幸男・岩本裕 訳注
- 日蓮文集 兜木正亨 校注
- 浄土三部経 全二冊 中村元・早島鏡正・紀野一義 訳註
- 大乗起信論 宇井伯寿・高崎直道 訳注
- 臨済録 入矢義高 訳注
- 碧巌録 全三冊 入矢義高・溝口雄三・末木文美士・伊藤文生 訳注
- 無門関 西村恵信 訳注
- 法華義疏 全二冊 聖徳太子／花山信勝 校訳
- 往生要集 全二冊 源信／石田瑞麿 訳注
- 教行信証 親鸞／金子大栄 校訂
- 歎異抄 金子大栄 校注
- 正法眼蔵 全四冊 道元／水野弥穂子 校注
- 正法眼蔵随聞記 懐奘 編／和辻哲郎 校訂
- 道元禅師清規 大久保道舟 訳注
- 一遍上人語録 ―付 播州法語集 大橋俊雄 校注
- 一遍聖絵 聖戒 編／大橋俊雄 校注
- 南無阿弥陀仏 ―付 心偈 柳宗悦
- 蓮如文集 蓮如／笠原一男 校注
- 蓮如上人御一代聞書 稲葉昌丸 校訂
- 日本的霊性 鈴木大拙／篠田英雄 校訂
- 新編 東洋的な見方 鈴木大拙／上田閑照 編
- 禅堂生活 鈴木大拙／横川顕正 訳
- 大乗仏教概論 鈴木大拙／佐々木閑 訳
- 浄土系思想論 鈴木大拙
- 神秘主義 キリスト教と仏教 鈴木大拙／坂東性純・清水守拙 訳
- 禅の思想 鈴木大拙

ブッダ最後の旅 —大パリニッバーナ経 中村元訳
仏弟子の告白 —テーラガーター— 中村元訳
尼僧の告白 —テーリーガーター— 中村元訳
ブッダ神々との対話 —サンユッタ・ニカーヤI 中村元訳
ブッダ悪魔との対話 —サンユッタ・ニカーヤII 中村元訳
禅林句集 足立大進校注
ブッダが説いたこと ワールポラ・ラーフラ 今枝由郎訳
ブータンの瘋狂聖ドゥクパ・クンレー伝 ゲンドゥン・リンチェン編 今枝由郎訳
梵文和訳 華厳経入法界品 梶山雄一 丹治昭義 津田真一 田村智淳 桂紹隆 訳注

《音楽・美術》〔青〕

ベートーヴェンの生涯 ロマン・ロラン 片山敏彦訳
音楽と音楽家 シューマン 吉田秀和訳
モーツァルトの手紙 —その生涯のロマン 全二冊 柴田治三郎編訳
レオナルド・ダ・ヴィンチの手記 全二冊 杉浦明平訳
ゴッホの手紙 全三冊 硲伊之助訳
ロダンの言葉抄 高村光太郎訳 高田博厚 菊池一雄 編
ビゴー日本素描集 清水勲編
ワーグマン日本素描集 清水勲編
河鍋暁斎戯画集 山口静一 及川茂 編
葛飾北斎伝 飯島虚心 鈴木重三 校注
ヨーロッパのキリスト教美術 —十二世紀から十八世紀まで 全二冊 エミール・マール 柳宗玄 荒木成子 訳
近代日本漫画百選 清水勲編
ドーミエ諷刺画の世界 喜安朗編
デューラー 自伝と書簡 前川誠郎訳
蛇儀礼 ヴァールブルク 三島憲一訳
セザンヌ ガスケ 與謝野文子訳
迷宮としての世界 —マニエリスム美術 全二冊 グスタフ・ルネ・ホッケ 種村季弘 矢川澄子 訳
日本洋画の曙光 平福百穂
映画とは何か 全二冊 アンドレ・バザン 野崎歓 大原宣久 谷本道昭 訳
漫画 坊っちゃん 近藤浩一路
漫画 吾輩は猫である 近藤浩一路
ロバート・キャパ写真集 ICPロバート・キャパ・アーカイブ編
北斎 富嶽三十六景 日野原健司編
日本漫画史 —鳥獣戯画から岡本一平まで 細木原青起
世紀末ウィーン文化評論集 ヘルマン・バール 西村雅樹編訳
ゴヤの手紙 全二冊 大高保二郎 松原典子 編訳
丹下健三建築論集 豊川斎赫編
丹下健三都市論集 豊川斎赫編

《法律・政治》〔白〕

- 人権宣言集 — 高木八尺・末延三次・宮沢俊義 編
- 新版 世界憲法集 第二版 — 高橋和之 編
- 君主論 — マキアヴェッリ／河島英昭 訳
- フィレンツェ史 全二冊 — マキァヴェッリ／齊藤寛海 訳
- リヴァイアサン 全四冊 — ホッブズ／水田洋 訳
- ビヒモス — ホッブズ／山田園子 訳
- 法の精神 全三冊 — モンテスキュー／野田良之・稲本洋之助・上原行雄・田中治男・三辺博之・横田地弘 訳
- ローマ人盛衰原因論 — モンテスキュー／田中治男・栗田伸子 訳
- 第三身分とは何か — シィエス／稲本洋之助・伊藤洋一・川出良枝・松本英実 訳
- 教育に関する考察 — ロック／服部知文 訳
- 完訳 統治二論 — ジョン・ロック／加藤節 訳
- 寛容についての手紙 — ジョン・ロック／加藤節・李静和 訳
- キリスト教の合理性 — ジョン・ロック／加藤節 訳
- ルソー 社会契約論 — 桑原武夫・前川貞次郎 訳
- アメリカのデモクラシー 全四冊 — トクヴィル／松本礼二 訳
- 犯罪と刑罰 — ベッカリーア／風早八十二・五十嵐二葉 訳
- リンカーン演説集 — 高木八尺・斎藤光 訳
- 権利のための闘争 — イェーリング／村上淳一 訳
- 近代人の自由と古代人の自由・征服の精神と簒奪 他一篇 — コンスタン／堤林剣・堤林恵 訳
- 民主主義の本質と価値 他一篇 — ハンス・ケルゼン／長尾龍一・植田俊太郎 訳
- 外交談判法 — カリエール／坂野正高 訳
- 危機の二十年 —理想と現実 — E・H・カー／原彬久 訳
- アメリカの黒人演説集 —キング・マルコムX・モリスン 他 — 荒このみ 編訳
- モーゲンソー 国際政治 —権力と平和 全三冊 — 原彬久 監訳
- 現代議会主義の精神史的状況 他一篇 — カール・シュミット／樋口陽一 訳
- 第二次世界大戦外交史 全二冊 — 芦田均
- 憲法講話 — 美濃部達吉
- 日本国憲法 — 長谷部恭男 解説
- 民主体制の崩壊 —危機・崩壊・再均衡 — ファン・リンス／横田正顕 訳

《経済・社会》〔白〕

- 政治算術 — ペティ／大内兵衛・松川七郎 訳
- 国富論 全四冊 — アダム・スミス／水田洋 監訳・杉山忠平 訳
- 道徳感情論 全二冊 — アダム・スミス／水田洋 訳
- 法学講義 — アダム・スミス／水田洋 訳
- コモン・センス 他三篇 — トーマス・ペイン／小松春雄 訳
- 経済学における諸定義 — マルサス／玉野井芳郎 訳
- オウエン自叙伝 — ロバアト・オウエン／五島茂 訳
- 戦争論 全三冊 — クラウゼヴィッツ／篠田英雄 訳
- 自由論 — J・S・ミル／塩尻公明・木村健康 訳
- ミル自伝 — 朱牟田夏雄 訳
- 大学教育について — J・S・ミル／竹内一誠 訳
- 功利主義 — J・S・ミル／関口正司 訳
- ユダヤ人問題によせて ヘーゲル法哲学批判序説 — マルクス／城塚登 訳
- 経済学・哲学草稿 — マルクス／城塚登・田中吉六 訳
- 新編輯版 ドイツ・イデオロギー — マルクス エンゲルス／廣松渉 編訳・小林昌人 補訳
- マルクス エンゲルス 共産党宣言 — 大内兵衛・向坂逸郎 訳
- 賃労働と資本 — マルクス／長谷部文雄 訳
- 賃銀・価格および利潤 — マルクス／長谷部文雄 訳
- マルクス 経済学批判 — 武田隆夫・遠藤湘吉・大内力・加藤俊彦 訳
- マルクス 資本論 全九冊 — エンゲルス 編／向坂逸郎 訳

- 文学と革命 全二冊 トロツキイ 桑野隆訳
- ロシア革命史 全五冊 トロツキー 藤井一行訳
- 空想より科学へ —社会主義の発展 エンゲルス 大内兵衛訳
- イギリスにおける労働者階級の状態 —一九世紀のロンドンとマンチェスター 全二冊 エンゲルス 一条和生・杉山忠平訳
- 帝国主義論 全二冊 ホブスン 矢内原忠雄訳
- 帝国主義 レーニン 宇高基輔訳
- 国家と革命 レーニン 宇高基輔訳
- ローザ・ルクセンブルク 獄中からの手紙 秋元寿恵夫訳
- 雇用、利子および貨幣の一般理論 全二冊 ケインズ 間宮陽介訳
- シュムペーター 経済発展の理論 全二冊 塩野谷祐一・中山伊知郎・東畑精一訳
- シュムペーター 経済学史 —学説ならびに方法の諸段階 中山伊知郎・東畑精一訳
- 租税国家の危機 シュムペーター 木村元一・小谷義次訳
- 日本資本主義分析 山田盛太郎
- 恐慌論 宇野弘蔵
- 経済原論 宇野弘蔵
- 資本主義と市民社会 他十四篇 大塚久雄 齋藤英里編
- 共同体の基礎理論 他六篇 大塚久雄 小野塚知二編

- ユートピアだより ウィリアム・モリス 川端康雄訳
- 民衆の芸術 ウィリアム・モリス 中橋一夫訳
- 社会科学と社会政策にかかわる認識の「客観性」 マックス・ヴェーバー 富永祐治・立野保男訳 折原浩補訳
- プロテスタンティズムの倫理と資本主義の精神 マックス・ヴェーバー 大塚久雄訳
- 職業としての学問 マックス・ヴェーバー 尾高邦雄訳
- 社会学の根本概念 マックス・ヴェーバー 清水幾太郎訳
- 職業としての政治 マックス・ヴェーバー 脇圭平訳
- 古代ユダヤ教 全三冊 マックス・ヴェーバー 内田芳明訳
- 宗教と資本主義の興隆 歴史的研究 全二冊 トーニー 出口勇蔵・越智武臣訳
- 世論 全二冊 リップマン 掛川トミ子訳
- 王権 A・M・ホカート 橋本和也訳
- 鯰絵 —民俗的想像力の世界 C・アウエハント 小松和彦・中沢新一・飯島吉晴・古家信平訳
- 贈与論 他二篇 マルセル・モース 森山工訳
- 国民論 他二篇 マルセル・モース 森山工編訳
- ヨーロッパの昔話 その形と本質 マックス・リュティ 小澤俊夫訳
- 独裁と民主政治の社会的起源 —近代世界形成過程における領主と農民 全二冊 バリントン・ムーア 宮崎隆次・森山茂徳・高橋直樹訳
- 大衆の反逆 オルテガ・イ・ガセット 佐々木孝訳

《自然科学》〔青〕

- 科学と仮説 ポアンカレ 河野伊三郎訳
- エネルギー オストヴァルト 山県春次訳
- 光学 ニュートン 島尾永康訳
- 大陸と海洋の起源 —大陸移動説 全二冊 ヴェーゲナー 都城秋穂・紫藤文子訳
- ロウソクの科学 ファラデー 竹内敬人訳
- 種の起原 全二冊 ダーウィン 八杉龍一訳
- 完訳 ファーブル昆虫記 全十冊 山田吉彦・林達夫訳
- 確率の哲学的試論 ラプラス 内井惣七訳
- 史的に見たる科学的宇宙観の変遷 アーレニウス 寺田寅彦訳
- 科学談義 T・H・ハックスリ 小泉丹訳
- アインシュタイン 相対性理論 内山龍雄訳・解説
- 相対論の意味 アインシュタイン 矢野健太郎訳
- 自然美と其驚異 ジョン・ラバック 板倉勝忠訳
- ダーウィニズム論集 八杉龍一編訳
- 近世数学史談 高木貞治
- ハッブル 銀河の世界 戎崎俊一訳

パロマーの巨人望遠鏡 全二冊　D・O・ウッドベリー　関正雄・湯澤博・成相恭二 訳

生物から見た世界　ユクスキュル／クリサート　日高敏隆・羽田節子 訳

ゲーデル 不完全性定理　林晋・八杉満利子 訳

日本の酒　坂口謹一郎

生命とは何か ―物理的にみた生細胞　シュレーディンガー　岡小天・鎮目恭夫 訳

ウィーナー サイバネティックス ―動物と機械における制御と通信　池原止戈夫・彌永昌吉・室賀三郎・戸田巌 訳

熱輻射論講義　マックス・プランク　西尾成子 訳

コレラの感染様式について　ジョン・スノウ　山本太郎 訳

岩波文庫の最新刊

藤井悦子編訳
シェフチェンコ詩集

理不尽な民族的抑圧への怒りと嘆きをうたい、ウクライナの国民的詩人と呼ばれるタラス・シェフチェンコ(一八一四－六一)。流刑の原因となった詩集から十篇を精選。
〔赤N七七一－一〕 定価八五八円

チャールズ・ラム著／南條竹則編訳
エリア随筆抄

英国随筆の古典的名品と謳われるラム(一七七五－一八三四)の『エリア随筆』。その正・続篇から十八篇を厳選し、詳しい訳註を付した。(解題・訳註・解説＝藤巻明)
〔赤二二三－四〕 定価一〇一二円

ヴィンケルマン著／田邊玲子訳
ギリシア芸術模倣論

芸術の真髄を「高貴なる単純と静謐なる偉大」に見出し、精神的なものの表現に重きを置いた。近代思想に多大な影響を与えた名著。
〔青五八六－一〕 定価一三二〇円

岸本尚毅編
室生犀星俳句集

室生犀星(一八八九－一九六二)の俳句は、自然への細やかな情愛、人情の機微に満ちている。気鋭の編者が八百数十句を精選した。犀星の俳論、室生朝子の随想も収載。
〔緑六六－五〕 定価七〇四円

……今月の重版再開……

原卓也訳
プラトーノフ作品集

定価一〇一二円
〔赤六四六－一〕

A・ハミルトン、J・ジェイ、J・マディソン著／斎藤眞、中野勝郎訳
ザ・フェデラリスト

定価一一七七円
〔白二四－一〕